ALLAN R. BREWER-CARÍAS.
PROYECCIÓN DE SU OBRA EN IBEROAMÉRICA

Hecho el depósito de Ley
Depósito Legal: DC2019002048
ISBN: 978-980-365-479-5

Editorial Jurídica Venezolana
Avda. Francisco Solano López, Torre Oasis, P.B., Local 4, Sabana Grande,
Apartado 17.598 – Caracas, 1015, Venezuela
Teléfono 762.25.53, 762.38.42. Fax. 763.5239
Email fejv@cantv.net
http://www.editorialjuridicavenezolana.com.ve

Impreso por: Lightning Source, an INGRAM Content company
para Editorial Jurídica Venezolana International Inc.
Panamá, República de Panamá.
Email: ejvinternational@gmail.com

Diagramación, composición y montaje
por: Francis Gil, en letra
Times New Roman 12, Sencillo, Mancha 18 x 11.5

Primera Edición 2020

ALLAN R. BREWER-CARÍAS

Proyección de su Obra en Iberoamérica

Trabajos presentados en la
Jornada Académica celebrada en el Círculo de
Bellas Artes de Madrid, 13 noviembre de 2019,
bajo los auspicios de la Cátedra de Estudios
Jurídicos Iberoamericanos de la Universidad
Carlos III de Madrid

Coordinadores:
Luciano Parejo Alfonso,
León Henrique Cottin

OBRA PUBLICADA EN HOMENAJE A LA MEMORIA DEL PROFESOR PEDRO NIKKEN

Editorial Jurídica Venezolana International
Caracas / New York / Madrid
2020

CONTENIDO

NOTA EXPLICATIVA

Este libro recoge, básicamente, los textos de las intervenciones que estuvieron a cargo de los profesores Luciano Parejo Alfonso, Eduardo Ferrer Mac Gregor, Carlos Ayala Corao, José Araujo Juárez, Víctor Hernández Mendible, José Ignacio Hernández, Francisco González Cruz, Sandra Morelli Rico, Jaime Orlando Santofimio Gamboa, Eduardo Jorge Prats, Fernando López Ramón, Libardo Rodríguez, Pedro Nikken, León Henrique Cottin y Sergio Dahbar, con ocasión del evento académico que tuvo por objeto analizar la *Proyección de la obra de Alan R. Brewer-Carías en Iberoamérica,* que se celebró en el Círculo de Bellas Artes de Madrid, el 13 de noviembre de 2019.

El acto, que coincidió con la celebración de los 80 años de vida del profesor Allan R. Brewer-Carías, y de los 60 años de su actividad académica, se celebró con el auspicio de la Cátedra de Estudios Jurídicos Iberoamericanos de la Universidad Carlos III de Madrid, contando con la presencia de un público abundante, incluyendo amigos y familiares de Brewer-Carías.

La organización del Evento se hizo en secreto, sin conocimiento de Allan R. Brewer-Carías, hasta que pocas semanas antes de su realización le llegara una noticia del mismo por la vía de la Academia de Ciencias Políticas y Sociales de Venezuela. Se trató, como muy amigablemente lo calificó Brewer-Carías, de una "conspiración" que montamos León Henrique Cottin y Luciano Parejo Alfonso, en asociación con el escritor Sergio Dahbar, para darle una sorpresa al homenajeado, la cual, si bien no fue total, fue bastante exitosa hasta que la misma fue develada en cuanto al programa académico; no así respecto de los otros eventos personales y familiares que acompañaron la celebración.

En el proceso de conformación y formateo del arte final de este libro, los coordinadores decidieron incluir en el mismo, a los efectos de completar el panorama ofrecido por las presentaciones, algunos otros aspectos fundamentales de la proyección de la obra de Brewer-Carías en Iberoamérica, como fue el caso del tema de su participación activa en el proceso de reforma administrativa en Venezuela entre 1969-1972, lo cual ha sido muy poco tratado. Para cubrir esa laguna hemos decidido incorporar al libro el texto del trabajo del profesor Carlos Eduardo Herrera M., de la Universidad Católica Andrés Bello de Caracas, sobre el significado de aquél trabajo y, en particular, del *Informe sobre la Reforma de la Administración Pública* de 1972, dirigido por Brewer-Carías.

Igualmente, dado que el evento se realizó en Madrid, como muestra de los vínculos entre Brewer-Carías y la academia española, los coordinadores hemos decidido agregar los textos de sendos discursos de los profesores Eduardo Roca Roca y Luciano Parejo Alfonso de 1986 y 1996, leídos en las ceremonias de recepción por Brewer-Carías del doctorado honoris causa de las Universidades de Granada y de la Carlos III de Madrid; así como los discursos de los profesores Eduardo García de Enterría y Jesús González Pérez, en el acto de presentación de la obra homenaje a Brewer-Carías, en Madrid en 2003: *El derecho público a comienzos del Siglo XXI. Estudios en Homenaje a Allan R. Brewer-Carías*, Ed. Civitas, 3 tomos, Madrid 2003.

Este libro, en su conjunto, tal como los organizadores del evento lo buscamos, muestra la proyección de la obra de nuestro apreciado amigo Allan R. Brewer-Carías en Iberoamérica, que era el objetivo, a través de las exposiciones de sus amigos y alumnos.

El discurso de cierre en Madrid estuvo a cargo del profesor Pedro Nikken, socio y amigo de Brewer-Carías, en el cual destacó en un lúcido y sentido texto, su lucha por el derecho y por la democracia en Venezuela. Fue, sin duda, su despedida académica, pues hoy cuando concluimos el formateo definitivo de esta obra, al mes del evento de Madrid, nos llega la triste noticia de su lamentable fallecimiento.

Este libro sobre la obra de su amigo Brewer-Carías está, por ello, dedicado a la Memoria de Pedro Nikken, y nada mejor para recordarlo que las palabras expresadas por su amigo Brewer difundidas en Instagram hoy, el día de su sepelio:

"Se nos fue Pedro Nikken, mi amigo leal y entrañable de tantas décadas, persona de bien y de conocimiento universal; mi socio en Baumeister & Brewer, donde fue el pilar fundamental durante los últimos lustros; cómplice en tantas aventuras académicas; decano de la Facultad de Derecho de la Universidad Central de Venezuela; el más destacado jurista en el Continente como teórico del derecho de los derechos humanos y defensor aguerrido de los mismos; presidente de la Corte Interamericana de Derechos Humanos; presidente de la Comisión Internacional de Juristas; y sobre todo, el defensor de mis derechos y garantías judiciales ante las jurisdicciones internacionales, violados masivamente por el Estado de Venezuela desde 2005.

En la expresión de Rafael Alberti (1936) que tanto gustaba evocar y a quien leí de su mano, Pedro fue, en materia jurídica y en especial del derecho de los derechos humanos, uno de los "hombros de América;" fue, sin duda, para el orgullo de todos nosotros, sus amigos, uno de "Los hombros de la justicia y la constitución" de toda América.

Fue muy grato haberlo reencontrado en Madrid hace unas semanas. Fue nuestra despedida. Hablamos, almorzamos, conversamos y compartimos con amigos, en torno a un buen puro, como tanto le gustaba.

Nos va a hacer mucha falta."

Y ciertamente, a todos nos va a hacer mucha falta. Pero como León Henrique Cottin lo evocó al final de su discurso de cierre de la Jornada de Madrid, del 13 de noviembre de 2019:

"Esta fría mañana, cuando caminaba hacía el Círculo de Bellas Artes, me habló mi profesor, primer jefe y amigo Alberto Baumeister Toledo. Dijo: qué bien LH, qué bien que Pedro Nikken pudo ir. Dale un abrazo a Bigote."

Así, al menos, todos nos pudimos despedir de él.

10 de diciembre de 2019

PRIMERA PARTE
PALABRAS DE PRESENTACIÓN

LUCIANO PAREJO ALFONSO

*Profesor emérito de la Universidad Carlos III de Madrid.
Director de la Cátedra Iberoamericana de
Estudios jurídicos Iberoamericanos*

¿Quién mejor para ser objeto de un homenaje por la Cátedra de Estudios Jurídicos Iberoamericanos, que Allan Randolph Brewer Carías, venezolano hoy, y desde hace mucho tiempo, figura de prestigio nacional e internacional (más allá de Iberoamérica) indiscutible del Derecho público, luchador permanente por el Estado democrático de Derecho? No puede sorprender, pues, que haya aprovechado al vuelo la iniciativa del Prof. Henrique Cottin, hecha de la mano de Sergio Dahbar –biógrafo del homenajeado–, para efectuar un reconocimiento público, siquiera sea de esta modesta forma, la admiración por su obra, su vocación de conexión con la doctrina española (que procede sin duda de sus tiempos iniciales en el Instituto de Derecho Público en el que habían encontrado acogida, como exiliados, el Prof. A. Moles Caubet y M. García Pelayo y luego también, como investigador, el Prof. S. Martín Retortillo) y el agradecimiento por su inestimable amistad, que le debemos quienes nos hemos beneficiado de su ejemplo y generosidad durante tanto tiempo.

No voy a hacer ahora una semblanza de quien conozco desde hace mas de 40 años, porque la van a hacer aquí, esta mañana, con mayor legitimación y por suma, quienes han aceptado viajar para acompañarnos hoy en este acto y a quienes aprovecho para expresarles mi agradecimiento más sincero. Pero si quiero destacar que su vida puede resumirse en parecidos términos a los que M. Heidegger usó, en una conferencia sobre Aristóteles: trabajo, trabajo y trabajo. Cuesta aceptar tal resumen como acertado, pero lo es por más inverosímil que pueda parecer dado el volumen y la calidad de su obra científica, tanto más cuanto que compartido el quehacer científico con la tarea de Abogado y las preocupaciones de ciudadano comprometido políticamente (en el sentido más noble del término), al punto de haber aceptado en su día desempeñar, en la Presidencia de Velásquez –período en el que tuve la fortuna de compartir, durante un mes de agosto, sus afanes con poco provecho para él– y miembro del Congreso constituyente de la actual Constitución venezolana. Si bien Brewer, sea dicho en su beneficio y para mayor asombro aún, ha sabido encontrar tiempo –es un misterio, al menos para mí, cómo lo hace– para el goce de la vida familiar y la amistad. Creo que puedo dar fe de ello en la medida que, a lo largo de estos años, Brewer me ha abierto las puertas de su casa, ha compartido acontecimientos familiares, su vida académica y profesional, así como también –ya lo he dicho– algún episodio de su actividad política.

Mi conocimiento de Brewer, a principios de los años 80 del S. XX (creo recordar), lo debo a su preocupación por establecer contacto (una de sus inclinaciones que sus beneficiarios debemos agradecer) con los colegas españoles y, en particular, obviamente con la figura destacada de D. Eduardo García de Enterría (lo que hizo en su día, siendo joven y estando en París, por iniciativa propia). Pues estaba yo, aun simple Adjunto de Derecho administrativo, en el despacho del Prof. García de Enterría cuando el organizó un seminario sobre urbanismo en el Parque Central de Caracas, al que invitó a un buen número de Profesores, entre los que tuve la suerte que me incluyera. Debo, pues, a Brewer mi primer encuentro con América en Venezuela, lo que –siendo yo canario– no es pequeña deuda. Si bien tengo que decir que la expectativa que generó en mi gracias al cartel exuberante del seminario, aunque rápidamente corregida por la hermosa realidad venezolana, quedó inicialmente frustrada primero por la imposibilidad de un paseo a pie a la primera salida, bien de mañana, del hotel Hilton ante el encontronazo súbito, por ausencia de una verdadera acera, con una autopista con tráfico apabullante, y luego por una realidad inmensa de cemento –la del Parque Central– que contrastaba con el paisaje pleno de vegetación que se había instalado en mi imaginación; frustración, iniciado el seminario, compensada con el disfrute de los jugos saboreables nada más atravesar la calle.

Pero le debo también mi primera visión y disfrute del Mar Caribe y del espléndido fin de semana en Canaima en el que, además de contemplar el extraordinario Salto Ángel (incluso ya desde el avión), tuve la maravillosa experiencia de contemplar el atardecer sentado en el lecho del rio y al borde de la pequeña cascada que hace junto al campamento donde estábamos instalados.

Desde ese momento hasta hoy, nuestra amistad se ha ido asentando como los buenos vinos, gracias a los encuentros personales facilitados por los seminarios y jornadas periódicamente celebrados y también su coincidencia durante los años ochenta con mi actividad de cooperación iberoamericana desde la Administración pública española y desde luego con las jornadas internacionales anuales Allan Randolph Brewer Carías invariablemente celebradas por FUNEDA en Caracas y en las que fui asiduo participante. En este contexto mis recuerdos se van quiera o no a las prolongadas visitas en su casa de Caurimare (donde había que echar una mirada a la nutrida biblioteca personal), desde cuyo jardín, propicio a la charla, se tenía una visión amplia del valle y el monte Ávila.

Brewer me ha dado a conocer también los diversos paisajes de Venezuela –desde sus queridos dominios andinos (había adquirido una casa en los altos de Mérida), pasando por el maravilloso parque nacional de Los Roques, hasta la visión casi completa desde los aires en un memorable viaje en el avión de un amigo que, partiendo de La Carlota (que creo que ya no está operativo sino como base militar) condujo hasta los Tepuy de la preamazonía y desde allí, sobrevolando el enorme embalse-lago del (creo) Gurí, hasta, de vuelta a la costa, la isla de Cubagua (donde los restos de Nueva Cádiz) y, tras el almuerzo, regreso a La Carlota.

La injusta y forzada, y ya prolongada, ausencia de Venezuela, que desde luego no ha hecho mella en él, tampoco ha percutido en el afianzamiento de su amistad, de modo que hemos podido disfrutar de agradables encuentros y conversaciones tanto aquí en Madrid, como en Nueva York (aprovechando la residencia, espero que temporal, de mi hija Teresa en Brooklyn); tan agradables que un día en el que habíamos quedado en sitio (a la salida de una estación de metro) y hora determinados con Beatriz, estuvimos tan absortos en el relato de su investigación de la vida de Francisco de Miranda que no pudimos cumplir con la debida precisión el compromiso adquirido, lo que mereció algún cariñoso reproche por parte de Beatriz.

Creo que no hacen falta mayores pormenores para decir que uno de los motivos de este acto es rendir tributo de agradecimiento a Brewer por su amistad, la cual él dispensa naturalmente en el sentido que este hermoso sentimiento tiene en la lengua castellana: afecto personal, puro y desinteresado, compartido con otra persona, que nace y se fortalece con el trato.

La otra finalidad de este acto es rendir tributo al magisterio ejercido y que sigue ejerciendo Brewer y que desborda ampliamente tanto su enseñanza en las aulas, como su verdaderamente monumental obra escrita e, incluso, su faceta de editor (de la mas importante revista especializada en Venezuela); magisterio que se ha ejercido y ejerce en su denodado y continuado esfuerzo personal en la lucha por el Derecho y la democracia, así como su mejora y perfeccionamiento al compás de la evolución de los tiempos en tanto que patriota –en el sentido mas genuino de persona que tiene amor a su patria y promueve todo su bien–. Todas estas dimensiones hacen de Brewer una figura hispanoamericana –no solo de Venezuela, sino del entero continente americano de la frontera norte de México a Tierra de Fuego, pero también de España– con proyección internacional. Pero no solo una figura del Derecho constitucional y administrativo, pues su curiosidad intelectual abarca un espectro mayor, como demuestra su investigación (incluyendo una inmersión en el Archivo de Indias en Sevilla) del modelo de cuadrícula urbana llevado a América con tanto éxito por los españoles en su poblamiento de aquellas tierras, concluida con la publicación del espléndido libro que lleva por título "La ciudad ordenada", pero también la que realizó sobre figura tan emblemática como la de Francisco de Miranda (nacido en Venezuela y muerto, preso en la Carraca, en Cádiz), que guarda –a su vez relación– con su aportación a la conmemoración de la Constitución hispano-americana de Cádiz (y las que luego siguió haciendo al seminario celebrado anualmente en dicha Ciudad) y, finalmente, la dedicada a los participantes en la conspiración de San Blas y luego reincidentes desde su reclusión en la prisión de La Guaira (y con tal motivo difusores de las ideas revolucionarias francesas): Picornell y compañía.

En suma: gracias Prof. Brewer por su ejemplo y su obra cuyo empeño deseamos renueve, en beneficio de todos, con ocasión de este feliz octogésimo aniversario.

EDUARDO FERRER MAC GREGOR

*Presidente de la Corte Interamericana de
Derechos Humanos*

Muy buenos días a todas y todos.

La verdad es que yo no pensaba hablar, me enteré de este homenaje hace unos días estando en Ecuador en el Foro del Sistema Interamericano, y un querido amigo mutuo del profesor Dr. Allan Brewer y de un servidor me dijo de este homenaje, y debido a la feliz coincidencia que me encuentro en Madrid, no quería dejar pasar la oportunidad de estar aquí presente. Y ya que se me ha dado esta oportunidad, quisiera mencionar brevemente tres cuestiones:

La primera, es que recién estuve en México y le comenté a mi querido maestro Don Héctor Fix Zamudio que se iba a realizar este homenaje, y él me pidió que le mandara en nombre de él y lo extiendo a toda la comunicad mexicana, un caluroso abrazo al Dr. Allan Brewer Carías por esta trayectoria impecable de un jurista, un humanista, un ius publicista, de un creyente de la democracia y del estado de Derecho como lo es él. Así que cumplo este cometido del Dr. Héctor Fix Zamudio que tanta vinculación y cariño le tiene al hoy homenajeado.

Un segundo aspecto que también quisiera destacar. Además de los Derechos Humanos, yo cultivo una disciplina que ya tiene la categoría de autónoma, por lo menos en la enseñanza, que es el derecho procesal constitucional y esta también es una faceta de Allan Brewer Carías, quien no solo tiene aportes como administrativista y constitucionalista, sino que también tiene aportaciones muy importantes desde esta disciplina del derecho procesal constitucional que aquí se le conoce como justicia constitucional.

Y un tercer comentario, y con este elemento concluyo, que no lo hago como presidente de la Corte Interamericana, sino tal vez como el Juez autor del voto disidente en la sentencia del caso *Allan R. Brewer-Carías vs. Venezuela*, de que el Dr. Profesor Allan Brewer Carías es víctima no declarada por parte de la Corte Interamericana de Derechos Humanos. Las víctimas son víctimas, estén o no declaradas en la sentencia. Yo salve mi voto; pero si quisiera decir que es una víctima; y que como víctima, le expreso mis mayores respetos y comparto sus angustias por todo lo que ha sufrido fuera de su querido país.

Así que solamente esos tres comentarios. Me despido con un caluroso saludo a quien conocí hace muchos años, como se debe conocer a un jurista, a través de su obra escrita, y que afortunadamente seguimos leyendo, porque sigue publicando.

SEGUNDA PARTE

SIGNIFICADO EN Y PARA VENEZUELA DE SU TRAYECTORIA Y OBRA:

Sección Primera:

ALLAN BREWER-CARÍAS: LA PERSONA

CARLOS AYALA CORAO

Profesor de derecho constitucional en la Universidad Católica Andrés Bello y en la Universidad Central de Venezuela

Es para mí un gran honor y al mismo tiempo un acto de sincero agradecimiento, dar estas palabras sobre nuestro querido Allan R. Brewer Carías, en este acto de celebración del 80 aniversario de su vida. Este es un merecido homenaje y reconocimiento a quien todo lo ha dado por el Derecho, por el Estado de Derecho y por su país Venezuela.

Agradezco inmensamente a los organizadores, en realidad "co-conspiradores" de este gran evento, Luciano Parejo Alfonzo y León

Henrique Cottin, haberme invitado para referirme hoy a Allan Brewer como persona.

Mi exposición en el día de hoy la he organizado en una narrativa de diez dimensiones de mi conocimiento y experiencia vital sobre su persona; para luego exponerles, las que son para mí sus diez virtudes más notables.

I. MI CONOCIMIENTO Y EXPERIENCIA VITAL CON LA PERSONA

En primer lugar, quiero contarles las diversas dimensiones en las cuales he conocido a Allan R. Brewer Carías ("Allan Brewer", y para sus amigos y familiares simplemente "Randy"), por los últimos 47 años. Si 20 años no es nada –como dice el tango–, casi medio siglo sí que son bastantes años para conocer a una persona.

1. Mis primeros recuerdos: en el ámbito familiar

Mi primer recuerdo de Allan Brewer, lo tengo en el *ámbito familiar*, cuando yo aún estudiaba bachillerato por el año 1972, en la casa de mi tío abuelo político Antonio Moles Caubet ("Titi Antonio" para sus sobrinos) casado con mi tía abuela Rosalesia Corao Dilardi ("Naná" para sus amigos y "Titi Rosa" para sus sobrinos), en la siempre bien recordada casa en la Urbanización El Paraíso en Caracas.

Antonio Moles había sido su profesor en la Universidad Central de Venezuela (UCV) y en aquel entonces era el Director del Instituto de Derecho Público de la UCV, donde Allan Brewer estaba adscrito como profesor y era su subdirector. Se ve que algunos sábados Allan Brewer lo iba a visitar en su casa, y es allí de donde tengo mis primeros recuerdos –aunque ciertamente algo borrosos– de haberlo visto por primera vez, sentado con mi tío Antonio en aquellos muebles de jardín con cojines verde intenso, que estaban en el pasillo frente a la pequeña terraza lateral de la casa.

Años más tarde, tuve la ocasión de conocer a Allan Brewer y su hermosa familia en el ambiente íntimo de su casa, luego en mi casa, en celebraciones familiares diversas, conferencias, viajes y encuentros. Allí, en su casa en Caurimare (Caracas), mi esposa Carmen Quintero y yo, conocimos y comenzamos a tratar con su esposa Beatriz Leal y con sus hijos Allan, Michelle y Eric Brewer Leal. También conocimos a su padre Charles Brewer, así como a su madre Margarita Carías, ambos personajes de simpático y de agradable trato familiar. Pero como los Brewer son muchos más, también conocimos y entrabamos amistad con los hermanos Brewer-Carías, cada uno más afable e interesante que el otro.

2. Como autor de libros jurídicos

Desde mi primer año de Derecho en la Universidad Católica Andrés Bello (UCAB), me comencé a interesar por el Derecho Público y fue entonces cuando consulté por primera vez un libro de Allan Brewer. Allí comencé a conocerlo como *autor* de libros jurídicos. Recuerdo que en 1974-75, en la materia de primer año, Principios de Derecho Público, tuve que preparar una intervención sobre el sistema presidencial de gobierno, para lo cual consulté su recién salido libro sobre *Cambio Político y Reforma del Estado en Venezuela* (producto de sus recientes investigaciones en la Universidad de Cambridge en Inglaterra, en la Cátedra Simón Bolívar). Allí quedé maravillado por la sencillez con la que el autor trataba los temas más complejos del Derecho, de una manera tan didáctica, que hasta un alumno de primer año podía comprenderlos.

De allí en adelante, he tratado de seguir lo más cerca posible aunque sé que es imposible, su maravillosa obra jurídica para conocer más y mejor el Derecho Público.

3. Como mi profesor de Derecho Administrativo

En mi tercer año de Derecho en la UCAB (1976-77), tuve la oportunidad de conocer a Allan Brewer en su dimensión como mi *profesor* en el Seminario en Derecho Público. Como profesor, fue como el autor que ya había conocido: una fuente inagotable de conocimiento y de análisis jurídico actualizado y crítico. Para mí, como estudiante de Derecho, fue un lujo adentrarme al Derecho Administrativo de la mano de un profesor que tanto sabía enseñar y que se entregaba a sus clases con dedicación.

Allan Brewer nos proveía los materiales para animarnos a preparar bien las clases e intervenir en ellas. Además, fuera de clases recuerdo haberle pedido varias veces orientación para estudios e investigaciones que me iban interesando en el campo del Derecho Público. Su respuesta fue siempre receptiva y generosa.

Ciertamente allí, él como mi profesor y yo como su alumno, fue donde comenzó nuestra relación personal e intelectual, que luego fue evolucionando y profundizándose hasta el día de hoy.

4. Como jefe del pasante

Luego de haber sido mi profesor en el Seminario de Derecho Administrativo en la UCAB, en el año 1978 fui a visitarlo en el Instituto de Derecho Público de la UCV, para ofrecerle mis servicios como pasante de investigación. De inmediato se puso en contacto con su socio Alberto Baumeister (quien también había sido mi profesor en Derecho Procesal Civil y luego fue mi padrino de promoción) en el entonces despacho de abogados Baumeister, Domínguez & Brewer (B,D&B). La oferta de trabajo se me hizo efectiva, y de inmediato comencé a trabajar en su despacho de abogado.

El trabajo era muy exigente, ya que además de mis labores de apoyo en investigación, como pasante tenía que revisar todos los expedientes en los tribunales civiles (aún varios de ellos en el antiguo edificio de tribunales La Nacional -en la esquina de las avenidas Universidad y Baralt- y otros en plena mudanza en la nueva sede en la esquina de Pajaritos); para luego hacer los correspondientes reportes diarios.

Allí comencé a conocer a Allan Brewer también en su dimensión de profesional en el libre ejercicio como abogado, consultor y litigante en Derecho Público (Constitucional y Administrativo). También fue allí donde comencé a entender que para ejercer la profesión hay que saber Derecho, para lo cual hay que investigar y estudiar mucho. Pero, además, hay que saber analizarlo y argumentarlo debidamente con base en sus principios, reglas y fines.

5.   Como mi tutor de tesis

Luego de mi regreso del postgrado en la Universidad de Georgetown en USA, en octubre de 1982 comencé a realizar el Curso de Altos Estudios de Defensa Nacional en el Instituto de Altos Estudios de Defensa Nacional (IAEDEN), con carácter de maestría. Fue una experiencia muy enriquecedora, no sólo por los estudios e investigaciones y conocimientos sobre el país y la geopolítica; sino por la relación de nosotros los civiles con el -desconocido para nosotros- mundo militar. Más de la mitad de los cursantes tenían el grado equivalente al de coroneles de las Fuerzas Armadas Nacionales; y el curso se había convertido en uno de los requisitos no escritos para el ascenso al grado de general de brigada. Para mí el reto era aún más exigente, ya que siendo civil y el menor de todo el curso, debía ganarme el respeto intelectual. Allí conocí buenos amigos, que posteriormente ocuparon altas responsabilidades tanto en el mundo civil como en el militar.

Además de la carga horaria del Curso durante dos semestres y de varias actividades complementarias, como requisito adicional preparé mi tesis sobre "El Régimen Jurídico-Administrativo de la Seguridad y Defensa", para la cual, le pedí al profesor Allan Brewer que aceptara ser mi tutor.

Tuve una gran fortuna al haber hecho la elección correcta del tutor, ya que, a diferencia de algunos otros tutores, el mío me dedicaba el tiempo necesario para orientarme en el trabajo y revisar sus avances. Al final del Curso presenté y defendí mi tesis ante el jurado, habiendo obtenido la máxima calificación y resultando ganadora del Premio Presidente de la República.

Debo añadir, que ese mismo año de 1982, inicié en el mes de octubre mi carrera como profesor, primero en la Facultad de Derecho de la Universidad Católica Andrés Bello -y luego en la Universidad Central de Venezuela. Comencé en 1982, el curso de Principios de Derecho Público convertida en Instituciones Políticas, luego como profesor de Derecho Constitucional; y en 1984 el curso de Derecho Administrativo. En la larga preparación de mis clases siempre consultaba -y lo sigo haciendo- la bibliografía de Allan

Brewer y se la recomiendo a mis alumnos. Pero el gesto más generoso que recuerdo de su parte, fue el haberme facilitado sus apuntes de clase como profesor de Derecho Administrativo, los cuales, para ese comienzo me fueron de gran utilidad.

Es decir, conocí también a Allan Brewer como el tutor de un joven profesor de Derecho Público, por lo que puedo confirmar su eterna vocación de ductor de nuevas generaciones de juristas.

6. Como editor, prologuista, coautor y prologado

Allan Brewer es un editor extremadamente activo y dinámico. Cuando uno le ofrece un trabajo a Brewer para su publicación, no hay otra salida que terminarlo bien y lo antes posible, porque si no, ¡estará detrás de ti hasta cumplir su objetivo! Y ese es parte del secreto de su éxito como editor prolijo. Bajo su patrocinio y dirección creó la Fundación Editorial Jurídica Venezolana (EJV), una de las editoriales jurídicas más importantes en Venezuela, si no la más, la cual publica diversas revistas y libros. Mis primeras publicaciones de artículos jurídicos los hice en la Revista de Derecho Público, y luego, mis primeros libros también los publiqué -y con varios lo sigo haciendo- con la EJV. En algunos casos, incluso somos coautores independientes en libros como el de comentarios a la Ley Orgánica de Amparo Constitucional y a la Ley Orgánica de Ordenación Urbanística.

Además, Allan Brewer ha sido prologuista en mi libro sobre *El Presidencialismo en Venezuela*; y a su vez yo he sido invitado por él para ser prologuista en sus libros sobre *Los Jueces Constitucionales, controlando el poder o controlados por el poder,* y el de *Proyectos Constitucionales del Chavismo.*

Esta experiencia de ser mi editor, prologuista, coautor y prologado, cierra un círculo intelectual, que me ha permitido conocer mejor la generosidad y la intelectualidad de Allan Brewer.

7. Como socio y compañero de ejercicio profesional

Desde mi regreso del postgrado en el exterior y el inicio del Curso Superior en el IAEDEN, también inicié, por mi cuenta, el libre ejercicio de la profesión de abogado en octubre de 1982, en una oficina casualmente ubicada en el mismo edificio Normandie en San Bernardino, donde tenían la sede varios escritorios jurídicos, incluido B,D&B. Desde allí comencé a llevar algunos asuntos profesionales de consultoría y litigio con Allan Brewer, cada uno desde su Escritorio.

Un buen día, creo que, era a finales de 1983, aproximándome caminando al edificio Normandie, me percaté que estaba ocurriendo un incendio y que los bomberos estaban evacuando el edificio. Allí afuera me conseguí con Allan Brewer quien estaba atento y casi dirigiendo las labores de rescate. Cuando la situación estaba controlada, Brewer se me acercó en la acera del frente en plena avenida Vollmer de San Bernardino y me dijo: Carlos, vamos a mudarnos de este edificio, vamos a fundar un nuevo Escritorio con Alberto Baumeister y quiero que formes parte como socio. Y así ocurrió. En 1984, me inicié como socio de la firma profesional Baumeister & Brewer, por los próximos 20 años.

Allí conocí a Allan Brewer no sólo como socio profesional, sino como compañero de trabajo en asuntos jurídicos, lo cual permitió consolidar una verdadera amistad duradera. Además de ello, allí pude experimentar su gran generosidad y completa lealtad como socio y compañero de trabajo.

8.   Como su abogado internacional

A raíz de la insólita e injusta persecución política llevada a cabo por el régimen venezolano de Hugo Chávez y continuada por el de Nicolás Maduro contra Allan Brewer, he tenido la oportunidad de brindarle mi asistencia jurídica conjuntamente con juristas internacionales de la talla de Pedro Nikken, Juan Méndez, Claudio Grossman, Héctor Faúndez y Douglas Cassel, en diversos ámbitos de la protección internacional de los derechos humanos.

Debo confesar que para mí ha sido un honor y causa de inmensa satisfacción, que yo haya podido apoyarlo y ayudarlo en su defensa internacional, poniendo mis conocimientos jurídicos, muchos de los cuales, al menos en el Derecho Público interno, se los debo a él mismo.

Allan Brewer ha sido como patrocinado igual de diligente que como abogado: apoya a sus abogados, envía a tiempo los documentos e informaciones solicitadas, revisa los escritos y hasta sugiere cambios de forma y contenido que tienen mucho sentido, y prepara sus intervenciones. En este ámbito también ha publicado ya varios libros.

9. Un hombre de Estado

He conocido a Allan Brewer también en su faceta como hombre de Estado y en el Estado. Antes de yo tratarlo, conocía de sus antecedentes como Consultor Jurídico Adjunto del Ministerio de Justicia, Consultor Jurídico del entonces Consejo Nacional Electoral, asesor jurídico de la Contraloría General de la República, Presidente de la Comisión de Administración Pública de la Presidencia de la República y como magistrado suplente de la Corte Suprema de Justicia.

Una vez que comenzamos a trabajar juntos, presencié de cerca la labor de Allan Brewer como hombre de Estado y del Estado, primero, como senador (suplente) del Congreso de la República entre 1984 y 1989. Su labor parlamentaria activa, incorporándose a la Cámara tuvo por objetivo la presentación y discusión de diversos proyectos de leyes. En mi caso, tuve la oportunidad de apoyarlo en la preparación de las propuestas para modificar sustancialmente el proyecto de Ley Orgánica de Amparo en el Senado y lograr su aprobación final.

Luego, durante el Gobierno del Presidente Ramón J. Velásquez, Allan Brewer ocupó la posición de Ministro de Estado para la Descentralización (1993-1994), para lo cual preparó un compendio de decretos, acuerdos y decisiones ejecutivas, que establecieron el marco jurídico y de políticas públicas de la descentralización. También allí tuve oportunidad de apoyarlo puntualmente en la preparación de proyectos de informes y actos de su despacho.

En 1999 Allan Brewer se postuló y resultó electo miembro de la Asamblea Nacional Constituyente. Allí también presencié, aún más de cerca, su brillante actuación como parlamentario constituyente, preparando propuestas de normas constitucionales, defendiendo las propias y rebatiendo las contrarias. En fin, siendo uno de los pocos tres o cuatro miembros de oposición, fue sin duda alguna el más importante e influyente de todos en la estructuración del nuevo texto constitucional. Los errores y abusos del texto y del cuerpo constituyente, fueron oportunamente denunciados y documentados por Brewer. En mi caso, preparé algunas propuestas en materia de justicia, y en especial, un conjunto de diez normas constitucionales novedosas en materia de derechos humanos, que fueron presentadas por Brewer y que con el apoyo de la sociedad civil lograron su aprobación, sin cambios sustanciales.

De esta forma, he conocido de cerca a la persona de Allan Brewer, también como un hombre de y del Estado, con la misma coherencia de sus conocimientos en materia de Derecho Público y Derecho en general, comprometido con el Estado Constitucional de Derecho, la democracia y los derechos humanos.

10. Pero sobre todo, como un amigo

Conforme a lo que he expresado en las líneas anteriores, he sido un afortunado en conocer a Allan Brewer desde hace tanto tiempo y en sus distintas facetas como persona. En efecto, lo he conocido en el ámbito familiar, como autor de libros jurídicos, como mi profesor de Derecho Administrativo, como jefe del pasante, como mi tutor de tesis, como socio y compañero de ejercicio profesional, como editor, prologuista, coautor y prologado, como su abogado internacional, pero, sobre todo, como un verdadero amigo.

Allan Brewer es de las personas que he conocido que tiene una concepción más noble de lo que es ser un amigo, en toda ocasión y en todo momento, en las buenas y en las malas. Brewer me recuerda en su concepto de la amistad, la noción sublime de la amistad perfecta de Aristóteles en la Ética a Nicómaco: una amistad auténtica, es aquella que se basa en la excelencia, en la virtud, y en la cual el amigo es querido por sí mismo.

En mi largo trato con él, la relación fue evolucionando. Mi condición inicial de alumno, luego de pasante en su despacho, luego en su condición de tutor, luego de socios profesionales, y simultáneamente como editor, prologuista, coautor y prologado, y luego incluso como su abogado internacional, ha permitido desarrollar entre nosotros una verdadera, sincera y duradera relación de amistad. Una amistad horizontal donde "Randy" no deja de ser mi profesor, pero donde al mismo tiempo, con los años, el alumno también le ha aportado a su profesor y amigo, algunos consejos y enseñanzas. Una amistad completa y recíproca. Una amistad de las de verdad, de las que ha pasado la prueba y ha salido fortalecida. Una amistad para siempre, de la que estoy agradecido, porque quien más se ha beneficiado soy yo, de lo cual le estaré siempre agradecido.

II. VIRTUDES

Con base en el conocimiento personal que tengo de la persona, me propongo ahora desarrollar brevemente, diez (10) virtudes de Allan Brewer.

1. La generosidad

La primera virtud que quiero resaltar es la inmensa generosidad que caracteriza a Allan Brewer como persona, en todos los aspectos de su quehacer.

En primer lugar, destaca su generosidad *intelectual* y *académica*: en sus enseñanzas, en las cuales comparte su sabiduría de manera formal e informal. Pero lo importante además es, que Brewer sinceramente disfruta compartiendo el saber. Por ello, más que un profesor es un Maestro: él sabe que ha sido mi maestro y además ha expresado que siente en mí un discípulo.

En segundo lugar, debo destacar su generosidad como socio en su despacho de abogado. Como lo relaté antes, en 1983 Allan Brewer me invitó a formar parte como socio, del nuevo despacho B&B, cuando yo apenas tenía 26 años. Esto ya de por sí fue no sólo un acto de inmensa generosidad de su parte, sino un acto bastante atrevido: invitar a su joven ex-alumno con pocos años de graduado a ser nada más que su socio en su nuevo despacho profesional.

Pero la generosidad de Brewer tuvo inmensas y reiteradas manifestaciones en el ejercicio de nuestra condición de socios. En los asuntos que me encomendaba y que yo trabajaba, o lo hacíamos en la mayoría de los casos de manera conjunta, siempre recibí más de lo que habría podido esperar. No sólo en las enseñanzas de preparar dictámenes, alegatos, pruebas y memoriales. El plan inicial de trabajo y su orientación estratégica, siempre fue una guía para el joven socio profesional. En esos trabajos recuerdo luego su implacable bolígrafo de tinta roja corrigiendo mis textos, a veces para añadir una pequeña frase, o simplemente una coma o una palabra, que completaban magistralmente mi párrafo o la argumentación jurídica. No menos importante y es un deber, destacar su generosidad económica. Siempre recibí de él más de lo esperado. Nunca tuvimos una queja o una discusión por temas económicos.

La generosidad de Allan Brewer abarca así todos los aspectos de su persona, tanto a nivel intelectual, como jurídico, profesional, de amistad y familiar. Brewer es un hombre generoso.

2. La lealtad

Allan Brewer es una persona leal. Leal con sus amigos, alumnos, familiares y socios. Es un amigo leal, un profesor leal y un socio leal. Brewer no es un hombre de doble posiciones ni de traiciones. No exagero al decir, que Brewer incluso expresa lealtad hasta con sus adversarios y enemigos. Esa lealtad de Brewer es a toda prueba.

Brewer tiene una personalidad de intelectual de autoridad, que expresa con seguridad y convicción sus conocimientos y criterios. Pero al mismo tiempo, respeta los espacios, los criterios, el discutir y hasta el disentir con él. Eso sí, siempre que estén bien estudiados y argumentados. Al respecto, permítanme una anécdota personal. Cuando después de casi 20 años de proyecto profesional conjunto, decidí iniciar un proyecto profesional separado en el año 2004, sentí como cuando el hijo crece y se va de la casa de sus padres (y estoy seguro que así lo sintió él también). Pero en el corto tiempo, no sólo nos avenimos como los amigos de siempre, sino que hemos profundizado aún más nuestra relación de lo que incluso ya era antes. Esa es la verdadera amistad, la amistad perfecta, la amistad leal, no la idílica o abstracta, sino también la de las circunstancias y dificultades superadas que profundizan la relación.

En lo personal, durante la vida yo también le he dado muestras de mi agradecimiento y mi lealtad al profesor, al editor, al amigo y compañero.

3. La laboriosidad y disciplina

Allan Brewer es una persona trabajadora, muy trabajadora. Para ello no tiene otra regla que la disciplina de trabajar todos los días y cumplir con las metas que se propone. No importa el día, la hora o el lugar donde se encuentra, que, si es el caso, Brewer siempre encontrará el momento para continuar concentrado adelantando y terminando su trabajo.

Estas virtudes de Allan Brewer las puedo ejemplificar con varias anécdotas personales. La primera fue, cuando llevábamos un caso ante el tribunal contencioso de la región nor-oriental con sede en la ciudad de Barcelona, estado Anzoátegui. Para asistir a los actos del proceso, debíamos tomar el vuelo madrugador de las seis de la madrugada. Recuerdo que una vez chequeados en el aeropuerto de Maiquetía, a eso de las 4:30 am, nos íbamos a tomar un cafecito en la zona de abordaje. Mientras yo me mantenía despierto con dificultad, Randy sacaba su carpeta y su bolígrafo y se ponía a escribir. Pero aun más. Mientras estábamos en el vuelo y yo conseguía recuperar un rato de sueño, al abrir los ojos para el aterrizaje, lo conseguía todavía escribiendo. Seguramente estaba terminando el capítulo de su próximo libro o el libro mismo.

Otra anécdota que recuerdo para compartir con ustedes, es la del litigio del famoso caso de la declaración administrativa arbitraria de las acciones en tesorería en el Banco de Venezuela. Luchando contra el poder político y económico, con la única arma del Derecho y la razón, el equipo del despacho junto a otros abogados, preparábamos los escritos de acciones de amparo, juicios contenciosos, medidas cautelares, pruebas, contrademandas, reconvenciones y demás diligencias. Era verdaderamente exigente el trabajo, para poder tener listos todos esos documentos, a veces de un día para otro. Ello nos llevó a tener que trabajar no sólo hasta altas horas de la noche e incluso la madrugada, sino que en más de una oportunidad, también tuvimos que amanecer trabajando en el despacho, para tener listos los documentos. En esa tarea de equipo, Allan Brewer no sólo coordinaba el equipo, sino que era uno más de ese equipo, haciendo todo tipo de trabajos necesarios, y a cuan más entusiasta nos animaba a seguir adelante hasta cumplir los objetivos.

Una tercera anécdota, fue la preparación de nuestro libro de "Comentarios a la Ley Orgánica de Amparo" de 1987. Ante su inminente entrada en vigor, Allan Brewer me propuso que escribiéramos sendos artículos comentando el texto de la nueva Ley, a la luz de la doctrina y la jurisprudencia, tanto nacional como comparada e internacional. Ello nos obligó preparar el texto en un breve plazo, para que pudiera entrar en imprenta a la brevedad posible. Por supuesto que, a los pocos días, Brewer me presentó su texto junto con el diseño de la portada del libro, advirtiéndome que yo ya estaba en mora para entregar mi texto. Ello me obligó a dedicarme de manera exclusiva a ese propósito por dos semanas, incluidos dos días en los que amanecí en mi casa trabajando mi texto, para poder entregárselo a tiempo a mi editor ya ansioso por entrar en imprenta y tener listo el libro a la brevedad posible. Por supuesto que allí no terminó todo, pues en esa época las imprentas tradicionales de planchas de plomo, preparaban unos pliegos o galeras que a su vez debían corregirse sobre la marcha, para tener listo el ejemplar final para su impresión. Pero gracias al inmenso esfuerzo realizado, la labor de todos terminó exitosamente y el libro finalmente estuvo listo a tiempo.

De esas experiencias puedo dar fe de la virtud de inagotable laboriosidad y disciplina de trabajo de Allan Brewer, en la cual indudablemente se basa no sólo su éxito intelectual y profesional, sino su ser como persona. En ello, un ejemplo siempre presente y que me ha guiado en la vida, aunque no siempre fácil de seguir.

4. El saber universal

Allan Brewer es uno de los juristas más completos en Derecho Público: Constitucional y Administrativo, no sólo sustantivo sino procesal. Brewer conoce simultáneamente el Derecho Público comparado y en algunos casos hasta el internacional. Pero como dice el viejo adagio, el que solo sabe de Derecho ni de Derecho sabe. Brewer también cultiva y entremezcla con maestría y excelencia otras áreas del conocimiento humanista como la historia, las instituciones, y el urbanismo, entre otras.

El saber de Brewer no es neutro o insípido, sino que está profundamente influido por los valores transversales del Estado Constitucional de Derecho y la democracia. Esto lo podemos constatar en su obra, anterior a la crisis política venezolana a partir de 1999 en la cual ya era crítico de los errores y deficiencias del sistema democrático para lograr su perfección. Pero, sobre todo lo podemos apreciar después de 1999, en sus múltiples escritos documentando, criticando y denunciando la deslealtad del régimen político chavista con la propia Constitución, avalado por un sistema de justicia constitucional secuestrado y al servicio incondicional de la política.

Por esta coherencia en la defensa del Estado Constitucional de Derecho y la democracia en Venezuela, Brewer ha sufrido las consecuencias de su persecución política por el régimen, que lo ha llevado al exilio hasta el día de hoy.

Brewer es un jurista de saber universal, pero que con su vida ha apostado hasta exponerse personalmente, por la defensa de los valores y principios de la sociedad democrática.

5. Es un innovador

Allan Brewer es un innovador. Siempre está inventando un nuevo tema o una nueva dimensión de la anterior, para investigarlo y darlo a conocer. Y es que, ¡Brewer no se queda quieto! Siempre está inventando algo, siempre está en movimiento. En sus diversas dimensiones como profesor, autor, tutor, editor, amigo, Brewer siempre está proponiendo nuevas ideas o nuevas dimensiones de viejas ideas. Nuevos libros, nuevas publicaciones nuevas formas de comunicar y de hacer conocer su obra. Para ello basta visitar su página web o portal digital.

Esto hace, que estemos ante una persona cuya evolución siempre está en continua acción y quienes lo rodean nunca se aburren. Este carácter de innovador es los que hace a nuestro personaje, una persona particularmente interesante de conocer y seguir conociendo y tratando en sus múltiples dimensiones.

6. Es un emprendedor

Allan Brewer no es sólo un jurista, un profesor, un autor y un abogado exitoso. Es también un editor exitoso, como propulsor de la Editorial Jurídica Venezolana, como dijimos, una de las más importantes en Venezuela, si no la más. Lo que se ha propuesto publicar termina publicándolo siempre, aunque ello le valga una inversión económica personal de la cual no obtenga retornos o utilidades materiales. Y lo cierto es que nunca cobró derechos de autor por sus libros publicados por la EJV, lo que siempre ayudó a su financiamiento, aparte de sus aportes fundacionales.

Ese esfuerzo ha sido titánico, especialmente en mantener la continua edición de la *Revista de Derecho Público* desde el número 1 en 1980 hasta el día de hoy (número 153-154 de 2018).

Además de ello, Brewer ha asumido con éxito la organización en Venezuela de innumerables congresos, jornadas y todo tipo de eventos en materia de Derecho Público. Entre estos debo destacar la responsabilidad que asumió como miembro directivo de la Academia Internacional de Derecho Comparado, de organizar de manera exitosa en Caracas, el XI Congreso Internacional de Derecho Comparado, Academia Internacional de Derecho Comparado en septiembre de 1982. Nunca antes en Venezuela se había organizado ni había tenido lugar un Congreso jurídico internacional de las dimensiones y complejidades de éste, cuyo éxito en todas sus dimensiones se debió sin duda a la capacidad de emprendimiento, organización y acción de Allan Brewer.

7. La sencillez

Allan Brewer no es un hombre de posturas ni pretensiones personales. Es un hombre llano y directo. Increíblemente, a veces puede parecer un poco introvertido, y para algunos hasta reservado, pero Brewer no es para nada una persona pretensiosa. Brewer combina la sencillez con la autoridad, pero su carácter de educador y pedagogo, nunca permite que se distancie de sus acompañantes o de su auditorio.

Sentarse a conversar con él es una invitación a compartir con sencillez de la vida y del saber, del Derecho y de la historia, de la geografía y de los pueblos. Aún mejor si esa conversación puede ir acompañada de un buen tabaco (puro) y un buen licor.

Esa sencillez se expresa en su amor y más aún, su pasión por Venezuela, especialmente su disfrute del campo y de las poblaciones del interior del país. De ello, una valiosa muestra es su casa en pleno páramo andino, en el pueblo de San Rafael de Mucuchíes, donde por cierto tuve el placer de pasar con mi familia las Navidades en el año 1990, de lo cual Carmen y yo les estamos muy agradecidos a Beatriz y a Randy.

8. El hombre de familia

Allan Brewer tiene la virtud de ser también un hombre de familia. Lo he conocido y he visto como un excelente hijo, esposo, padre, abuelo y ahora así lo será también como bisabuelo. Brewer se ve que disfruta y aprecia los momentos de la familia y me imagino que ahora más que nunca desde su forzado exilio.

Pero quiero añadir a esta virtud de un hombre de familia, la virtud de Brewer como un *cristiano practicante*. Brewer es un hombre de iglesia y prácticamente de sus sacramentos. Brewer es un cristiano amigo tanto de sacerdotes como de obispos. En tono jocoso diré, que menos mal que Brewer no se metió a cura, porque seguro habría llegado a Papa y ¡nos tendría invadidos de no saben cuántas Encíclicas, Bulas y Cartas que habría publicado!

9. La honestidad

Allan Brewer es una persona honesta, tanto en su dimensión *intelectual como personal*.

La honestidad es una virtud que no es tal si no se ejerce integralmente. Nadie puede decir que Brewer no le cumplió lo prometido, o que no le pagó lo que le debía, o que pasó o no pasó indebidamente a un alumno, o que no le publicó un trabajo o que publicó uno injustificadamente, o que le pagó a un juez.

Tampoco puede nadie afirmar que, en su inmensa obra escrita, Brewer plagió un trabajo o se robó una idea de alguien sin reconocer su autoría. Más bien es admirable en su labor de investigación, su riqueza y variedad de citas bibliográficas de donde ha obtenido una inspiración o una simple referencia.

Brewer tiene y practica la virtud de ser un modelo de persona honesta y cumplidora. Una virtud que va siendo cada vez menos común, en diversos ambientes de nuestra sociedad moderna.

10. Es una buena persona

Por último, quiero decir, que Allan Brewer es por encima de todo, una buena persona. Es un ser humano increíble, una persona humana integralmente considerada en todas sus dimensiones: como intelectual, profesor, autor, maestro, editor, emprendedor, investigador, innovador, y todo un etc., etc., etc., que ya no puedo alargar por razones de tiempo.

Por ello, resumo esta última virtud comprensiva diciendo que, por encima de todo, Allan Brewer es en definitiva y ante todo ¡una bella persona, una buena persona! Un buen ser humano.

III. COROLARIO

Quiero terminar estas breves palabras sobre Allan Brewer como persona, dándole gracias a Dios por habernos regalado ese maravilloso ser humano. Por haberme permitido conocerlo y compartir con él tanto, de manera tan diversa y tan intensa. Por haberme permitido aprender tanto de él.

Randy, ¡gracias por tu amistad y por toda tu generosidad!,

¡Felicitaciones por tus 80 cumpleaños! Que Dios te siga dando una sana y larga vida, para beneplácito de tu familia, de tus amigos, de tus alumnos, del Derecho y de la humanidad.

Washington, DC, 13 de Noviembre de 2019.

Sección Segunda:
ALLAN R. BREWER-CARÍAS: EL JURISTA

JOSÉ ARAUJO JUÁREZ

*Profesor de Postgrado e Investigador Asociado del
Instituto de Investigaciones Jurídicas de la
Universidad Católica Andrés Bello, Caracas, Venezuela.*

Ante todo, gracias al Prof. Luciano Parejo por la oportunidad que me da, para sumarme directamente al homenaje que le rinde la Cátedra de Estudios Jurídicos Iberoamericanos, Universidad Carlos III de Madrid, al apreciado amigo Prof. Allan R. Brewer-Carías.

Como indica el título, mi intervención pretende hacer, al menos, una semblanza sobre la que es, entre otras, una de sus cualidades más sobresalientes: EL JURISTA.

Para empezar, debo referirme al término, imprescindible por puras razones de comunicación y de claridad. Jurista, define la RAE/DLE, es la *"Persona que ejerce una profesión jurídica"*, enunciado que, digámoslo ya, no alcanza para abarcar lo que significa BC para el mundo jurídico. Por tal razón acudo al reciente DEJ/RAE, que nace de la preocupación por los problemas de la claridad y seguridad del lenguaje jurídico, que también define:

"Persona que ejerce una profesión relacionada con el estudio," y agrega, *"o la aplicación del derecho o con su enseñanza"*.

Ahora bien, el desarrollo de tan relevante tema me llevaría demasiado lejos y, desde luego, más allá de lo que la cortesía aconseja. Pero también exponerlo, siquiera sea en resumen, sería labor prácticamente imposible, porque se trata de la trayectoria de toda una vida dedicada al Derecho.

A los efectos que aquí se persiguen nos basta, pues, con destacar lo más sobresaliente en estos órdenes, en y para Venezuela.

La enseñanza del Derecho Público

Por lo que hace al primero, Brewer-Carías emprende muy tempranamente su andadura por la enseñanza del Derecho público.

Graduado de abogado en 1962, con diploma *Summa Cum Laude*, marcha a París a realizar estudios de posgrado (1962/1963). A su retorno ingresa en 1963, a la entonces Facultad de Derecho de su *Alma Mater*, la Universidad Central de Venezuela, como Profesor de Derecho Administrativo I y II, donde realizará una firme tarea universitaria docente, concebida como vocación hasta su jubilación (1987). Allí gana el Concurso de Oposición (1966), y luego se desempeñará como Jefe de la Cátedra y también de los Departamentos de Ciencias de la Administración Pública y de Derecho Público. Asimismo, desde 1981 dictará su renombrada cátedra Derecho Administrativo Profundizado en la Especialización de Derecho Administrativo.

Académicamente, desde entonces Brewer-Carías comienza a vincular su nombre, como profesor asociado o visitante, a prestigiosas universidades en Cambridge, Paris, New York, y como profesor invitado en cursos monográficos, de postgrado y doctorado, en numerosísimas universidades en América y Europa.

También, vinculado con la enseñanza del Derecho administrativo, mencionamos la iniciativa de FUNEDA al crear las Jornadas anuales que las honran con su nombre, y que desde 1995 ha permitido en Venezuela contar con un centro de debate, manifestación también de la infatigable actividad de impulso y respaldo de Brewer-Carías, para que el foro venezolano haya tejido redes de intercambio con las demás corrientes del pensamiento jurídico en América y Europa.

Finalmente, cualidades personales e intelectuales lo hacen merecedor de innumerables y merecidos premios, condecoraciones y distinciones académicas, tales como: cátedras fundacionales, promociones, libros homenaje; investiduras como Profesor Honorario y Doctorados *honoris causae;* y también como Miembro Asociado, Titular o Correspondiente extranjero u honorario, en universidades y corporaciones acreditadas, dentro y fuera de Venezuela, que no es necesario aquí detallar.

El estudio del Derecho Público

Por lo que hace al segundo orden, como es natural, trae causa del primero, puesto que en el mundo del pensamiento ambos órdenes suelen estar casi siempre implicados.

En efecto, Brewer-Carías inicia su dedicación al estudio del Derecho Público siendo estudiante, al ingresar en 1960 como Auxiliar de Investigación del Instituto de Estudios Políticos y del Instituto de Derecho Público de la UCV, bajo el magisterio de M. García Pelayo y A. Moles Caubet, respectivamente, lo cual tendrá una extraordinaria importancia en su formación intelectual.

Desde el Instituto de Derecho Público –del que será más tarde su Director (1979-1987)– Brewer-Carías comienza a realizar un proceso constructivo del Derecho público venezolano, que asombra por su regularidad, disciplina y claridad de pensamiento, muy fuera de lo común, que se inicia con la tesis doctoral titulada *Las Instituciones Fundamentales del Derecho Administrativo y la Jurisprudencia Venezolana* (1964), merecedora de la más alta mención que conceden los reglamentos universitarios, y del Premio Luis Sanojo. Ella constituye la primera sistematización moderna del Derecho administrativo venezolano, por lo cual se convierte en un Manual de referencia en las Facultades de Derecho venezolanas.

Desde entonces, el inmenso valor de sus teorizaciones se multiplica con lo creatividad de su talento, que se traduce en aportaciones originales, contenido que caracteriza transversalmente su labor intelectual, y que lo convertirán en un jurista innovador y con pensamiento crítico pero, eso sí, respetuoso siempre con los demás.

Ocurre, sin embargo, que la obra de Brewer-Carías no es solo el resultado de un jurista teórico, sino también práctico, fruto tanto de su experiencia concreta de los problemas del Estado, porque con gran espíritu de servicio, ocupa puestos de relevante responsabilidad pública (consultor jurídico, ministro, senador, constituyente, etc.), así como de su ejercicio profesional.

A lo anterior agregamos que, sin eludir el necesario compromiso con la realidad social y política, Brewer-Carías es también un brillante defensor del fortalecimiento del Derecho, la Democracia y la Justicia, cuya expresión más clara y contundente es su pensamiento y obra de estas 2 últimas décadas, con un activo cuestionamiento ante los abusos y disfunciones de un Derecho del gobierno o del gobernante –que viene a ser lo mismo–; ante un Derecho que solo se puede calificar, empleando la metáfora de un autor español, de "subterráneo" o "marginal" de nuevo cuño, pero no por ello menos real, con el que se han desmantelado sistemáticamente las instituciones públicas y privadas venezolanas.

En resumen, empezando por el Derecho administrativo y el constitucional, pasando por la Ciencia de la administración y la Ciencia política y, en general, por el Derecho público comparado, servido por una formación de una amplitud excepcional del saber (con referencias de carácter económico, histórico, político, sociológico, etc.), todas ellas son disciplinas que le permiten a Brewer-Carías hacer enfoques interdisciplinarios que enriquecen la perspectiva de sus análisis, y que habla también de una genuina honestidad intelectual, independencia de juicio y coraje intelectual como jurista, todo lo cual resulta muy relevante para comprender su obra jurídica.

La obra de Derecho público

En este sentido, la obra de un jurista, es cierto, son sus libros, artículos y conferencias. En todo este tipo de manifestaciones, la obra de Brewer-Carías es extensa y sólida, prueba de una disposición vital para acometer lo novedoso, siempre que provoque la curiosidad científica o prometa el reto intelectual. Por su trayectoria puede decirse, que no hay un solo de los grandes temas esenciales del Derecho público que le haya sido ajeno.

Así las cosas, para el cierre de noviembre de 2019 –salvo error u omisión de mi parte–, su prolífica obra alcanza un registro de 3.707 entradas, entre otras: 223 libros, 985 artículos, y 1.236 conferencias y ponencias, fruto de su experiencia académica y trayectoria vital y profesional. Jurista abierto siempre a la renovación y a la propia superación que lo sitúa, por derecho propio, como uno de los grandes juristas de Venezuela y, sin duda, quien tiene la más extensa obra jurídica escrita en toda la historia de nuestro país.

Por todo lo anterior se puede afirmar, que Brewer-Carías no solo es el jurista más destacado del Derecho público venezolano donde ha llegado, por decirlo con palabras de E. García de Enterría –y que nunca podría mejorar yo– *"a ser uno de los valores universales reconocidos"*; sino, también, el reconocido jurista cuyas ideas, conceptos y discípulos traspasan fronteras, tal y como lo pondrán de relieve distinguidos expositores en esta Jornada.

Y llegado aquí, para finalizar, creo estar en condiciones de proponer una

Reflexión final

En tiempos tan aciagos de nuestro país, en los que desde el poder se difunde un cierto desprecio por la inteligencia y el Derecho, considero oportuno reafirmar la trascendencia de la dedicación al estudio y la enseñanza del Derecho en general y, por sobre todo, del ejemplo personal como elemento indispensable en la trasmisión del conocimiento.

Ahora bien, no hay que desconocer que en esa relación –que ha de ser de una cierta jerarquía–, la *auctoritas* –la cual no se consigue sino que se conquista– de quien conoce y quiere trasmitir su conocimiento, ha de ser indiscutible; tiene que ser cierta y, además, reconocida por quien está aplicando el aprendizaje; es, pues, una primacía moral.

Finalmente, un factor importante que debe animar tal condición, como nos pide el sabio español Don Ramón y Cajal, es que nunca ha de faltar la voluntad de ser útil a los hombres, y de contribuir al desarrollo de todas sus posibilidades, como último impulso y, por supuesto, más noble y más generoso.

Por todo ello considero muy importante, agregar, que solo la vocación y generosidad tan encomiables de Brewer-Carías, explican también su disposición habitual y firme para ayudar, estimular y enseñar sin distingos, lo cual también ha forjado al verdadero maestro, para quien no existen fronteras.

Prof. Allan Brewer-Carías

De conformidad con lo que queda dicho, no resulta exagerado afirmar que en Venezuela, los integrantes de varias generaciones que hemos dedicado algunos modestos esfuerzos a la investigación y a la enseñanza del Derecho público, constituimos una interminable Escuela deudora de su persona y de su obra jurídica.

Usted ha mostrado el camino y el ejemplo a seguir, facilitándonos el desarrollo en la academia y la investigación; pero también en el plano de aplicaciones prácticas, que como operadores jurídicos hemos sabido tomar a préstamo para el ejercicio profesional, cuando ese ha sido el caso.

Valga esta reflexión, a propósito de su ejemplar vida dedicada al Derecho Público venezolano y comparado. Esta es también una lección que nos da: la de prestigiar las figuras del jurista y del maestro.

Por cuanto queda dicho, es fácilmente comprensible este homenaje a Allan Brewer-Carías, que tiene por causa su enaltecimiento como hombre del Derecho; y del orgullo sincero que sentimos los demás venezolanos por su trascendente legado jurídico, que dejará honda huella en una época crucial, pero también esperanzadora para el país.

Solo nos resta agradecer y, a la vez, honrar su condición de jurista, lo que trasunta su real pasión por el Derecho, por la Universidad y, por último –pero no precisamente en importancia–, su inalterable compromiso para con su país Venezuela.

Sección Tercera:

ALLAN R. BREWER-CARÍAS: EL ABOGADO

VÍCTOR HERNÁNDEZ MENDIBLE

*Director del Centro de Estudios de Regulación
Económica (CERECO), Universidad Monteávila*

I. INTRODUCCIÓN

Mis primeras palabras únicamente pueden ser de agradecimiento, pero no para cumplir con un acto protocolar de mera cortesía y educación, sino para manifestar mi gratitud por tener el extraordinario privilegio de volver a Madrid con motivo de esta ocasión tan especial, como lo constituye la conmemoración del octogésimo cumpleaños del profesor Allan R. Brewer-Carías.

Por ello, manifiesto mis sinceras gracias por la deferencia que me ha brindado el catedrático don Luciano Parejo Alfonso, al invitarme a participar en esta celebración entre familiares, amigos, colegas y discípulos del maestro iberoamericano.

Para no incumplir la costumbre en esta fecha tan señalada, me dirijo al cumpleañero y le deseo muchas felicidades y salud junto a la señora Beatriz, hijos, nietos y bisnietos.

Así como no es posible hablar de Allan "Randy" -como se le conoce en su círculo familiar más íntimo- al referirse a su persona, sin mencionar a la señora Beatriz Leal Donzella; o hablar de Brewer-Carías el editor, sin tener presente el apoyo fundamental que le han brindado tanto Mary Ramos Fernández, como Gabriela Oquendo Rotondaro, los rostros visibles durante 40 años de la gestión de la Fundación Editorial Jurídica Venezolana; tampoco resulta posible referirse a Brewer-Carías el abogado, sin recordar a su socio y compañero de vida profesional, el abogado Alberto Baumeister Toledo, quien siendo menor que él por unos meses, falleció a comienzos de 2018, razón por la que obvia y lamentablemente no puede estar en esta ocasión tan entrañable.

Es importante señalar que Brewer-Carías y Baumeister fueron amigos dilectos –desde la infancia, tal como siempre lo recuerda Brewer– y quizás si me pidieran destacar algunas cualidades de él, diría que fueron la lealtad, la honestidad y la integridad. En su época de estudiantes en la carrera de Derecho, en la Universidad Central de Venezuela y en la Universidad Católica Andrés Bello respectivamente, trabajaron juntos como escribientes en el Juzgado primero de primera instancia mercantil del Distrito Federal, en que se desempeñaba como juez el también profesor, Gonzalo Pérez Luciani.

Luego de varios años de graduados de abogados establecieron una sociedad profesional, que inicialmente se denominó *Baumeister, Domínguez & Brewer,* durante la primera mitad de la década de los setenta del siglo XX, que funcionó con sede en San Bernardino, en la ciudad de Caracas.

Una década después evolucionaría a identificarse como *Baumeister & Brewer* Abogados Consultores, como se conoce hasta el presente, que sigue funcionando en la Torre América también conocida como "El Jojoto", en Bello Monte, en la ciudad de Caracas.

En este Despacho de Abogados, Baumeister representó la prestación de los servicios profesionales preeminentemente en el ámbito del derecho privado y Brewer-Carías fundamentalmente en el ámbito del derecho público.

Ha sido desde este espacio en que Brewer-Carías -a partir de su aparente jubilación y subsecuente separación como Director del Instituto de Derecho Público de la Universidad Central de Venezuela-, continuará desarrollando su condición de profesor emérito y desplegará su vida profesional, a la que se dedicarán estas breves palabras.

II. LOS INICIOS DEL DESEMPEÑO PROFESIONAL EN CONCURRENCIA CON LA CARRERA UNIVERSITARIA

El joven Brewer-Carías se graduó de abogado a los 22 años, el día 21 de agosto de 1962 y luego obtuvo el título de Doctor en Derecho a los 24 años, el día 24 de abril de 1964.

Para entender el desarrollo profesional de Brewer-Carías el abogado, se debe señalar que en la época en que él se graduó regía en la República de Venezuela la Constitución de 1961, que admitía la compatibilidad de dos destinos públicos remunerados, siempre que uno de ellos fuese académico o docente (artículo 123).

Esto suponía que el joven profesor Brewer-Carías podía desarrollar su carrera docente y de investigación universitaria, concomitante al desempeño de la profesión de abogado en algún cargo público, sin ningún obstáculo jurídico.

Es así como se entiende que a la par que comenzaba su vida académica luego de haberse doctorado, –ya la había iniciado previamente (1960-1962) como auxiliar de investigación bajo la dirección de los profesores Manuel García Pelayo y de Antonio Moles Caubet, en los Institutos de Estudios Políticos y de Derecho Público respectivamente-, también comenzará su desempeño profesional como consultor jurídico adjunto en el Ministerio de Justicia, entre 1963 y 1964, año este último en que pasará a trabajar en el cargo de contralor delegado en la sección sexta de la Contraloría General de la República.

Al año siguiente ingresó a ser asesor jurídico en la entonces Gobernación del Distrito Federal, durante el período comprendido entre 1965 y 1968, lo que haría concurrentemente con el desempeño de asesor jurídico en el Consejo Supremo Electoral, entre 1965 y 1969.

En este último año, fue designado por el entonces Presidente de la República, Rafael Caldera, quien también había sido profesor en la Universidad Central de Venezuela, para que presidiera la Comisión de Administración Pública de la Presidencia de la República, donde se desempeñó hasta 1972.

Esta Comisión con el objeto de impulsar la reforma de la Administración Pública para el desarrollo, elaboró importantes proyectos de ley: de la carrera administrativa, de la Administración Pública nacional, de las entidades descentralizadas, de procedimientos administrativos, de la jurisdicción contencioso administrativa y de la jurisdicción constitucional.

En este tiempo se dio impulso a la creación del Centro Latinoamericano de Administración para el Desarrollo (CLAD), bajo el auspicio de los gobiernos de México, Perú y Venezuela, estableciendo su sede en la ciudad de Caracas y correspondiéndole a Allan Brewer-Carías, ser el presidente fundador.

Al año siguiente, que era el último año del quinquenio de gobierno, se evidenciaban tiempos de cambios en el plano gubernamental, por lo que concreta con su amigo y socio el proyecto de establecer su Despacho de Abogados Baumeister, Domínguez & Brewer.

Antes de llegar al que hoy conocemos como meridiano de su vida fue designado conjuez de la Sala Político Administrativa -así se identifica a la Sala con competencia contencioso-administrativa- de la antes denominada Corte Suprema de Justicia, durante el período comprendido entre 1976 y 1979, lo que constituye el comienzo del tránsito en un nuevo espacio de la vida pública, pues a partir de ese momento estará vinculado con la máxima jerarquía del Poder Judicial.

Superado el quinquenio de 1973 a 1978, fue electo como senador suplente por la circunscripción electoral del Distrito Federal y magistrado suplente de la Sala Político Administrativa entre 1979 y

1984, así como miembro suplente en el Consejo Supremo de Electoral en 1979.

Su designación en 1978 como director del Instituto de Investigaciones Jurídicas en la Facultad de Ciencias Jurídicas y Políticas de la Universidad Central de Venezuela, le llevará a cerrar este ciclo de su actividad profesional pública, para desplegar una actividad de investigación y difusión sin precedentes en dicha casa de estudios, que finalizará con su jubilación y a la que sus sucesores lamentablemente no han logrado darle una continuidad tan profusa.

Como datos anecdóticos en ese año 1978, se incorporó a la Academia de Ciencias Políticas y Sociales de Caracas, -siendo el más joven que lo había hecho hasta ese momento y ello se mantiene así cuarenta años después-; además fue designado miembro correspondiente de la Real Academia de Ciencias Morales y Políticas de Madrid y también asistió por primera vez como invitado a las reuniones de la Escuela de García de Enterría.

III. LA CONSOLIDACIÓN COMO ABOGADO EN EJERCICIO

Cabe destacar que en el año 1986, previo a su retiro formal del Instituto de Derecho Público recibió su primer doctorado *honoris causae* por la Universidad de Granada.

Aunque Brewer-Carías se jubila del Instituto de Derecho Público en la Universidad Central de Venezuela en 1987, luego de haber cumplido -incluso en exceso, fueron 29 años- el tiempo que debía durar la carrera universitaria, comienza lo que en castellano se conoce como un oxímorom o en latín como una *"contradictio in terminis"*: una jubilación activa.

Ya desde su Despacho en el ejercicio profesional seguirá el despliegue de su actividad académica, como profesor emérito de la Universidad Central de Venezuela, desarrollando múltiples investigaciones y publicaciones sobre diversos temas de Derecho Administrativo y Constitucional, así como asesorando y litigando en procesos constitucionales y administrativos.

Los dos fallidos intentos de golpe de estado en 1992, -en medio de los cuales recibe el segundo doctorado *honoris causae* de la Universidad Católica del Táchira- y el inicio del enjuiciamiento del Presidente de la República, que termina con su cese en dicho cargo y la acentuación de la crisis política democrática, lo llevarán a posponer algunos proyectos personales y profesionales, para incorporarse al gobierno de transición como Ministro de Estado para la descentralización entre 1993 y 1994, período en que hay que reconocerlo contó con el apoyo de su buen amigo, don Luciano Parejo Alfonso.

Al finalizar esa etapa que supuso una responsabilidad política de tal naturaleza vuelve a su Despacho, en el que da continuidad a la actividad profesional privada y sigue con su actividad académica, en medio de la cual recibe una tercera distinción como *Doctor honoris causae* por la Universidad Carlos III de Madrid en 1996.

Cabe destacar que sus vínculos permanentes con esta tierra, conducirán a su incorporación como miembro de la Corte Española de Arbitraje en 1998.

En el año 1999 desarrolló una responsabilidad pública muy importante, al ser uno de los pocos miembros electos a la Asamblea Nacional Constituyente por votación popular, universal, directa y secreta en la circunscripción nacional, sin ser militante de partido alguno. De esa gestión rinden testimonio sus intervenciones y los votos salvados expresados de viva voz y por escrito, que fueron publicados en tres tomos bajo el epígrafe de *"Debate Constituyente. (Apuntes a la Asamblea Nacional Constituyente)"*, cuya primera edición se produjo ese mismo año.

En el presente siglo la actividad profesional del abogado Brewer-Carías ha sido fundamentalmente en el ámbito privado y la ha combinado con la condición de experto o testigo-experto en procesos de arbitrajes internacionales.

Lo anterior lleva a preguntarse, pero ¿cuál ha sido el desarrollo profesional en el ámbito privado a partir de su jubilación activa?. Realmente el ejercicio lo ha llevado por los senderos de la consultoría, de la asesoría y del litigio, en muchos casos en ejercicio de la acción popular de inconstitucionalidad de leyes y en otros en representación de personas naturales y jurídicas, a las que ha tenido que brindar sus servicios en asuntos de interés de estas.

Entre los casos que recuerdo de memoria se encuentran Desarrollos Tercera Avenida (conocido gracias a los medios de comunicación, como el Monstruo de Los Palos Grandes) relacionado con asuntos de urbanismo a comienzos de la década de los noventa; Tarjetas Banvenez (Banco de Venezuela) en materia de acciones de tesorería, por la misma época del anterior; Coca Cola-Pepsi Cola (la denominada guerra de las colas) relacionada con asuntos de libre competencia, a mediados de la década del noventa; Las Cristinas, sobre las concesiones mineras, a finales de la década de los noventa; o la Apertura Petrolera en representación de la empresa Petróleos de Venezuela, en lo referente a la discusión sobre la apertura a la inversión privada nacional y extranjera en el sector de los hidrocarburos, también a finales del siglo pasado.

Sin duda el caso más importante que ha tenido en su vida ha sido como él mismo lo ha calificado *"En mi propia defensa"*, obviamente lo ha hecho con sus abogados, algunos de ellos aquí presentes como León H. Cottin Núñez o Pedro Nikken.

Se trata del caso más importante que ha tenido que analizar, estudiar e investigar, pues al afrontar al régimen venezolano dentro y fuera de las fronteras, ha tenido que asumir las consecuencias de ello en primera persona y sobre sus propios derechos. Ha enfrentado una persecución iniciada hace más de 15 años y que manteniéndose hasta el presente, pone en evidencia que únicamente va a cesar cuando caiga el régimen. Se trata de un proceso en el que se han violado sus derechos fundamentales y él lo ha afrontado dando la cara con gran honor y con absoluta dignidad.

Finalizó esta parte de la exposición con otra anécdota, en este caso personal. En sus 55 años de vida profesional y 30 años míos de ejercicio como abogado, en dos ocasiones nos ha correspondido brindar nuestros servicios a personas cuyos intereses estaban en conflicto. La primera en Venezuela a finales del siglo pasado, oportunidad en que nos correspondió actuar en asuntos de regulación bancaria; y la segunda en el exterior hace aproximadamente 8 años, en que fuimos invitados por cada una de las partes a dictaminar como expertos en un arbitraje técnico, sobre ejecución de contratos en el sector energético.

Como dice el refrán castellano "A tal señor, tal honor". El único caso que hemos compartido fue en la defensa de sus propios derechos fundamentales, en que intervine como *amicus curiae* -lo que también hicieron un grupo muy destacado de juristas de ambos continentes-, en el proceso ante la Corte Interamericana de Derechos Humanos.

IV. CONCLUSIONES

El abogado Brewer-Carías le ha servido al país llevando a cabo la consultoría, el asesoramiento y principalmente el litigio, tanto en representación de clientes públicos como de particulares. No obstante, también ha sido magistrado suplente de la Corte Suprema de Justicia, senador suplente en el Congreso y ministro dentro del Poder Ejecutivo, así como ha trabajado en varias consultorías jurídicas de órganos públicos y además ha desempeñado por designación directa del voto popular la responsabilidad de constituyente, lo que le ha otorgado un conocimiento jurídico integral que incluso le ha permitido desenvolverse como árbitro y como testigo experto, todo ello dentro del ámbito nacional e internacional.

Teniendo la vida resuelta Brewer-Carías pudo haber elegido la evasión de la realidad de los tiempos que vivimos, mediante un retiro tranquilo para disfrutar de la familia y los amigos -que como se ve ni unos, ni otros son pocos-, pensando que había hecho lo que le correspondía en su momento, habiendo cumplido su deber y sin embargo ha optado por renunciar a la comodidad y brindarnos la gran lección de vida, la que está escribiendo al llegar a los ochenta años de edad, mentalmente lúcido, físicamente activo, sin doblegarse ante los usurpadores del poder público que han intentado callarlo, lo han perseguido -incluso internacionalmente- y hasta han pretendido infructuosamente que la policía lo detenga en el extranjero.

Esta lección es quizás la más importante que nos ha brindado en lo que para algunos sería el comienzo del otoño de su vida, pero que para él es simplemente su tercera juventud y que esperamos nos siga acompañando por muchos años más y que muy pronto todos volvamos a reunirnos en Caracas, en una Venezuela absolutamente libre de la ocupación extranjera, con todos los criminales presos y juzgados, restablecida la democracia y el Estado de Derecho, así como iniciada y en marcha su ardua y larga reconstrucción.

Profesor Brewer-Carías muchas gracias a usted y a su familia por el mayor regalo que han podido hacernos, su tiempo.

El 22 de abril de 1991 -hace 28 años-, con ocasión de la presentación de la obra colectiva *"Estudios sobre la Constitución Española. Homenaje al profesor Eduardo García de Enterría"*, don Eduardo aprovechó su intervención no prevista, para agradecer y se auxilió en la lengua de Dante Alighieri. Hoy quiero invocar este antecedente administrativo dada la autoridad de quien lo introdujo, para concluir reiterándole al Profesor Brewer-Carías, en mi nombre y el de Sandra nuestras felicitaciones y deseándole *"cent'anni"*.

Sección Cuarta:

ALLAN R. BREWER-CARÍAS: EL EDITOR. LA PALABRA AL SERVICIO DE LA LIBERTAD

JOSÉ IGNACIO HERNÁNDEZ

Profesor de Derecho Administrativo en la Universidad Central de Venezuela y en la Monteávila, Caracas
Fellow, *Growth Law-Harvard Kennedy School*
Profesor Invitado de la Universidad Castilla-La Mancha
Procurador Especial de la República

I

Dentro de las causas de la revolución de independencia de Estados Unidos se reseña la publicación de *Common Sense* por Thomas Paine, panfleto impreso por Robert Bell en Filadelfia, en enero de 1796. La influencia que la obra de Paine tuvo no es de extrañar si se considera –siguiendo a Bernard Bailyn- que la revolución americana estuvo notablemente influenciada por el debate *escrito* de las nuevas ideas políticas. La palabra escrita fue, así, un arma fundamental para la revolución americana.[1]

Y es que las ideas de la modernidad fueron condensadas y difundidas por escrito. La lengua de los derechos a la cual se refirió Eduardo García de Enterría[2], fue en esencia una lengua escrita. A ello se refirió Santiago Muñoz Machado en su discurso de incorporación a la Real Academia de Española, al recordar que *"la consagración constitucional de la libertad (de expresión) coincidió con la proliferación de folletos, hojas sueltas, panfletos y periódicos de todo tipo, que tuvieron en vilo a los primeros Gobiernos constitucionales"*[3].

No en vano la gran invención de la revolución americana –como señala Berkin– es la *Constitución escrita*. La idea de una norma suprema había sido asumida ya en Inglaterra, pero el aporte de la revolución americana fue llevar esa idea a un documento escrito –siguiendo el antecedente de la Constitución de Massachusetts de John Adams y, por supuesto, la Declaración de Independencia[4].

Escritura e imprenta, por ello, como resume Carol Sue Humphrey, fueron componentes esenciales de la formación del nuevo De-

---

[1]   Sobre la influencia de la obra de Paine, entre otros, vid. Nelson, Craig, *Thomas Paine. Enlightment, Revolution and the birth of modern nation*, Penguin Books, 2006, pp. 80 y ss., así como Keane, John, *Tom Paine. A political life*, Little, Brown and Co., Boston, 1995, pp. 114 y ss. En general, vid. Bailyn, Bernard, *The Ideological Origins of the American Revolution*, The Belknap Press of Harvard University Press, London, 1992, pp. 22 y ss.

[2]   García de Enterría, Eduardo, *La lengua de los derechos. La formación del Derecho Público europeo tras la Revolución Francesa*, Civitas, Madrid, 2001, pp. 97 y ss.

[3]   Muñoz Machado, Santiago, *Los itinerarios de la libertad de palabra*, Discurso leído el día 22 de mayo de 2013 en su recepción pública, Real Academia Española, Madrid, 2013, p. 22.

[4]   Berkin, Carol, *A brilliant solution. Inventing the American Constitution*, Mariner Books, Boston, 2003, pp. 11 y ss.

recho Público basado en la defensa de la libertad general del ciudadano frente al Poder.[5]

II

La revolución de la independencia en Venezuela, iniciada en 1810, también se vio influenciada por la fuerza de la palabra escrita. Como Allan R. Brewer-Carías ha explicado, las ideas de la revolución americana fueron introducidas en Venezuela por la labor de un grupo de venezolanos radicados en Filadelfia, que se dieron a la tarea de traducir y publicar textos fundamentales de esa revolución, incluyendo la propia obra de Thomas Paine.[6]

El mejor exponente de la palabra escrita y publicada al servicio del nuevo Derecho Público para la libertad es, a no dudarlo, Juan Germán Roscio. Actor fundamental de los eventos del 19 de abril de 1810 y 5 de julio de 1811, cae prisionero en las manos de Monteverde con el desplome de la Primera República en 1812. Luego de su liberación de la prisión de Ceuta en 1815, Roscio tomó la decisión de viajar a Filadelfia con el deliberado propósito de publicar una obra llamada a explicar por qué la religión católica no se oponía a los fundamentos ideológicos de la revolución.[7]

---

[5] Humphrey, Carol Sue, *The American Revolution and the Press: The Promise of Independence* Northwestern University Press, Boston, 2013, pp. 105 y ss.

[6] Brewer-Carías, Allan, "El pensamiento constitucional de los próceres olvidados en el constitucionalismo de 1811", en *La independencia y el Estado Constitucional en Venezuela: como obra de civiles (19 de abril de 1811, 5 de julio de 1811, 2 de diciembre de 1811)*, Cátedra Mezerhane sobre Democracia, Estado de Derecho y Derechos Humanos, Colección Anales N° 2, Ediciones EJV International, Miami 2018, pp. 547 y ss.

[7] Pernalete, Carlos, *Juan Germán Roscio,* Biblioteca Biográfica Venezolana, El Nacional-Bancaribe, Caracas, 2008, pp. 11-13. Véase también a Pino Iturrieta, Elías, *La mentalidad venezolana de la emancipación,* bid. & co. Editor, Caracas, 2007, especialmente, pp. 246 y ss.

La idea que tenía Simón Bolívar era distinta, al sugerir que Roscio debía cumplir un rol fundamental en el diseño jurídico de la naciente República en suelo venezolano. Pero Roscio comprendió que su primer deber no debía cumplirse en Venezuela, sino en el exterior, a fin de publicar las ideas que había concebido en prisión.[8]

Algunos años antes el propio Roscio había explicado la importancia de la palabra escrita en la defensa de la libertad. En carta a Martín Tovar, de 16 de junio de 1816[9], Roscio afirmó lo siguiente:

"Yo quisiera más bien obrar con las armas en la mano para vengar los agravios de la patria, que escribir más de lo que he escrito. Nunca fue esta mi profesión; pero ella lo debe ser de todo hombre que ame la libertad y que aspira darla a sus semejantes"

La publicación de las nuevas ideas concebidas por Roscio solo podía hacerse en un sitio: Filadelfia. Como explica Pedro Grases, *"en la historia de las ideas durante la Emancipación de Hispanoamérica, dos ciudades juegan un papel decisivo en el mundo de nuestra cultura: Londres y Filadelfia"*. Filadelfia era el centro editor más importante de Estados Unidos, y también, centro fundamental de

---

[8] Roscio llega a Jamaica en 1816, donde se recibe una carta de Bolívar -26 de noviembre- en la cual expresa su esperanza de ver a Roscio, junto a sus compañeros de prisión (Juan Paz Castillo y José Cortés de Madariaga) "en el seno de la patria cooperando eficazmente en la construcción del gran edificio de nuestra república". Roscio opta, sin embargo, emprender viaje a Estados Unidos, primero a Nueva Orleans y luego a Filadelfia (Valero Martínez, Arturo, *Juan Germán Roscio. Prócer Civil de la Independencia de Venezuela,* Caracas, 2008, pp. 36-37).

[9] *Juan Germán Roscio. Obras. Tomo III,* Publicaciones de la Secretaría General de la Décima Conferencia Interamericana, Caracas, 1953, pp. 44 y ss.

la emancipación de ese país. Ello atrajo a esa ciudad a varios hispa-noamericanos, en lo que Grases llamó *"el círculo de Filadelfia"*[10].

Con ese propósito, Roscio llega a Nueva Orleans el 1° de enero de 1817, para dirigirse a Filadelfia. Allí, Roscio logra imprimir su obra, *El triunfo de la libertad sobre el despotismo,* en la "Imprenta de Thomas H. Palmer", ubicada entonces en el número 201 de la calle Chesnut. Thomas H. Palmer fue uno de los editores más importantes de Filadelfia, quien en 1811 había publicado la traducción al español de una selección de las obras de Paine preparada por Manuel García de Sena[11].

En este itinerario de la palabra escrita al servicio de la libertad, es preciso mencionar también la obra *"Interesting Official Documents Relating to the United Provinces of Venezuela/ Documentos Interesantes relativos a Caracas"* publicado en Londres en 1812, con el propósito de explicar, por medio de la imprenta, los funda-

---

[10] Grases, Pedro, "El círculo de Filadelfia", en *Preindependencia y emancipación (protagonistas y testimonios). Obras N° 3,* Editorial Seix Barral, Caracas, 1981, pp. 280 y ss.

[11] Pedro Grases resume las ediciones de *El Triunfo*: Filadelfia, 1817, 1821 y 1847. México, 1824, 1828 y 1857 ("Nota del Compilador", *Obras,* p. III y ss). En Venezuela, su primera edición estuvo contenida en las *Obras* editadas en 1953. La Biblioteca Ayacucho publicó en 1996 otra edición. Distintas opiniones se han formulado sobre la influencia que la obra de Roscio pudo tener en la emancipación. Ugalde resalta la poca difusión que la obra tuvo en Venezuela (*El pensamiento teológico-político de Juan Germán Roscio,* bid & co. Editor-Universidad Católica Andrés Bello, Caracas, 2007, p. 89). Straka opina, además, que la fundamentación teológica y política de Roscio no fue necesaria para convencer a los nacientes "republicanos", quienes admitían la validez del sistema republicano-liberal de Estados Unidos (Straka, Tomás, "De la *república aérea a la república monárquica:* el nacimiento de la república venezolana 1810-1830", en *Las independencias de Iberoamérica,* Fundación Empresas Polar, Universidad Católica Andrés Bello, Fundación Konrad Adenauer, Universidad Michoacana de San Nicolás de Hidalgo, Caracas, 2011, pp. 424 y ss.)

mentos jurídicos de la independencia venezolana. La primera edición en Venezuela de ese libro se haría justo doscientos años después, en la edición preparada por Allan R. Brewer-Carías, y en la cual tuve la honra de participar con un estudio sobre el pensamiento constitucional de Juan Germán Roscio y Francisco Javier Yanes –quien en 1839 publicó *Manual Político del Venezolano,* la primera obra escrita del Derecho Constitucional en Venezuela.[12]

III

Allan R. Brewer-Carías ha seguido la máxima de Roscio, al comprender que la escritura es el *"deber de todo hombre que ame la libertad y que aspira darla a sus semejante"*. En el caso de Brewer-Carías, en realidad, no ha sido solo la escritura, sino también, la publicación y la edición.

Brewer-Carías comenzó a escribir muy temprano. Como el mismo lo ha explicado, al comienzo, la escritura fue el método para organizar y preparar sus materiales de estudio. Luego, la escritura fue el método empleado para divulgar sus ideas e investigaciones que desde 1958 comenzó a publicar[13]. Pues Allan R. Brewer-Carías no solo ha escrito: además, se ha encargado de publicar, no solo su propia obra sino la de colaboradores, discípulos o simplemente investigadores interesados en divulgar sus ideas.

En las Ciencias Sociales la publicación de las investigaciones tiene un valor especial, como Brewer-Carías suele explicar: la in-

---

[12]   Cfr.: *Documentos Oficiales Interesantes relativos a las Provincias Unidas de Venezuela/Interesting Official Documents Relating to the United Provinces of Venezuela,* Introducción General y edición a cargo de Allan R. Brewer-Carías, Editorial Jurídica Venezolana, Caracas, 2012. Allí, véase nuestro estudio "A manera de prólogo. El pensamiento constitucional de Juan Germán Roscio y Francisco Javier Yañes", pp. 1 y ss.

[13]   En varias conversaciones el profesor Brewer-Carías me ha relatado los orígenes de su hábito por la escritura. Ahora, su explicación puede verse en Dahbar, Sergio, *Allan Brewer-Carías. Una vida,* Dahbar, Madrid, 2019, pp. 37 y ss.

vestigación que se publica y se coloca a disposición de terceros es un material que un futuro investigador podrá siempre consultar y utilizar. Escribir para no publicar carece de mayor sentido: las investigaciones guardadas en archivos y gaveteros se consumen lentamente con el tiempo, sin poder ayudar a otros a avanzar en el camino de la investigación.

Su dedicación incansable por la escritura, y su desprendimiento por publicar sus investigaciones y la de terceros, llevaron a Brewer-Carías al contacto con las imprentas de galera. De una de esas imprentas –la *Imprenta Universitaria de Caracas*–, saldría publicado el primer libro de Brewer-Carías, *Las instituciones fundamentales del Derecho Administrativo y la jurisprudencia venezolana*, en 1964[14].

Pero Brewer-Carías comprobó, como muchas veces me lo ha recordado, que las Universidades suelen ser malas editoras, pues por problemas de distribución, los libros publicados suelen quedar almacenados en galpones. Y entonces, como los escritos apolillados en archivos y gaveteros, las investigaciones se quedan encerradas en cajas amontonadas en un almacén polvoriento.

Ello llevó a Brewer-Carías a incursionar directamente en el negocio de la edición y publicación. Por ello, en 1976, decide fundar la primera editorial venezolana especializada en Derecho: *Editorial Jurídica Venezolana*. Como el propio Brewer-Carías recuerda[15], su

---

[14] Me correspondió organizar el Libro homenaje a este libro primero de Brewer-Carías. Vid.: *Libro Homenaje a las Instituciones Fundamentales del Derecho Administrativo y la Jurisprudencia Venezolana*, Editorial Jurídica Venezolana, Caracas, 2014. Allí puede verse el estudio de Brewer-Carías, en el cual explica los orígenes del libro.

[15] "Además, debo aquí decir que la idea de la Editorial Jurídica Venezolana, empresa sin fines de lucro que ha manejado eficientemente en los últimos tiempos Mary Ramos Fernández, mi gran amiga y colaboradora; la idea de la Editorial, decía, fue de Isabel, la cual siempre ha contado con su apoyo. Nunca olvido, incluso, que cuando la constituimos hace veinte años con un modestísimo capital, yo no disponía de mi parte, y ella me lo prestó", Palabras en el acto de clausura de

amiga y profesora, Isabel Boscán de Ruesta, tuvo que prestarle la parte que le correspondía pagar por aporte de capital de la *Editorial*, pues no tenía los recursos para ello. No creo exagerar al decir que pocas operaciones de crédito han dado mejores réditos como este préstamo de la profesora Boscán.

Cuatro años después asumiría el rol de dirigir y publicar la *Revista de Derecho Público*. Nuevamente, le animó la idea de contar con una revista especializada no dependiente de Universidades, y que permitiese divulgar artículos y estudios de investigación. De acuerdo con Brewer-Carías, *"la tarea de crear una Revista jurídica independiente, por tanto, era un muy importante y significativo reto personal y académico que se me planeaba, sobre todo en una comunidad jurídica no habituada a tenerla"*.[16]

Desde la Editorial y la *Revista*, Brewer-Carías no solo ha divulgado su propia obra, sino que además, ha divulgado la obra de cientos de investigadores, no solo venezolanos sino extranjeros. Desde allí, Brewer-Carías ha sabido actuar con gran olfato como editor, al identificar los temas de actualidad que ameritan una monografía especial –por ejemplo, en la *Colección Legislativa* de la Editorial– o algún estudio en la *Revista*.

Con lo cual, Brewer-Carías no solo ha contribuido al Derecho Público con sus propias investigaciones y escritos: lo ha hecho, también, en su rol de editor al frente de la *Editorial* y de la *Revista*, pues con persistencia y un gran poder de persuasión –en lo que hoy día se conoce como *"nudge"*– Brewer-Carías ha promovido la publicación de trabajos de investigadores jóvenes y más experimentados. Lo digo, además, por experiencia propia, pues desde el 2004 Brewer-Carías me honró al pedirme que asumiera la Sub-Dirección de la *Revista*, convirtiéndome así en co-partícipe de sus continuos

---

las primeras jornadas de Derecho Administrativo Allan R. Brewer-Carías, Caracas, 1992.

[16] "Prólogo", *El Derecho Público a los 100 números de la Revista de Derecho Público 1980-2005*, Editorial Jurídica Venezolana, Caracas, 2005, p. 15.

requerimientos de trabajos, para lo cual hemos contado con el constante apoyo de Mary Ramos, secretaria de la Revista.

Hasta 2003, aproximadamente, esta labor editorial era impulsada por Brewer-Carías con sus propias manos. No se trata de un símil, sino de una expresión literal: hasta entones, todo lo publicado por Brewer-Carías era escrito a mano. Esto cambió cuando Brewer-Carías descubrió la magia del procesador de palabras.

En economía suele estudiarse el rol de la tecnología en el crecimiento. En el caso de Brewer-Carías, hay una directa correlación entre producción literaria y tecnología, pues desde el procesador de palabras y el ordenador, pudo continuar con mucha mayor facilidad su labor de investigador, escritor y editor. Recuerdo muy bien una reunión en su oficina de Caracas, hacia 2003, en la cual me comentó –con gran emoción– cómo el procesador de palabras le permitía escribir y editar incluso con más facilidad.

Y entonces llegó otra revolución tecnológica: la posibilidad de editar y publicar libros en las librerías globales. Una tarde en Nueva York, quizás en el 2012, Brewer-Carías me comentó, con su emoción característica, cómo podía editar y publicar libros en esas librerías, por ejemplo, *Amazon,* en apenas horas. Esto permitía además no solo divulgar con amplitud global las obras de la Editorial, sino además, permitía que los libros siempre estuviesen disponibles y accesibles al público.

No exagero al decir que con este último, Brewer-Carías alcanzó la meta que siempre ansió: lograr que el producto de las investigaciones jurídicas –propias y ajenas– no se quedasen arrumbadas en archivos y galpones, sino que estuviesen siempre a la disposición del público. Se atribuye a Jorge Luis Borges la frase según la cual el paraíso debe ser una especie de biblioteca. Para Brewer-Carías es, ahora, una biblioteca global y permanente –como *La Biblioteca de Babel* de Borges– que le permite llevar a cabo su labor editorial sin limitaciones.

El tránsito de Brewer-Carías de la galera a *Amazon* le ha permitido integrar verticalmente todas las actividades propias del ámbito editorial: desde la investigación y escritura, pasando por la diagramación –tarea que el propio Brewer asume– hasta la edición y publicación, tanto en físico como en el ámbito digital. Todo esto, como siempre, producto de horas, días y meses de infatigable trabajo –como lo sabe, mejor que nadie, Beatriz, quien ha acompañado a Brewer en este tránsito editorial singular.

IV

Pero la labor editora de Brewer-Carías no solo ha sido un extraordinario aporte al Derecho Público Iberoamericano, lo que de por sí hubiese sido ya un logro extraordinario. Más importante que ello incluso: esta labor editora de Brewer-Carías ha permitido cumplir con la máxima de Roscio a la que antes me referí, esto es, usar la palabra escrita al servicio de la libertad, mancillada en Venezuela desde 1999 por los regímenes de Hugo Chávez y Nicolás Maduro.

Sin abandonar su actividad editora académica en el ámbito del Derecho Constitucional y Administrativo, Allan R. Brewer-Carías ha utilizado la palabra escrita para registrar y denunciar todos y cada uno de los desmanes y abusos desde 1999: el fraudulento proceso constituyente promovido por Chávez; la destrucción de la autonomía del Poder Judicial y la degeneración de la Sala Constitucional como instrumento al servicio de la tiranía; las fraudulentas reformas y decisiones que pretendieron implantar en Venezuela un Estado Comunal; la crisis degenerada por la muerte de Chávez y posterior elección fraudulenta de Nicolás Maduro; el desmantelamiento de la Asamblea Nacional electa en diciembre de 2015; la instalación de la fraudulenta e ilegítima asamblea nacional constituyente y los intentos del ilegítimo régimen de Maduro por frustrar la transición a la democrática, luego del reconocimiento del Presidente de la Asamblea Nacional, diputado Juan Guaidó, como Presidente encargado.[17]

---

[17] Basta una muy reducida selección de la obra de Brewer-Carías en este sentido: *Golpe de Estado y proceso constituyente en Venezuela* (2002); *La Sala Constitucional versus el Estado democrático de Derecho. El secuestro del poder electoral y de la Sala Electoral del Tri-*

De igual manera, Brewer-Carías ha editado textos fundamentales para denunciar los abusos de los regímenes de Chávez y Maduro, incluso, aquellos que ha sufrido personalmente como resultado de la persecución política de la cual ha sido víctima desde 2005[18].

No ha sido, por supuesto, una posición cómoda. Quizás lo cómodo hubiese sido ignorar todo ello y seguir actuando fingiendo una normalidad inexistente y escribiendo solo sobre un Derecho Público sin aplicación práctica en Venezuela. Dedicar la labor editorial a análisis abstractos y teóricos del Derecho, mientras el Estado de Derecho en Venezuela era sistemáticamente demolido, hubiese sido una decisión cómoda.

Pero Allan Brewer-Carías nunca ha escogido las opciones cómodas, sino las opciones correctas –que son, muchas veces, las más difíciles y dolorosas. Ello lo llevo a convertirse en el primer y más autorizado crítico de los desmanes del poder cometidos primero por Hugo Chávez y luego por Nicolás Maduro, quien hoy detenta ilegítimamente la Presidencia de la República en Venezuela. No ha

---

bunal Supremo y la confiscación del derecho a la participación política (2004); *Crónica sobre a "in-justicia" constitucional* (2007); *La reforma constitucional de 2007* (2007); *Leyes orgánicas sobre el poder popular y el estado comunal* (2011, en cuya edición participé, y que incluye la demanda de inconstitucionalidad en contra de las llamadas Leyes del Poder Popular que, junto con Brewer-Carías y otros profesores, fue presentada –sin éxito); *Dictadura judicial y perversión del Estado de Derecho* (2016, en la cual se incluye mi estudio preliminar: "El asedio en contra de la Asamblea Nacional"); *Estudios sobre la asamblea nacional constituyente y su inconstitucional convocatoria en 2017* (2017, editado junto a Carlos García); *La consolidación de la tiranía judicial* (2017); *Usurpación constituyente* (2018) y *Transición hacia la democracia en Venezuela* (2019).

[18] Por ejemplo: *La crisis de la democracia en Venezuela y la Carta Democrática Interamericana. Documentos de Luis Almagro* (2017) y *Venezuela. Informes sobre violaciones graves de derechos humanos* (2019). En cuando a su persecución política, vid. *Persecución política y violaciones al debido proceso. Caso CIDH Allan R. Brewer-Carías vs. Venezuela* (2015).

sido por ello una labor editorial cualquiera la de Brewer-Carías: ha sido una labor editorial puesta al servicio de la libertad en su permanente lucha en contra del despotismo que ha llevado a Venezuela a una emergencia humanitaria compleja sin paralelo en la región.

Desde 2005 he podido acompañar a Brewer-Carías en muchas de estas empresas editoriales puestas al servicio de la libertad en Venezuela, asumiendo los riesgos de esta empresa. Por ejemplo, recuerdo cuando en 2011 publicamos en la Editorial una obra colectiva que analizó y sistematizó las aberrantes Leyes del Poder Popular que impusieron el modelo del Estado Comunal[19]. En 2016 me correspondió preparar un estudio preliminar a la obra editada por Brewer-Carías para explicar el golpe de estado permanente en contra de la Asamblea Nacional.[20] Ese mismo año Brewer-Carías editó mi estudio sobre los abusos de poder que llevó a obstruir el referendo revocatorio en contra de Nicolás Maduro.[21]

Esta labor editorial de Brewer-Carías ha sido además de una extraordinaria utilidad práctica, a los fines de explicar y demostrar la ilegitimidad del régimen de Nicolás Maduro y la legitimidad del Gobierno del Presidente encargado Juan Guaidó ante Cortes, Tribunales y Gobiernos extranjeros.

Así lo he podido comprobar cuando, en mi condición de Procurador Especial de Venezuela designado por el Presidente Guaidó y ratificado por la Asamblea Nacional, me ha correspondido defender los intereses de Venezuela en Cortes extranjeras: una labor que hubiese sido imposible sin la incansable labor editorial de Brewer-Carías.

---

[19] El libro colectivo ya citado, *Leyes orgánicas sobre el poder popular y el estado comunal.*

[20] *Dictadura judicial y perversión del Estado de Derecho,* obra fundamental para divulgar el golpe de Estado en contra de la Asamblea.

[21] *El referendo revocatorio presidencial en Venezuela y el abuso de poder,* Editorial Jurídica Internacional, Miami, 2017.

De hecho, hace unas semanas en Nueva York, decidimos crear una Colección especial en la Editorial para divulgar los textos fundamentales de la transición democrática en Venezuela a través de la Oficina del Procurador Especial. Así que, y con el perdón de Beatriz, me temo que el profesor Brewer-Carías estará un tanto ocupado en las próximas semanas culminando esta nueva aventura editorial.

V

De sus ochenta años de vida, Allan Brewer-Carías ha pasado más de sesenta en el mundo editorial. Una labor que comenzó entre galeras con los orígenes de la democracia venezolana, y que en la era de las librerías globales ha transcurrido en una de las épocas más oscuras de nuestra historia, cuando la democracia venezolana quedó sepultada por el autoritarismo populista de Chávez y Maduro.

Pero no hay razón para el desánimo. Como siempre recuerda Brewer-Carías, "*!ahora es cuando!*" Así que, para beneficio del Derecho Público Iberoamericano y terror de los déspotas que habitan en Venezuela, seguiremos contando con la labor editorial de Brewer-Carías. Una labor que, como hace más de doscientos años explicó Roscio, es el "*deber de todo hombre que ame la libertad y que aspira darla a sus semejantes*".

Boston-Madrid, noviembre de 2019

Sección Quinta:

ALLAN R. BREWER-CARÍAS: EL REFORMADOR DE LA ADMINISTRACIÓN PÚBLICA

DOS VOLUNTADES Y UNA DECISIÓN POLÍTICA: LA REFORMA DE LA ADMINISTRACIÓN PÚBLICA NACIONAL*

CARLOS EDUARDO HERRERA M.

Abogado por la Universidad Católica Andrés Bello. Magister en Derecho Administrativo, Especialista en Derecho Procesal y Derecho Administrativo por la misma Universidad. Profesor de Postgrado de Teoría General de los Servicios Públicos en la UCAB

"Sabemos que cuando abordamos la empresa de la reforma administrativa, estamos trabajando más que para un período de gobierno para sus proyecciones siguientes; que los resulta-

---

*   Publicado en la *Revista de Derecho Público*, N° 149-150 (enero-junio 2017), Editorial Jurídica Venezolana, Caracas 2018, pp. 135-172.

dos efectivos de la reforma administrativa se harán sentir mucho menos en los años inmediatos que en las perspectivas futuras; es un trabajo que hacemos para la nación, pero es un trabajo inaplazable, y aspiramos a la comprensión, a la buena voluntad y a la colaboración de todos los venezolanos, especialmente de todos aquellos que trabajan en la Administración Pública, y de manera muy señalada a quienes dentro de ellos tienen las más altas responsabilidades."

Rafael Caldera, en el acto de instalación del Consejo de Institutos Autónomos,

Caracas 12 de junio 1970

"La problemática del Estado debe enfocarse entonces, a la luz de nuevos conceptos adecuados a la realidad actual latinoamericana frente al desarrollo nacional: el Estado en este sentido debe convertirse en el agente de las reformas sociales, económicas y políticas exigidas por el desarrollo. Su función debe ser entonces absolutamente activa, a través de la planificación, pero con un profundo respeto de la dignidad humana. Desarrollo, Reforma de Estructuras, Estado y Planificación son entonces los cuatro elementos fundamentales en el planteamiento político de América Latina."

Allan-R. Brewer-Carías,
Conferencia dictada en el Palacio de las Academias,
Caracas 29 de mayo de 1968

I. INTRODUCCIÓN

1. En el último año de gobierno de Raúl Leoni

El presidente Raúl Leoni (1964-1969) pronunció su última alocución de fin de año el 31 de diciembre de 1968, aquel político amigo de la concordia y del entendimiento, expresó a pocos día de la derrota electoral de su partido Acción Democrática: *"Nuestras instituciones republicanas, a pesar de sus explicables imperfecciones, han demostrado la fortaleza de la democracia representativa, cuando en sus bases de sustentación se logra armonizar la vigencia plena de los derechos individuales con la seguridad económica y la igualdad de oportunidades para todos los ciudadanos (...) El pueblo venezolano acaba de dar una nueva prueba de su capacidad y madurez para regirse a sí mismo y para forjar su destino. Ha sido una lección de civismo ejemplar que deja escrita y que nos compromete. La Venezuela democrática, respetuosa de la libertad y la dignidad del ciudadano, la Venezuela de vigoroso y pujante desarrollo, esa Venezuela elogiada y exaltada en las columnas de la prensa mundial, es la que seguirá avanzando confiadamente hacia la realización de su gran destino nacional y americano. Confiemos en ella como ella ha confiado en nosotros. Y alcemos nuestros corazones para saludarla con honesto y sincero regocijo filial."*[22]

Leoni dejaba un país en plena pujanza económica y social, basta recordar la producción petrolera en su más alto nivel (promedio diario de tres millones seiscientos mil barriles en 1968), siendo el mayor exportador del mundo y tercer productor solo aventajado por los Estados Unidos y la Unión Soviética; un crecimiento del producto interno bruto de más de 6,5 % anual. El producto agrícola con un crecimiento interanual de 6,2% fruto de una política encaminada a estimular el creciente desarrollo agropecuario y que colocó a Venezuela en el segundo lugar entre los países de mayor crecimiento agrícola según la Organización de las Naciones Unidas para la Agricultura y la Alimentación (FAO). Sin duda uno de los indicadores más significativos fue el proceso de industrialización con una tasa de crecimiento del 7,5% anual, lo que permitió diversificar la estructura productiva y cubrir el 86% del abastecimiento total de productos industriales. En lo social debe destacarse que la tasa de desempleo que en 1962 fue de 14,2 %, bajó al 8,1% en 1966, al 7,2% en 1967 y a 6,4% en 1968. Todas cifras verificables en los indicadores oficiales de esos años y que demuestra la eficiencia de la República Civil.

---

[22] Leoni, Raúl. *Documentos Presidenciales*. Tomo V, Marzo 1968-Marzo 1969, Oficina Central de Información, Caracas 1969, pp. 288-289.

Pero sin duda el mayor aporte de Leoni fue el inicio del proceso de pacificación política, en aquellos años donde la subversión comunista y la violencia terrorista habían procurado romper la experiencia democrática. En su último mensaje al Congreso de la República pronunciado el 5 de marzo de 1969, se refirió al tema en los siguientes términos *"Sin embargo, las medidas destinadas a combatir la actividad subversiva y terrorista se aplicaron sin incurrir en excesos contraproducentes, y de allí la naturalidad y la confianza con que el pueblo entero participó en la reciente contienda electoral. **Además, los adversarios y enemigos del orden constitucional han sido favorecidos con medidas de clemencia dispensada no solamente por razones de humanidad sino para ayudarlos a enmendar caminos torcidos, facilitándoles el regreso a la legalidad democrática** (negrillas agregadas). Pocos son los venezolanos que todavía permanecen sometidos a la acción de la justicia o sufriendo el exilio conmutativo, debido a razones de gravedad o peligrosidad."*[23]

Aquel hombre bueno de grata memoria para los venezolanos, terminó su último mensaje al Congreso expresando "Al dejar detrás de mí las puertas de Miraflores no dejo nada que pueda perturbar mi ánimo ni atemorizar mi conciencia. Los corredores y cámaras del viejo Palacio quedan limpios y sin máculas de intrigas ni de maldad. Allí no se maquinó ni se fraguo nada contra el pueblo, cuyo verdadero espíritu fue allí siempre el soberano."[24]

2. Llegan los tiempos de Rafael Caldera

Leoni entregó la banda presidencial a Rafael Caldera (COPEI) el 13 de marzo de 1969, quien había resultado triunfador en las elecciones de diciembre de 1968 frente a Gonzalo Barrios (Acción Democrática), ilustre político portugueseño, quien haciendo gala de su talante democrático reconoció su derrota y la victoria de su con-

---

[23] *40 años de Acción Democrática 4 Presidentes*. Tomo II (Raúl Leoni y Carlos Andrés Pérez). Ediciones de la Presidencia de la República, Caracas 1981, p. 267.

[24] *Ibíd.*, p. 309.

tendor. *"El gobierno de Caldera tiene como significado especial el de ser el primero que resulta del triunfo electoral de un partido de oposición. Ello queda realzado por el estrecho margen de ventaja. La democracia venezolana pasó así exitosamente una de sus pruebas de fuego: que el partido gobernante reconozca el triunfo electoral de un partido de oposición."*[25]

La campaña electoral de 1968 librada entre los candidatos Rafael Caldera, Gonzalo Barrios, Luis Beltrán Prieto y Miguel Ángel Burelli Rivas, giró en torno a los principales problemas socio políticos del país y a las propuestas de orden programático por ellos presentados. De allí que el profesor Tomás Polanco utilizando los programas de gobierno de los candidatos reedito un trabajo suyo publicado en 1959 en la "Revista de las áreas culturales bolivarianas ARCO", titulado ***Reforma Administrativa en Venezuela (Puntos de coincidencia)"***, y reproducido en *El Informe sobre la Reforma de la Administración Pública Nacional*, Tomo I, en el año 1972.

En la presentación del mismo expresó lo siguiente: *"A los diez años de su preparación las ideas expuestas y las situaciones descritas no han perdido actualidad, como lo demuestra el hecho de que en los "Programas de Gobierno" de los candidatos a la Presidencia de la República en las elecciones de 1968 se hace importantísima alusión a esas ideas y situaciones."*

Destaca Polanco que ha sido objeto constante de trabajo en los Estados Americanos el estudio de la reforma de la Administración Pública *"por las notables consecuencias que el deficiente estado de dicha institución tiene para el funcionamiento mismo del mecanismo gubernamental y para la eficacia de la acción del Estado en medios donde por circunstancias especiales es tan necesaria dicha intervención."*

El Dr. Barrios afirmó en su Programa electoral que "Las instituciones administrativas, muchas de ellas inadecuadas, carecen del dinamismo y flexibilidad para adaptarse eficientemente a las actua-

---

[25]   Fundación Polar. *Diccionario de Historia de Venezuela*, 2ª edición, Tomo 1, 1997, p. 589.

les exigencias de nuestro desarrollo." Por su parte el Dr. Burelli Rivas afirmó que "La Administración Pública venezolana está llena de contradicciones y contiene en su seno instituciones arcaicas que vienes de la época colonial con ensayo de otras modernas, copiadas de países más avanzados, lo cual configura una situación compleja que hace muy difícil su modernización y eficiencia." El Dr. Caldera en su Programa afirmó "Un diagnóstico de la Administración Pública venezolana se resume en una sola frase: ella no responde ni desde el punto de vista estructural, ni desde el punto de vista funcional, a las exigencias del desarrollo nacional."[26]

Lo cierto es que el tema de la reforma de la administración pública nacional estuvo en la agenda electoral y política de la campaña electoral de 1968, de allí que cualquiera que resultara electo presidente tendría el terreno abonado para el cumplimiento de esa promesa electoral.

Mientras eso ocurría en el campo político electoral, otros acontecimientos se desarrollaban en el mundo académico, y que afortunadamente habrían de ser coincidentes. El 29 de mayo de 1968 el profesor Allan R. Brewer-Carías pronunció una importante conferencia en el Palacio de las Academias en Caracas, titulada *"Las transformaciones de la Administración Pública para el desarrollo."*[27] Disertación donde expuso el marco conceptual de la reforma del Estado y de las "estructuras de la sociedad", ambicioso planteamiento que tendría eco entre los actores políticos y sociales de entonces, principalmente en Caldera quien se asomaba como candidato con buenas posibilidades para ganar las elecciones de diciembre de 1968.

Brewer-Carías contextualizó su planteamiento dentro de los países en vías de desarrollo y en tal sentido afirmó: "Pero esas contradicciones entre las instituciones políticas y las realidades socio-

---

[26]   Comisión de Administración Pública. *Informe sobre la Reforma de la Administración Pública Nacional*, Tomo I, Editorial Arte, Caracas 1972, p. 94.

[27]   *Ibíd.*, p. 35 y ss.

económicas que dan origen a la necesidad de una transformación de la función del Estado aún en los sistemas más capitalistas, surgen más patentes y dramáticas en los denominados países subdesarrollados. Todos los efectos de la revolución urbana o de la revolución tecnológica de nuestros días colocan a los países del tercer mundo en una situación más angustiosa."

Más adelante con una visión prospectiva afirmó *"Para darse cuenta de ello, quizás baste comparar nuestra situación con la de los países europeos. Estos temen con cierta base que se ahonde cada vez más, en perjuicio de su futuro desarrollo, el abismo o foso que ya los separa del avance tecnológico y organizativo de los países que en pocos años formarán parte de la llamada sociedad post-industrial y que estará materialmente en manos de las computadoras o de los ordenadores."* Debe recordarse que en la década de los 60 apenas estaba en etapa embrionaria en el Massachusetts Institute of Technology (MIT) lo que sería años más tarde el Internet y el inicio de la autopista de la información, que revolucionaría el mundo de las comunicaciones y de todas las actividades humanas.

Resulta importante resaltar que la propuesta formulada en la citada conferencia, fue más allá de una simple reforma de carácter administrativo, pues en su concepto lo que se planteaba era alcanzar el desarrollo y éste no se produciría en países donde la élite del poder político se opusiera a ello, o, en otras palabras, en países regidos más o menos por una aristocracia económica o terrateniente, opuestas fuertemente a la real industrialización, a la educación popular y al cambio tecnológico. Estas palabras pronunciadas en el Palacio de las Academia tendrían importante repercusión, despertando entusiastas adhesiones y fuerte resistencia en quienes veían amenazado sus intereses.

El conferencista planteó que de nada serviría modificar las instituciones políticas, *"si la acción de un gobierno estable, popular y fuerte fuese debilitada por una administración insuficiente.* **La reforma de nuestros servicios administrativos por tanto debe ser**

llevada a efecto, al mismo tiempo que la de nuestras instituciones.[28] (Negrillas agregadas)

Brewer-Carías encontrará en uno de los candidatos presidenciales con mayor opción de victoria la comprensión, el respaldo y el entusiasmo requerido para que su propuesta tuviera la viabilidad política e institucional necesaria para su realización. Por su parte Rafael Caldera validó y enriqueció con su experiencia académica y política este proyecto que fue incorporado en sus aspectos esenciales a su Programa de Gobierno presentado al electorado venezolano en las elecciones de diciembre de 1968.

El 11 de marzo de 1970 Caldera en su primer mensaje al Congreso Nacional expresó sin equívocos lo siguiente: *"La marcha hacia el desarrollo ha reclamado y reclama una transformación de las estructuras políticas. En la organización del Estado, también el cambio es una realidad; una realidad que como dije al principio, dinámica y continua. **Es un hecho reconocido el de que las estructuras de la Administración Pública no responden a las circunstancias del tiempo que vivimos. Mecanismos arcaicos restan eficiencia a la acción del Estado y de los entes públicos**.*"[29] (Negrillas agregadas). En su segundo Mensaje al Congreso Nacional el 11 de marzo de 1971 afirmó "Para lograr mejor el cambio que el país reclama y para alcanzar con mejor rendimiento las metas de la Administración Pública es necesario llevar adelante la Reforma Administrativa. Sobre su importancia vienen pronunciándose desde tiempo atrás los más variados sectores de la vida política, económica y social de la Nación."[30]

---

[28] *Ibíd.*, p. 53.

[29] Ministerio de Información y Turismo, Imprenta Nacional. Primer Mensaje Anual ante el Congreso de la República: R. Betancourt, R. Leoni, R. Caldera, C.A. Pérez, L. Herrera Campins. Caracas 1980, p. 181.

[30] Ministerio de Información y Turismo, Imprenta Nacional. Segundo Mensaje Anual ante el Congreso de la República: R. Betancourt, R.

El mundo político y el mundo académico coincidieron en las personas de Caldera y Brewer para iniciar la mayor transformación hasta entonces de la administración pública nacional. Dos recias voluntades convinieron en una tarea que requería una firme decisión de carácter político para no quedarse en "medidas aisladas, productos de acciones individuales, y nunca respondieron a un plan ni consistieron en una labor sistemática y evolutiva."[31] Alrededor de ellos logró reunirse a instituciones de carácter nacional e internacional, a funcionarios públicos de distintos niveles de la Administración y a personas de reconocidas credenciales profesionales y académicas. La conjunción de todos esos factores hizo posible la concepción y elaboración del Informe sobre la Reforma de la Administración Pública Nacional presentada al Presidente Rafael Caldera el 12 de junio de 1972. Es precisamente sobre ese Informe que trata este trabajo de investigación.

II. ANTECEDENTES

Los acontecimientos del 23 de enero de 1958 representaron una fuerte sacudida a las estructuras políticas, sociales y jurídicas del país. La conjunción de los principales partidos, la suma de organizaciones sindicales, religiosas, juveniles, gremiales y militares hicieron posible el derrocamiento de la dictadura. Una dirigencia política experimentada tomó la conducción de un país ávido de cambios y de transformaciones sustantivas. El retorno al país de los exiliados cargados de experiencias, vivencias y conocimientos enriqueció la discusión política en un país que apenas iniciaba la modernidad. La unidad de los factores democráticos contribuyó a dar piso sólido al tránsito de la autocracia a la constitucionalidad, ejercida prima facie por la Junta de Gobierno la cual convocó las elecciones de diciembre de 1958 donde resultó vencedor don Rómulo Betancourt. En su mensaje ante el Congreso Nacional el 13 de febrero de 1959 con motivo de la toma de posesión de la Presidencia

---

Leoni, R. Caldera, C.A. Pérez, L. Herrera Campins. Caracas 1981, p. 146.

[31] Comisión de Administración Pública, *Op. Cit.*, p. 1.

de la República, Betancourt se refiere a ese espíritu unitario y de concordia que se vivía en el país:

"Los partidos políticos venezolanos, obligados por el despotismo a laborar en la clandestinidad, convinieron en una acción concertada y unida para abrirle a Venezuela caminos hacia el orden democrático. La Junta Patriótica, de tan relevante actuación en las postrimerías del régimen de los diez años, fue una de las expresiones visibles de ese acuerdo liberador. Su vigencia hizo posible que no se presentaran fisuras, sino compactación en las filas populares, en los inolvidables días de las jornadas multitudinarias de diciembre de 1957 y enero de 1958."[32]

1. Nacimiento de la Comisión de Administración Pública

Dentro del espíritu transformador de la transición democrática, debe destacarse el Informe *"Estudio preliminar acerca de posibilidades de mejoras en la Administración Pública de Venezuela"*, presentado en mayo de 1958 por el Dr. Herbert Emmerich a la Administración de Asistencia Técnica de las Naciones Unidas. En dicho documento hay referencia a los distintos programas oficiales para alcanzar el desarrollo económico y social del país, y en tal sentido se expresó lo siguiente:

"...Los muchos programas de mejoras económicas y sociales que habrán de iniciarse, sólo podrán realizarse si se hace un esfuerzo realmente efectivo y sostenido para mejorar la capacidad de la Administración Pública de Venezuela a fin de permitirle cumplir, con eficacia las responsabilidades que le competen, satisfaciendo así la expectativa general que ha nacido al anunciarse las reformas (...) Hay un consenso general en las esferas directivas para reconocer las limitaciones que hoy en día tiene la Administración Pública del país. Se acepta por todos, dentro y fuera del Gobierno, que la eficiencia del sector

---

[32] Betancourt, R. *Tres años de Gobierno Democrático 1959-1962*, tomo I, Imprenta Nacional, Caracas 1962, p. 13.

*público no va a la par de los progresos hechos en la Adminis-
tración y la tecnología del sector privado.*"[33]

El referido Informe de la Administración de Asistencia Técnica
de las Naciones Unidas va a recomendar una importante iniciativa
que sin duda señalará el camino de las transformaciones requeridas
por la Administración Pública venezolana. Y esta fue la creación de
una Comisión Nacional de Administración Pública *"de carácter
temporal, la cual debía materialmente concluir su labor en el
término de un año, y ser sustituida por un Instituto Nacional de
Administración Pública de carácter permanente."*[34]

Asombra la capacidad de respuesta de la Junta de Gobierno
cuando apenas un mes después de la publicación del Informe en
cuestión, se creó mediante Decreto número 287 del 27 de junio de
1958, con carácter de asesora del Poder Ejecutivo la *Comisión de
Administración Pública (CAP de ahora en adelante)*. Dicha Comisión tendría como principal responsabilidad "...estudiar la organización, los métodos y procedimientos de nuestra Administración
Pública, y las condiciones del funcionario público, con mira a proponer la reforma de la Administración Pública del país."

2. La Reforma Administrativa en el gobierno de Rómulo Betancourt

El gobierno de Betancourt no fue tarea fácil, numerosos factores externos e internos se confabularon para minar la esperanza de
un pueblo en un gobierno democrático y de marcado acento popular. Sin embargo, aquel gobierno supo empinarse sobre las dificultades para realizar una obra de gobierno hoy ampliamente reconocida en política nacional e internacional, en lo económico, en lo social
y en lo militar.

---

[33] Oficina Central de Coordinación y Planificación de la Presidencia de
la República (CORDIPLAN), IV Plan de la Nación 1970-1974. Volumen I., p. 151.

[34] *Ibíd.*, p. 151.

En su primer mensaje anual ante el Congreso de la República el 29 de abril de 1960, abordó entre muchos temas, la reforma administrativa. En este sentido expresó:

"Mayor rendimiento en el trabajo ha de ser la consigna para todos. La Administración Pública, por su parte, requerirá de profundas reformas con arreglo al programa que ya se ha iniciado, pero activándolo en toda la medida de lo posible...La reorganización administrativa no es solo necesaria en los despachos ministeriales sino en mayor grado en los institutos autónomos, la mayoría de los cuales operan sobre bases antieconómicas que hacen su funcionamiento extremadamente oneroso para la nación. (...) Pero el Estado no lo puede todo. La Administración Pública no puede ser la nodriza que ha de amamantar la mayor parte de la colectividad. Con el Plan se aspira a vigorizar el sector privado para que vaya adquiriendo mayor independencia frente al Estado y éste pueda derivar de él progresivamente mayores recursos."[35]

El 11 de marzo de 1961 en su segundo mensaje anual ante el Congreso de la República, relata las incidencias de un año donde la violencia y la subversión arreciaron con intensidad contra la vida nacional. El Presidente fue objeto de un atentado que casi le cuesta la vida:

"El país sabe que jamás he dramatizado en torno de ese hecho criminal, y que 24 horas después del atentado me dirigí a los venezolanos en tono sereno y no retaliativo, hablando palabras de concordia y no imprecaciones de venganza. Parte de mis responsabilidades y deberes con el país la he considerado el afrontar sin gestos espectaculares los previsibles riesgos personales a que está expuesto quien ha acatado el deseo de la nación de ser gobernada con honradez administrativa; con apego a las leyes; en nombre de todos y no en beneficio propio..."[36]

---

[35] Ministerio de Información y Turismo (1980), *Op. Cit.*, pp. 78-79.

[36] Betancourt, R. *Op. Cit.*, pp. 452-453.

A pesar de la turbulencia en la vida institucional, Betancourt mencionó en su mensaje el tema de la Reforma Administrativa:

"Se puede decir, en apretada síntesis, que la deficiencia fundamental en nuestra administración pública proviene de su crecimiento desordenado, lo cual ha ocasionado el que la distribución de funciones entre los diversos organismos del Estado sea incorrecta y por ello existen duplicaciones que dificultan la buena marcha y la coherencia de muchos programas..."[37]

3. La Reforma Administrativa en el gobierno de Raúl Leoni

En la parte introductoria del presente trabajo se hizo referencia a algunos datos socio-económicos del último año del período de gobierno de Raúl Leoni. Luego de las elecciones de 1963 hubo una disminución de las tensiones políticas y de la alteración del orden público por parte de los elementos subversivos y terroristas. Sin embargo, en algunas zonas del país persistieron bandas de irregulares cometiendo atentados contra instalaciones de empresas industriales. Leoni era consciente de que:

"este ensayo democrático está rodeado de enemigos, escaso en número, pero agresivos y fanáticos, que ni quieren ni entienden los generosos esfuerzos que se hacen para olvidar agravios y alentar la reconciliación entre hombres y partidos que hasta ayer se combatieron con encono."[38]

Leoni en su primer mensaje al Congreso de la República el 11 de marzo de 1965, expresó la disposición de su gobierno de mejorar la estructura de la organización gubernamental y de obtener una mayor eficiencia del personal al servicio del Estado, modernizando los sistemas de administración de personal y brindando a los funcionarios una mayor preparación, capacitación y entrenamiento,

---

[37] *Ibíd.*, p. 504.

[38] Ministerio de Información y Turismo (1980). *Op. Cit.*, p. 90.

muestra de ello es el funcionamiento desde 1961 de la Escuela de Administración Pública, que años más tarde será un apoyo invalorable para la propuesta de Reforma de la Administración Pública Nacional.

En este primer mensaje Leoni exhortó al Congreso a no demorar la aprobación de la Ley de Carrera Administrativa:

> *"Además las normas que esa Ley contiene sobre ingreso, escalafón, ascenso y estabilidad en los cuadros de la Administración son las únicas que podrán hacer buena la disposición constitucional que establece que los empleados públicos están al servicio del Estado y no de parcialidad política alguna, inspirada precisamente en el afán de dotar a la República de administradores dinámicos, capaces y eficientes."*[39]

El 11 de marzo de 1966 Leoni presentó su segundo mensaje al Congreso de la República, allí se refirió a los avances para la implantación de un régimen de Carrera Administrativa, recordó a los parlamentarios la importancia de aprobar la Ley de Carrera Administrativa, instrumento indispensable para asegurar que los empleados públicos se encuentran al servicio del Estado y no de parcialidad alguna. Mencionó que la Escuela de Administración Pública continuó con su tarea formativa, ese año 400 funcionarios obtuvieron calificaciones de suficiencia en diez especialidades. Refirió el nombramiento de una Comisión Especial para estudiar la organización, funcionamiento y situación económica de los Institutos Autónomos y Empresas del Estado, en su concepto esas instituciones debían autofinanciarse y administrarse de manera eficiente, pues había llegado la hora de poner fin al desorden administrativo.

En su último mensaje al Congreso de la República el 7 de marzo de 1969, Leoni realiza un pormenorizado balance de su obra de gobierno. *"Durante este quinquenio nuestro sistema democrático se ha consolidado y nuestras instituciones republicanas se han forta-*

---

[39]   *Ibíd.*, p. 129.

lecido, a pesar de que ambos padecen de explicables imperfecciones."

En relación al "Mejoramiento Administrativo", expuso que:

"La Reforma Administrativa es una labor permanente cuyos resultados efectivos sólo se aprecian en forma tangible a mediano o a largo plazo. En los países más avanzados y con una larga historia y tradición de progreso administrativo ha sido una ardua tarea que nunca puede considerarse concluida. Esta afirmación tiene aún mayor validez en el caso de las naciones que, como Venezuela, se encuentran en pleno proceso de desarrollo y que sus estructuras y organizaciones están sujetas a continuos cambios y readaptaciones."[40]

Leoni mencionó entre los progresos administrativos durante su gestión las tareas de adiestramiento en la Escuela de Administración Pública y demás institutos especializados a más de cinco mil funcionarios, además de informar el inicio de un curso de postgrado en Administración Pública en colaboración con el Centro Interamericano de Administración Pública (CICAP), dependiente de la Organización de Estados Americanos.

Leoni presagiando lo que vendría en materia de reforma de la administración pública en la gestión del nuevo presidente electo expresó:

"Por último, la experiencia ganada en estos cinco últimos años demuestra que la Reforma Administrativa para ser completada en forma cabal, requiere de la participación de todo el sector público y el más completo apoyo tanto en el ámbito político como en el administrativo. El interés y apoyo de los funcionarios de más alto nivel y la receptividad de las Cámaras Legislativas son factores indispensables para su completo desarrollo."[41]

---

[40] Leoni, R. *Documentos Presidenciales*, volumen V (marzo 1968-marzo 1969). Oficina Central de Información, Caracas 1969, p. 396.

[41] *Ibíd.*, pp. 396-398.

4. Once años de existencia de la Comisión de Administración Pública (1958-1969)

La primera etapa de la Comisión de Administración Pública correspondió a tres momentos de la vida nacional: la Junta de Gobierno (1958), la presidencia de Rómulo Betancourt (1959-1964) y la presidencia de Raúl Leoni (1964-1969). Como se ha visto en los comentarios formulados anteriormente el tema de la reforma administrativa estuvo presente desde el inicio de la restauración de la democracia. La creación de la Comisión de Administración Pública demuestra el interés de los nuevos actores de la política nacional en abordar un tema capital para la vida institucional. El Informe Emmerich (mayo 1958) puso sobre la mesa la necesidad de mejorar la capacidad de la Administración para cumplir con los programas de desarrollo económico-social propuestos por el Ejecutivo. El referido Informe señaló la existencia de un consenso general en la élite gubernamental en reconocer las limitaciones de la administración y en la necesidad de mejorar la eficiencia del sector público. De allí la rápida respuesta de la Junta de Gobierno al crear mediante Decreto 287 del 27 de junio de 1958 (*Gaceta Oficial* Nº 25.694 del 27-06-1958) la Comisión de Administración Pública con carácter de asesora del Ejecutivo nacional.

Durante los gobiernos de Betancourt y de Leoni hubo avances en materia de reforma administrativa, pero circunstancias políticas internas retardaron decisiones que ameritaban celeridad, por ejemplo, la aprobación por parte del Congreso de la Ley de Carrera Administrativa, proyecto presentado por la Comisión de Administración Pública en 1959 y el cual fue finalmente aprobada el 4 de septiembre de 1970.

El *Informe sobre la Reforma de la Administración Pública Nacional* de 1972, precisa lo siguiente:

"Durante los once primeros años de existencia de la Comisión de Administración Pública hasta 1969, sólo se lograron avances positivos en materia de administración de personal, iniciados con el Decreto Nº 394 del 14 de noviembre de 1960, por medio del cual se dictó el Reglamento de Administración de

Personal para los servidores del Gobierno Nacional. Con este Decreto, se comenzaron a sentar las bases en la Administración Pública venezolana para la racionalización del sistema de administración de personal al servicio del Estado, que sirviera de fundamento para la estructuración de un Estatuto de la Función Pública y de la Carrera Administrativa (...) El trabajo de la Comisión de Administración Pública en los años sucesivos a su creación hasta 1969, siguió un poco el impulso inicial que se le imprimió con diversas asesorías extranjeras en los años 1959 a 1962, y nunca llegó a presentar al Ejecutivo Nacional, en la etapa posterior, ningún plan general ni parcial de reforma de la Administración Pública, en el cual se pudieran encuadrar ordenadamente objetivos precisamente determinados, con claras metas y lapsos a alcanzar en materia de reestructuración de la Administración venezolana."[42]

Distinguidos venezolanos dirigieron la Comisión de Administración Pública a lo largo de los once años que van desde su creación hasta 1969, ellos fueron Carlos Lander Márquez, Benito Raúl Lozada, Alberto López Gallegos, Héctor A. Pujol y Freddy Arreaza Leáñez. Cada uno les dio su impronta a los trabajos allí desarrollados y que constituyen antecedentes del *Informe sobre la Reforma de la Administración Pública Nacional* elaborado bajo la presidencia de la CAP de Brewer-Carías.

Le correspondió al gobierno de Rafael Caldera (1969-1974) iniciar la etapa más fructífera en materia de reestructuración administrativa en Venezuela, sus objetivos y programas fueron concretados en dicho *Informe* presentado el 12 de junio de 1972.

5. El Programa de gobierno de Rafael Caldera y la reforma administrativa

Caldera publicó en agosto de 1968 su programa de gobierno, el cual se convirtió en la hoja de ruta al resultar electo Presidente de la República en diciembre de ese año. El tema de la reforma adminis-

---

[42] Comisión de Administración Pública (1972), *Op. Cit.*, p. 5.

trativa que había sido precisamente redactado por Allan R. Brewer-Carías a solicitud de los técnicos a cargo del mismo, tuvo especial relevancia, tal como lo había apreciado el profesor Tomás Polanco en su trabajo anteriormente mencionado.

En los Lineamientos Generales de la Parte IV, B del Programa de Gobierno de Caldera, se partió de la idea de que el Estado tiene amplias potestades de intervención en la sociedad, pero se olvida el fin último de estos poderes cual es alcanzar el desarrollo integral del país, de allí que se exprese que "Esta realidad plantea ineludiblemente la necesidad de la Reforma Administrativa".

Se afirma que "Esta realidad, por otra parte, es una de las características de la administración moderna. Debe, sin embargo, reorientarse ese intervencionismo, en función del desarrollo integral y de la construcción de una sociedad democrática, solidaria y pluralista."[43] El Programa plantea que la exigencia propia del subdesarrollo hace necesario que el Estado asuma la orientación y dirección del proceso. En este sentido el Estado debe adaptar las estructuras políticas y administrativas para alcanzar el objetivo del desarrollo integral. El Programa critica la estructura del Estado y de la Administración por cuanto son expresión del abstencionismo liberal en la vida económica y social del país.

El Programa define a la Reforma Administrativa como

> *"...la acción permanente y sistemática de revisión, sustitución, o mejoramiento de los órganos administrativos, de su actitud y de los métodos que utilizan, en virtud de una nueva concepción política del Estado y de su función."*[44]

La reforma Administrativa debe plantearse desde dos ángulos: un plano estructural y un plano funcional. El primero debe acometer la revisión y adaptación de la estructura administrativa del Estado desde el punto de vista orgánico y burocrático. El segundo debe proveer a la racionalización de las competencias, sistemas, métodos

---

[43] *Ibíd.*, p. 73.

[44] *Ibíd.*, p. 74.

y procedimientos de la actividad administrativa para lograr una mayor eficacia y productividad, así como la incorporación de los sectores populares al desarrollo del país.

6. Reforma Estructural en el Programa de Caldera (orgánica y burocrática)

Parte de la idea del crecimiento desordenado e inorgánico de la Administración venezolana. En tal sentido propone establecer una organización estructural para la Administración que evite la duplicidad y dispersión de funciones y permita el cumplimiento de los cometidos estatales, en tal sentido debe coordinarse las tareas desarrolladas por las diversas instituciones buscando unidad de programas.

El Programa propone que la Reforma Orgánica englobe los niveles superiores de la Administración, los Ministerios, la Administración Institucional y la Administración Regional y Local. En relación a la reestructuración de los altos niveles de la Administración Pública Nacional, se plantea la reestructuración de este nivel a través de la creación de diversos organismos adscritos directamente a la Presidencia de la República, entre ellos las Secretarías para la Planificación, para la Promoción Popular, para la Reforma Administrativas, Información y Propaganda y de la Secretaría de la Presidencia de la República. Igualmente se propone la reestructuración del Consejo de Ministros y la creación de Comisiones Interministeriales, como un primer paso para reagrupar y reducir los ministerios. Resulta de interés a los fines de este trabajo, mencionar la Secretaría de la Planificación, la cual absorbería las funciones de CORDIPLAN, y tendría entre sus objetivos crear el sistema de planificación democrática a través de mecanismos de consulta de los sectores no estatales (sindicales, campesinos, organismo de producción); la elaboración de un plan vinculante para el sector público:

"y no simplemente indicativo para el sector privado, utilizando todos los mecanismos de estímulo con que cuenta el Es-

tado para lograr la ejecución del Plan en este sector, sin que ello lo convierta en un plan totalitario."[45]

Dentro de la Reforma Orgánica se propuso la reestructuración del Consejo de Ministros para descargarlo de muchos asuntos de importancia secundaria y dejarle para su consideración los problemas fundamentales, que muchas veces son decididos en otras instancias distintos al Consejo de Ministros. Se propuso la creación de las Comisiones Interministeriales Permanentes y que abarquen sectores fundamentales tales como desarrollo económico, desarrollo humano y social, transporte y comunicaciones, política y defensa nacional. La Reestructuración Ministerial fue otro de los aspectos propuestos por el Programa de Gobierno, y fue justificado por la importancia de la planificación del desarrollo, la cual requeriría una adaptación de la estructura ministerial. En tal sentido se afirmó:

"...la formulación de un plan global del desarrollo económico hace imprescindible acometer la revisión de las estructuras ministeriales, puesto que son ellos los instrumentos directos de ejecución del plan, para aumentar la eficacia de la Administración..."

El Programa de Gobierno de Caldera, incluyó la reestructuración de los Institutos Autónomos y las empresas del Estado, en tal sentido se propuso una ley para ordenar las formas jurídicas que debe utilizar el Estado para desarrollar las actividades de tales institutos y de regular los mecanismos de control necesarios. Igualmente se propuso para la coordinación de sus actividades la creación del Consejo de Institutos Autónomos previsto en la Ley Orgánica de Hacienda Nacional.

En cuanto a la Administración Regional y Municipal, el Programa de Gobierno utilizó términos duros al expresar que "Es evidente que la actual división político territorial del país es irracional e inoperante. Ella no se adapta a las necesidades y posibilidades de las diversas regiones del país y su sistema estructural es uniforme,

---

[45]   *Ibíd.*, p. 77.

con lo cual no responde tampoco a las magnitudes y exigencias de las diversas situaciones." Esta apreciación va en consonancia con uno de los planteamientos centrales del Programa de Gobierno como fue el proceso de regionalización. Sobre este aspecto se afirmó:

"No aparece hoy como factible ni aconsejable el dejar de lado la actual división territorial de las diversas entidades federales. Sin embargo, debe reagrupárselas a la luz de los planes de desarrollo en siete u ocho grandes regiones, que, a los efectos administrativos, correspondían a otros tanto Organismos de Desarrollo Regional."[46]

En cuanto a la Administración Municipal, concibe su reestructuración como un mecanismo de ejecución de los programas nacionales y regionales, y al mismo tiempo de auto gestión de los programas de índole local. Propone la aprobación de una ley Orgánica de Municipios, donde se recoja la variedad de formas de gobierno y de autonomías municipales.

En relación a la Reforma Burocrática, el Programa aclara que no se trata de reducción del personal al servicio de la Administración, sino fundamentalmente de mejorar los niveles éticos y de eficacia en el sector público y de incorporarlos a tareas de desarrollo nacional. Plantea la aprobación de la Ley de Carrera Administrativa y mientras no sea posible debe utilizarse el Decreto Presidencial 394 del año 1961.

7. La Reforma Funcional en el Programa de Caldera

El Programa de Gobierno de Caldera precisó que la Reforma Estructural de la Administración debe traer necesariamente la Reforma Funcional de los órganos los órganos reestructurados. De allí que una reforma orgánica no conlleva por sí sola la eficacia y la efectividad Administrativa, si no va acompañada de una reforma funcional.

Una Reforma Funcional debe abarcar los siguientes aspectos "Racionalización de las competencias, delegación, desconcentra-

---

[46] *Ibíd.*, p. 83.

ción, descentralización; perfeccionamiento de los procedimientos y métodos y tanto desde el punto de vista jurídico como técnico; institucionalización de sistemas de consulta con sectores populares; y delegación de la ejecución de programas gubernamentales en las organizaciones populares."[47]

La racionalización de las competencias procurará la atribución concreta a cada órgano de las competencias que esté en condiciones de ejercer y debe eliminar duplicidades innecesarias. En cuanto a la desconcentración y descentralización, debe admitirse la delegación de competencias para materias concretas; debe procederse a atribuir como competencias normales, determinadas materias a órganos de jerarquía media e inferior conservando los órganos superiores los poderes de vigilancia y tutela.

En cuanto al proceso de descentralización deberá estar regido por el principio de la especialidad, en el sentido de que, si la atención a un "problema nacional no pueda hacerse por el mecanismo ordinario de la administración centralizada, debe acudirse a las diversas formas de descentralización"; igualmente debe estar regido por el principio de la proporcionalidad, es decir el grado de descentralización debe ser el adecuado a las exigencias del problema a ser atendido. El proceso de descentralización debe ser instrumento para fortalecer la reforma de la Administración Regional y Municipal.

En relación a los Procedimientos y Métodos, el Programa de Gobierno expresa que es uno de los aspectos "más gravemente atrasados", al no existir normas jurídicas que regulen la actividad administrativa. A tal efecto se requiere regular el procedimiento constitutivo de loa actos administrativos; el procedimiento de negociación de los contratos administrativos; el procedimiento de impugnación de los actos administrativos tanto en vía administrativa como jurisdiccional. El régimen de responsabilidad tanto de la Administración como de los funcionarios y empleados públicos. Se precisó que tales normas deberán perseguir la seguridad jurídica; la celeridad de la actividad administrativa; clara distinción entre el momento y la

---

[47]   *Ibíd.*, p. 87.

responsabilidad de decisión, de las de consulta y control; publicidad de las actuaciones; corrección en el manejo de los ingresos y bienes públicos.

En cuanto a los sistemas y métodos a ser utilizados por la Administración, deben incorporarse técnicas modernas para obtener una mayor simplificación de las actuaciones y procedimientos; procurar la estandarización de las operaciones y así lograr rapidez y certeza de las tramitaciones. Necesidad de utilizar los equipamientos modernos que permitan mecanizar las actuaciones de la Administración y así evitar despilfarros por subutilizar equipos y maquinarias con que cuenta la Administración.

Otro aspecto contemplado en el Programa de Gobierno es la Institucionalización de sistemas de consulta con sectores populares en los distintos niveles de la Administración para conocer las necesidades, aspiraciones y valores de la población; integrar los intereses de los diversos sectores sociales al señalar las prioridades de metas y programas, y de esa manera dar verdadera vigencia a la democracia.

En relación a la delegación de ejecución de programas, el gobierno debe implantar mecanismos por los cuales se delegue en organizaciones populares la ejecución de determinados programas, bajo un control de la Administración. Con esta delegación se procurará alcanzar una mayor eficiencia en la ejecución de los programas gubernamentales, ya que estarán en mano de los interesados. Estos sistemas deberán ensayarse a nivel local en los programas de equipamiento urbano, promoción de artesanía, pequeña industria y servicios de crédito. A otros niveles por medio de organizaciones socio económicas y gremiales en programas de reforma agraria, desarrollo agropecuario, desarrollo agroindustrial, seguridad social, vivienda y educación.

III. INFORME SOBRE LA REFORMA DE LA ADMINIS-TRACIÓN PÚBLICA NACIONAL

1. Modernización de la Comisión de Administración Pública

La CAP debió adaptar su estructura jurídica a las nuevas tareas impuestas por el gobierno de Caldera que apenas se estrenaba. Debe recordarse que la CAP fue creada mediante *Decreto de la Junta de Gobierno número 287 del 27-06-1958*, pero sin una reglamentación donde se precisara atribuciones, ámbito de acción y competencias dentro de la Administración.

Una de las primeras medidas del gobierno socialcristiano fue la adscripción de la CAP a la Oficina Central de Coordinación y Planificación (CORDIPLAN) mediante el **Decreto número 28 del 09 de abril de 1969**, que en sus considerandos definió "Que es urgente proceder al estudio de la reforma Administrativa para adaptar las estructuras de la Administración Pública a los requerimientos de la modernización y del desarrollo." Y que la "Oficina Central de Coordinación y Planificación participa también en el estudio de la Reforma Administrativa y, a tal efecto, debe dictaminar sobre la creación, modificación o fusión de Ministerios e Institutos Autónomos y debe dirigir la formación y capacitación de funcionarios de planificación." Pero como bien se expresa en el Capítulo Tercero del *Informe*:

> *"...la sola vinculación de la Comisión de Administración Pública al órgano de planificación, no era suficiente para garantizar su decidida incorporación a la nueva orientación y objetivos de la Reforma Administrativa. Fue imprescindible reglamentar la misma Comisión y definir una nueva estrategia para incorporar el proceso de reforma a todos los niveles de la Administración Pública, e iniciar un proceso coordinado de programación de la misma."*[48]

---

[48]   *Ibíd.*, p. 12.

El gobierno de Caldera dictó el *Decreto número 103 del 23 de julio de 1969* (*Gaceta Oficial* N° 28.982 del 30-07-1969) –contentivo del Reglamento de la CAP donde se precisaron objetivos y propósitos. Dicho Reglamento, fue redactado por Allan R. Brewer-Carías, a quien el Presidente Caldera había propuesto que dirigiera la CAP. Éste, sin embargo esperó que el mismo fuese publicado en la *Gaceta Oficial* para aceptar el nombramiento, lo que se produjo el día 31 de julio de 1969-. El Decreto previó entre sus regulaciones más relevantes, el establecer que la CAP era el órgano asesor de la Administración en la tarea de promover y realizar la reforma administrativa. Su carácter asesor le permitía evacuar consultas al Ejecutivo Nacional sobre aspectos vinculados a la Reforma Administrativa; colaborar con el Ejecutivo en la elaboración de proyectos de ley, decretos, reglamentos y resoluciones relacionados con la Reforma Administrativa. Igualmente, la CAP podía proponer al Ejecutivo la realización de estudios e investigaciones relacionadas con los objetivos de la reforma.

La CAP de acuerdo a su Reglamento debía preparar un Plan de Reforma Administrativa y diseñar una política integral de la función pública. Igualmente debía presentar planes y medidas sobre los siguientes aspectos: a) Reestructuración de la Administración Pública en todos sus niveles y sectores, de los institutos autónomos y demás establecimientos públicos y empresas del Estado, con el fin de adaptarlos a las exigencias de la planificación del desarrollo económico y social; b) Tecnificación de los sistemas, métodos y procedimientos de la Administración; c) Reorganización administrativa y en particular la coordinación, desconcentración y descentralización; d) Establecimiento de un sistema de procedimientos y recursos administrativos con garantías para los administrados; e) Formación y capacitación del personal al servicio de la Administración, mediante la creación de nuevos institutos, centros o escuelas, o la transformación de las existentes; f) Estructuración de un estatuto de la función pública que comprenda aspectos tales como el mejoramiento, remuneración, estabilidad y seguridad social al servicio de la Administración; g) Elaboración de cualquier otro plan relativo a la reforma administrativa.

Una vez diseñado la estructura jurídica de la CAP, y ya con Brewer-Carías dirigiendo la misma, el gobierno dictó el Decreto número 170 del 16 de octubre de 1969 mediante el cual se designó el Directorio de la CAP, quedando integrada por: Allan R. Brewer-Carías en su condición de Presidente y por Enrique Pérez Olivares, Alfredo Rodríguez Delfino, Luis Ugueto Arismendi (hasta el 15-10-1970), Carlos Emmanuelli Llamozas (desde el 02-11-1970), Antonio Ugueto y Sergio León Morales. El Cuerpo Directivo estuvo integrado por Brewer-Carías en su condición de Presidente; Nelson Socorro como Director Nacional de Organización; Teodardo Angeli como Director Nacional de Sistemas; Manuel Rachadell en su condición de Director de la Escuela Nacional de Administración Pública; Ligia Valladares de Salcedo como Directora del Centro de Investigaciones Administrativas para el Desarrollo; Armida Quintana como Consultora Jurídica y Marcelo Castro como Director de Administración.

En la composición del Directorio de la CAP se integraron funcionarios y representantes de alto nivel del ministerio de Hacienda y de la Oficina Central de Coordinación y Planificación, en ese sentido:

> *"se logró la necesaria coordinación de actividades entre los dos principales organismos gubernamentales que tienen inherencia en el proceso de Reforma Administrativa, consolidándose así el espíritu tanto del Decreto 287 del 27 de junio de 1958, creador de la Comisión, como del Decreto 28 del 9 de abril de 1969, por medio del cual se la adscribió a la Oficina Central de Coordinación y Planificación."*[49]

Le correspondió al Directorio de la CAP definir el programa de trabajo para desarrollar la tarea de programar la reforma administrativa y la elaboración de los elementos fundamentales de una política de la función pública. Todo en correspondencia con la oferta electoral realizada en el Programa de Gobierno de Caldera y al cual se ha hecho referencia.

---

[49] *Ibíd.*, p. 15.

2. Objetivo de la Reforma Administrativa

La Comisión de Administración Pública fundamentó su propuesta en el concepto de la Administración para el Desarrollo, lo que conllevaba superar la Administración tradicional para adaptarla a las nuevas corrientes orientadas al proceso de desarrollo. Se parte de la idea de que la Administración tiene una función esencialmente instrumental para alcanzar las metas y objetivos del desarrollo propuesto por el Estado.

Se trata entonces de superar la noción de una Administración conservadora dirigida a mantener el orden establecido para orientarla al cambio social, económico y político. Se plantea que la Administración no solo se adapte a las nuevas realidades, sino que "provoque y rija ese cambio". Para subrayar ese nuevo paradigma se expresa que en Venezuela se está en presencia de los primeros pasos "de un gran esfuerzo de repensar nuestra Administración Pública para crear un instrumento al servicio del desarrollo y no, simplemente, para introducir algunas reformas o modificaciones, tendientes a mejorar e funcionamiento de la Administración Pública tal como hoy la conocemos, materialmente concebida como un fin en sí misma."[50]

Esa nueva concepción de la Administración traía aparejada el repensar el papel del Estado en el proceso de desarrollo. Un desarrollo que no se lograría de una manera espontánea ni natural, ni como resultado de las fuerzas del mercado "...muy por el contrario, tiene que ser un proceso provocado y dirigido, un proceso, en definitiva, planificado; y el Estado es el único ente con poder y posibilidades reales para provocar, dirigir y planificar ese desarrollo acelerado."[51]

Se plantea entonces que la Reforma de la Administración es un proceso indispensable para convertirse en un instrumento eficaz del Estado en la consecución del desarrollo. El Informe plantea enton-

---

[50] *Ibíd.*, p. 8.

[51] *Ibíd.*, p. 9.

ces que de lo que se trata es lograr "*...una Reforma Administrativa para estructurar una Administración Pública para el desarrollo y por tanto, conformadora del orden social y económico. Se trata, en definitiva de construir una Administración Pública con capacidad administrativa para el desarrollo, es decir, con habilidad para movilizar, asignar y combinar las acciones técnicamente necesarias para el logro de los objetivos del desarrollo.*"[52]

3. La Reforma Administrativa y la Planificación del Desarrollo

El proceso de Reforma Administrativa se orienta a estructurar un eficiente aparato administrativo de carácter público para alcanzar el desarrollo económico y social del país, pero este carácter instrumental de la Administración debe orientarse por un sistema de planificación que señale objetivos, metas y estrategias.

4. El sistema de planificación publica en Venezuela

La planificación pública en Venezuela ha estado ligada a los planes de la nación, coordinados por la Oficina Central de Coordinación y Planificación de la Presidencia de República (CORDIPLAN). Le correspondió a Caldera presentar el IV Plan de la Nación 1970-1974 el 11 de marzo de 1971 en ocasión de su segundo mensaje al Congreso Nacional.

En esa oportunidad expresó "En la elaboración de este plan se ha hecho un especial esfuerzo para incluir en él mismo un conjunto de proyectos concretos que habrán de materializarse durante su período de ejecución. El Plan es vinculante para el sector público e indicativo para el sector privado. El contribuirá, indudablemente, a facilitar al Congreso la consideración de las proposiciones que le sean hechas por el Ejecutivo y podrá servirle de orientación en las decisiones que vaya a adoptar."[53]

---

[52] *Ibíd.*, p. 10.

[53] Oficina Central de Coordinación y Planificación de la Presidencia de la República (CORDIPLAN). IV Plan de la Nación 1970-1974, Volumen 1, p. 6.

Como es de suponer este Plan estuvo inspirado en el Programa de Gobierno presentado por Caldera al electorado en las elecciones de 1968, y fue producto de un amplio diálogo con los sectores de la vida nacional. De esta manera el Plan fue el resultado de un profundo análisis de la realidad socio económica y de la especial coyuntura marcada por el ascenso a la presidencia de un político que comprendió la necesidad de la amplitud a la hora de definir metas, objetivos y políticas públicas. *"Todo venezolano debe tener presente que este es el Plan de la Nación y no el Plan de un grupo político, técnico o social y que sea modesta o importante la tarea que en su ejecución le corresponde, tiene en sus manos una parte del futuro del país y en consecuencia una grave responsabilidad frente al resto de la comunidad, frente a sus hijos y frente a sí mismo."*[54] Importante comentario en la Introducción del IV Plan de la Nación que señala el propósito de no manipular con fines ideológicos un documento oficial al servicio de los venezolanos. Valiosa lección para ser asimilada en esta difícil hora de la Venezuela de comienzos del siglo XXI.

La Reforma Administrativa fue desarrollado en el Capítulo VI del IV Plan de la Nación. Comienza reconociendo los esfuerzos realizados en el país para el mejoramiento de la Administración Pública, sin embargo, tales propósitos fueron medidas aisladas *"producto de acciones individuales, y nunca respondieron a un plan ni consistieron en una labor sistemática y evolutiva."* Reconocimiento especial mereció el trabajo "Estudio preliminar acerca de posibilidades de mejoras en la Administración Pública de Venezuela" presentado en mayo de 1958 por el Dr. Herbert Emmerich a la Oficina de la Administración de Asistencia Técnica de las Naciones Unidas.

En relación a la nueva etapa iniciada durante el gobierno de Caldera se afirmó "En materia de reforma Administrativa, la labor del nuevo gobierno que inició su gestión en 1969, debió consistir entonces, no solo en vincular el proceso de reforma al sistema de

---

[54] *Ibíd.*, p. 9.

planificación del desarrollo económico y social del país y en reglamentar la misma Comisión de Administración pública para el mejor cumplimiento de unos objetivos más claros, sino en definir una nueva y precisa estrategia para la reforma, tendiente a planificar la realización de la misma…"[55]

El IV Plan de la Nación va de la mano con el trabajo realizado por la Comisión de Administración Pública en cuanto al objetivo de la reforma de la administración pública para el desarrollo. Como se ha expresado con anterioridad la reforma administrativa planteada no consistía simplemente en una modernización de la administración, sino que pretendía una transformación de la estructura, sistemas y procedimientos de la Administración para dirigirla al proceso de desarrollo del país.

"Por ello, la Reforma Administrativa para el desarrollo no busca ni siquiera la sola adaptación de la estructura y procedimiento de la Administración Pública al cambio, sino que busca fundamentalmente hacer que la Administración Pública provoque y rija ese cambio."[56]

Ese cambio para alcanzar el desarrollo no será un proceso espontáneo, ni natural, antes bien para lograr encauzar ese objetivo el Plan de la Nación plantea que es el Estado:

"el único ente con poder y posibilidades reales para provocar, dirigir y planificar ese desarrollo acelerado. Por ello, en nuestro proceso de desarrollo el papel del Estado tiene un papel preponderante."

El IV Plan de la Nación (1970-1974), en la parte sobre reforma administrativa redactada por el mismo Brewer-Carías, va a estar en consonancia con el *Informe sobre la Reforma de la Administración Pública Nacional* (1972), de allí que se utilice el mismo lenguaje y se planteen los mismos objetivos. Entre ellos involucrar al más alto nivel de la Administración (Presidencia de la República) para dictar

---

[55]   *Ibíd.*, p. 152.

[56]   *Ibíd.*, p. 153.

los lineamientos generales de la Reforma Administrativa y no menos importante vincular ese proceso a la planificación del desarrollo económico y social, lo que explica la adscripción de la CAP a la Oficina Central de Coordinación y Planificación (CORDIPLAN) mediante el Decreto N° 28 del 9 de abril de 1969.

Entre las áreas para la programación de la Reforma Administrativa, el IV Plan distingue dos grandes enfoques: el macroeconómico y el micro administrativo. En relación al primero le corresponderá a la CAP realizar el análisis y el diagnóstico de la Administración Pública a nivel nacional, haciendo énfasis en las estructuras, sistemas y procedimientos administrativos. De este análisis saldrá un Plan General de Reforma Administrativa, con los lineamientos generales, objetivos y metas a alcanzar. En relación al enfoque micro administrativo le corresponderá a los organismos públicos en cooperación con la CAP, realizar el análisis y el diagnóstico de las estructuras, sistemas y procedimientos existentes en cada organismo, con el objetivo de formular propuestas de reforma estructural y funcional.

Puede afirmarse que el IV Plan de la Nación sentó las bases conceptuales del *Informe sobre la Reforma de la Administración Pública Nacional* y en buena medida fue el resultado de la integración de equipos humanos con altas calificaciones profesionales. Debe recordarse que Luis Enrique Oberto fue jefe de CORDIPLAN, acompañado por Antonio López Acosta como Director General y Alejandro Suels Aranda como Director adjunto, estos funcionarios trabajaron coordinadamente con el Directorio de la Comisión de Administración Pública (CAP) presidida por Allan R. Brewer-Carías.

5. La estrategia de la Reforma Administrativa

El *Informe*, objeto de este estudio, afirma que la idea de una Reforma Administrativa ha estado presente en el país fundamentalmente a partir del año 1958, cuando se despertó un interés en modernizar las instituciones democráticas recién conquistadas. Eso explica el nacimiento de la Comisión de Administración Pública y de numerosas iniciativas que no fructificaron debido a la falta de una estrategia coherente a mediano y largo plazo. El gobierno de Caldera le dio un renovado impulso al otorgarle a la CAP apoyo y sustentación de carácter político, así como conferirle visibilidad al colocarlo entre las prioridades de la acción gubernamental. Caldera encontró en Brewer-Carías la personalidad ideal para dirigir un proceso complejo que marcaría un antes y un después en la Administración venezolana. Brewer-Carías tenía los conceptos, objetivos, estrategias y sobre todo la voluntad para conducir a buen puerto la ciclópea tarea encomendada por el presidente Caldera. Bien lo expresó en el Palacio de las Academias el 29 de mayo de 1968, (17 meses antes de ser designado presidente de la CAP):

> *"La tarea, ciertamente, es impresionante, pero no queda otra alternativa: o reformamos las estructuras políticas y administrativas y nos incorporamos al desarrollo, o no comprendemos la necesidad de esos cambios, y simplemente perecemos."*[57]

La estrategia formulada partió de que la Reforma Administrativa debía realizarse por toda la Administración, no podía ser impuesta desde fuera sino debía surgir del propio seno del aparato administrativo. Superando el temor de considerar a la CAP como la poseedora de la llave de la pretendida reforma. De esta manera se abrió un proceso de integración hacia los distintos niveles de la Administración, muestra de ello son los Decretos Nº 103 del 23 de julio de 1969 y el Nº 141 del 17 de septiembre de 1969, que institucionalizó los Consejos de Reforma Administrativa y las Oficinas Coordinadoras de la Reforma Administrativa. La CAP se convirtió entonces en el organismo normativo, coordinador y validador de las reformas propuestas por los Ministerios y demás organismos de la Administración Central, así como de los Institutos Autónomos y empresas del Estado.

De esta manera se fue logrando vencer las resistencias al cambio tan propio de las organizaciones públicas, donde el celo burocrático es rasgo característico. Los Consejos de Reforma Admi-

---

[57] Comisión de Administración Pública (1972), *Op. Cit.*, p. 71.

nistrativa, las Oficinas Coordinadoras de la Reforma Administrativa y los Comités Coordinadores de Proyecto se convirtieron en las instancias primordiales de la tarea reformista, lo que permitió involucrar directamente a los Directores de los organismos públicos en la conducción del proceso de programación de la Reforma Administrativa.

En los casos donde distintos organismos públicos tuvieran similares funciones, se previó una instancia de coordinación mediante grupos sectoriales de trabajo para ordenar las tareas de reforma administrativa.

Dentro de las estrategias a desarrollar se encuentra la armonización de criterios y objetivos y en tal sentido "…se establece que los Consejos de Reforma Administrativa y las Oficinas Coordinadoras de la Reforma Administrativa deberán desarrollar su actividad en estrecha cooperación con la Comisión de Administración Pública, con el objeto de lograr la necesaria coordinación y unificación de todos los programas de reforma de la Administración Pública nacional, y su adecuación al Plan de reforma que ésta establezca."[58]

Como una instancia de coordinación superior dentro de la Administración, el Decreto N° 141 creó un Comité Interministerial de Reforma Administrativa, integrada por todos los Directores Generales de los despachos ministeriales y por los miembros de la Comisión de Administración pública (CAP). La tarea fundamental consistía en comparar y evaluar los trabajos de reformas en preparación y determinar los ajustes necesarios.

La Instrucción Presidencial RA-1 del 13 de mayo de 1970 (*Gaceta Oficial* N° 1399 Extraordinario de 13 de mayo de 1970), de puño y letra de Brewer-Carías, estableció los lineamientos generales de la Reforma Administrativa, constituyó un documento clave para entender el proceso del cambio administrativo, pues además de ser una orden de carácter presidencial y una definición de la política gubernamental, quiso asegurar que el proceso realizado con la par-

---

[58] *Ibíd.*, p. 24.

ticipación de todos los organismos sea bajo los mismos principios y directivas. El *Informe* destacó lo novedoso de este Instructivo, pues era la primera vez en las últimas décadas que un Presidente *"utiliza la fórmula de Instrucción para dirigir una orden ejecutiva que tiene por destinatarios a su propia administración y a los funcionarios que la componen."* Resalta además que *"No se conoce ningún precedente en el cual un Jefe de Estado haya dictado un acto de esta naturaleza en materia de reforma administrativa, englobando en el mismo todos los aspectos estructurales, funcionales y funcionariales de la Administración Pública, como lo hace la Instrucción Presidencial."*[59] Detrás de esta Instrucción de singular importancia se nota el talento jurídico de Brewer-Carías que logró de parte del presidente Caldera un apoyo decisivo a la tarea encomendada.

Expresó Caldera en la referida Instrucción *"la reforma administrativa cuya programación y ejecución se ha iniciado en el país a partir de marzo de 1969 con motivo del cambio de Gobierno, debe ser considerada como el conjunto de acciones y medidas de carácter permanente y evolutivo, tendientes a transformar la Administración pública Nacional para adaptarla a las necesidades del proceso de desarrollo económico y social (...) Por ello el proceso iniciado, fundamentalmente, persigue estructurar una Administración Pública para el desarrollo, es decir con capacidad para planificarlo, y para movilizar, asignar y combinar las acciones y recursos necesarios para el logro de sus objetivos, dotando al Estado de un adecuado instrumento para la plena realización de su función de promoción social y económica del país, y que le permita además, provocar los cambios que aquél implica."*[60] (cursivas agregadas)

6. La programación de la Reforma Administrativa

El *Informe* parte de la conexión entre planificación y reforma administrativa, de allí la adscripción de la CAP a la Oficina Central de Coordinación y Planificación (CORDIPLAN) mediante el Decreto Nº 28 del 9 de abril de 1969. Hasta ese año la CAP no había

---

[59] *Íbid.*, p. 26.

[60] *Ibíd.*, pp. 26-27.

108

elaborado un programa con objetivos y estrategias de una reforma administrativa. De allí que la primera tarea de la CAP con la nueva gestión gubernamental fue la elaboración de un Plan General de Reforma Administrativa formulado en el *Informe sobre la Reforma de la Administración Pública Nacional* (1972).

La conexión entre planificación y reforma administrativa se concretó con el IV Plan de la Nación (1970-1974) que señaló los lineamientos y las políticas desarrolladas en el Informe sobre la Reforma mencionado anteriormente. La instrumentación de ese Informe en sus aspectos estructurales y funcionales será el objetivo central de la Reforma Administrativa venezolana.

Conceptos claves para el análisis de la administración venezolana fueron el criterio de *sistema* para la elaboración de las propuestas de reformas estructurales y funcionales. En tal sentido una vez identificados los sectores de actividad pública, se propuso la integración en sistemas sectoriales de los organismos que concurren en la realización de determinadas actividades. Tal sistema estaría compuesto por un Ministerio (órgano central del sistema) y los distintos órganos ministeriales, institutos autónomos, empresas del Estado. El criterio de sistema sería igualmente utilizado en las diversas funciones instrumentales y funcionales de la Administración.

Por otra parte, se encuentran el criterio de *sectorialización* de las actividades públicas, surgido de los fines del Estado conforme a lo establecido en el IV Plan de la Nación. Se identifican cuatro fines básicos del Estado: a) funciones de política, defensa y seguridad pública; b) funciones de desarrollo económico; c) funciones de desarrollo social y d) funciones de desarrollo físico y ordenación territorial. Cada uno de esas funciones básicas configuraron grupos de actividades públicas denominados "sectores de actividad pública". El *Informe* define 20 sectores como actividades públicas coherentes que serán objeto de propuestas de reforma estructural y de reforma funcional.

Un tercer criterio que ha orientado los trabajos de programación de la reforma administrativa es el de la regionalización, esto es *"la progresiva desconcentración ordenada de las actividades públicas nacionales (tradicionalmente centralistas), hacia las ocho regiones administrativas en las cuales se ha dividido el país, como niveles óptimos de programación y de ejecución coordinada de las actividades públicas nacionales, estadales y municipales; y con el objetivo de lograr, mediante dicho proceso, una participación cada vez mayor de los Estados Municipalidades en el proceso de desarrollo nacional, a través del desarrollo regional."*[61]

El *Informe*, en base a los tres criterios señalados formuló las bases del Plan de Reforma Administrativa en tres aspectos centrales: a) Reforma de las estructuras administrativas (Reforma Estructural); b) Reforma de del funcionamiento de la administración pública (Reforma Funcional); y c) Reforma del régimen jurídico de la administración pública. Cada uno de esos aspectos tuvo su desarrollo y sus propuestas y conformaron las partes segunda, tercera y cuarta del Informe.

La Reforma Estructural se refiere al estudio y posterior adaptación de la estructura organizativa de los distintos organismos públicos, tanto en sus programas como en sus funciones específicas. La Reforma Funcional se refiere a los diversos aspectos de funcionamiento de la Administración, para racionalizar y perfeccionar los sistemas, procedimientos y métodos administrativos y así lograr una mayor eficiencia en el cumplimiento de sus cometidos y un mayor rendimiento del gasto público. Finalmente, la Reforma de la Función Pública se refiere al mejoramiento de las condiciones de trabajo del empleado público a través del Estatuto de la Función Pública contemplado en la Ley de Carrera Administrativa (1970) con esto se pretende aumentar el rendimiento y la eficiencia de la burocracia pública.

El Informe sobre la Reforma de la Administración Pública Nacional contiene las directrices generales que en criterio de la CAP *"deben guiar el crecimiento futuro de la Administración Pública Nacional, y la implementación del Plan en los aspectos estructural*

---

[61] *Idem.*, pp. XIX-XX.

110

y de reforma funcional."[62] No incluyó lo referente a la reforma de la función pública pues de acuerdo a la Ley de Carrera Administrativa le correspondía a la Oficina Central de Personal.

7. Estructura del Informe sobre la Reforma de la Administración Pública Nacional

El Informe sobre la Reforma de la Administración Pública Nacional se divide en cinco partes contenido en dos tomos.

<u>Tomo I</u>: Primera parte: La Reforma Administrativa para el Desarrollo;

Segunda parte: La Reforma Estructural.

Primera parte: La Reforma Administrativa para el Desarrollo, compuesto por cinco Capítulos y nueve apéndices:

Capítulos:
1. Antecedentes.
2. El objetivo de la Reforma Administrativa: La Administración Pública para el Desarrollo.
3. La Reforma Administrativa y la Planificación del Desarrollo.
4. La Estrategia de la Reforma Administrativa.
5. La Programación de la Reforma Administrativa.

Apéndices:
1. Las Transformaciones de la Administración Pública para el Desarrollo (Allan Brewer-Carías).
2. La Reforma Administrativa, pare IV, B, del Programa de Gobierno de Rafael Caldera.
3. Reforma Administrativa en Venezuela. Puntos de coincidencia (Tomás Polanco).
4. Decreto N° 28 del 9 de abril 1969 (Adscripción de la CAP a CORDIPLAN).

---

[62] *Idem.*, p. 32.

5. Decreto N° 103 del 23 de julio 1969 (Reglamento de la CAP).

6. Decreto N° 141 del 17 de septiembre de 1969 (Instrumentación de los mecanismos de Reforma Administrativo).

7. Instrucción RA-1 del 13 de mayo de 1970 (Lineamientos generales de la Reforma Administrativa).

8. La Reforma Administrativa, Capítulo VI del IV Plan de la Nación (1970-1974).

Segunda parte: La Reforma Estructural, compuesto por tres Capítulos y doce apéndices:

Capítulos:

1. Introducción.

2. La Reforma Macro Estructural.

3. La Reforma Micro Estructural en los Ministerios.

Apéndices:

1. Decreto N° 72 del 11 de junio de 1969 sobre Regiones Administrativas.

2. Decreto N° 140 del 17 de septiembre de 1969 (Reglamento de delegación de firma de los Ministros del Ejecutivo Nacional).

3. Decreto N° 280 del 8 de abril de 1970 (Reglamento de Coordinación y control de los Institutos Autónomos de la Administración Pública).

4. Comunicación N° 961 de 12 de mayo de 1970 del Presidente de la CAP al Jefe de CORDIPLAN sobre la Reforma Micro Estructural en los Ministerios.

5. Comunicación N° 22 del 11 de enero de 1970 del Presidente de la CAP al Jefe de CORDIPLAN sobre la creación del Ministerio de Vivienda y Desarrollo Urbano.

6. Decreto N° 539 del 10 de febrero de 1971 (Reglamento del Estatuto Orgánico de Ministerios).

7. Decreto N° 540 del 10 de febrero de 1971 (Reglamento Orgánico del Ministerio de Obras Públicas y Resoluciones complementarias).

8. Decreto N° 746 del 29 de septiembre de 1971 sobre la creación en el Ministerio de Minas e Hidrocarburos de la Dirección de Coordinación, Inspección y Control de los bienes afectos a reversión.

9. Comunicación N° 1165 del 19 de noviembre de 1971 del Presidente de la CAP al presidente del Banco Central de Venezuela sobre la naturaleza jurídica de esa institución.

10. Comunicación N° 690 del 1 de septiembre de 1971 (Se comisionó al Ministro de Sanidad para proponer medidas para el establecimiento de Sistema Nacional de Salud).

11. Decreto N° 929 del 5 de abril de 1972 (Reglamento de Regionalización Administrativa).

12. Proyecto de Ley Orgánica del Ministerio de Vivienda y Desarrollo Urbanístico.

Tomo II: Tercera parte: La Reforma Funcional.

Cuarta parte: La Reforma del Régimen Jurídico de la Administración.

Quinta parte: Conclusión.

Tercera parte: Reforma Funcional, compuesta por ocho Capítulos y ocho apéndices

Capítulos:

1. Introducción.

2. La Reforma del Sistema de Planificación.

3. La Reforma del Sistema de Presupuesto.

4. La Reforma del Sistema Estadístico.

5. La Reforma del Sistema del Sistema de Contabilidad Pública.

6. La Reforma del Sistema de Comunicación Pública

7. La Reforma del Sistema de Compras y Suministros.

8. La Reforma del Sistema de Informática.

Apéndices:

1. Documentos que motivaron la Resolución del Consejo de Ministros de julio 1970 para la creación de Oficinas Sectoriales Básicas de Coordinación y Presupuesto.

2. Proyecto de Ley Orgánica de Presupuesto.

3. Relación N° 20 de CORDIPLAN del 15 de julio 1971 sobre el Comité de Enlace para Asuntos Estadísticos.

4. Proyecto de Reglamento de compras y Suministros de la Administración Pública nacional, sometido a la consideración de CORDIPLAN por la CAP.

5. La Información Administrativa en la Administración Pública.

6. Resolución del Consejo de Ministros del 8 de diciembre de 1971 sobre la Información Administrativa y las relaciones entre la Administración y e público.

7. Justificación económica del procesamiento automático de datos.

8. Cláusulas de Condiciones Generales mínimas (contrato tipo) para los contratos de arrendamiento de equipos de procesamiento de datos.

Cuarta parte: **La Reforma del Régimen Jurídico de la Administración, compuesta por seis Capítulos y cinco apéndices**

Capítulos:

1. Introducción.

2. El Régimen Jurídico de la Administración Pública Nacional.

3. El Régimen Jurídico Orgánico de las Entidades Descentralizadas.

4. El Régimen Jurídico de los Procedimientos Administrativos.

5. El Régimen Jurídico de la Jurisdicción Contencioso Administrativa.

6. El Régimen Jurídico de la Jurisdicción Constitucional.

Apéndices:

1. Proyecto de Ley Orgánica de la Administración Pública Nacional.

2. Proyecto de Ley Orgánica de las Entidades Descentralizadas.

3. Proyecto de Ley de procedimientos Administrativos.

4. Proyecto de Ley de la Jurisdicción Contencioso Administrativa.

5. Proyecto de Ley de la Jurisdicción Constitucional.

Quinta Parte: Conclusión y Apéndice

1. Proyecto de Decreto Reglamentario de los Instrumentos de Reforma Administrativa.

8. Consideraciones acerca de la Conclusión del Informe sobre la Reforma de la Administración Pública Nacional

La principal conclusión del *Informe* fue convertir a la Administración Pública en el principal motor del desarrollo nacional. Con la Administración pública tradicional era tarea prácticamente imposible que el Estado se convirtiera en un agente de cambio y de transformación social y económica. De allí que el Informe planteó que la Reforma Administrativa constituye un paso importante pero no el único para alcanzar los objetivos propuestos de un desarrollo sostenible en el tiempo y con resultados de bienestar para la población.

Esta conclusión de convertir a la Administración en motor del desarrollo nacional debía convocar a todos los sectores del país, dejando de lado intereses sectarios y particulares. La Reforma de la Administración si bien nace del Poder Ejecutivo requiere para su impulso y ejecución de la participación del Poder Legislativo *"quien debe sancionar el cuerpo de leyes necesarios para producir la transformación deseada en la Administración Pública."* El IV Plan de la Nación al referirse a este aspecto comenta:

> *"Para la ejecución del Plan General de Reforma Administrativa se requerirá de la aprobación legislativa, sea con ocasión de la modificación de las diferentes leyes que regulan el funcionamiento de nuestra Administración o de la promulgación de las nuevas leyes que requiera la ejecución de la reforma, sea con motivo de las asignaciones presupuestarias a que hubiere lugar."*

Otro aspecto de la conclusión es la necesidad de consolidar en un solo cuerpo normativo los Decretos 103 del 28 de julio de 1969 y el Decreto 141 del 17 de septiembre de 1969, para establecer un sistema integrado de las reformas a nivel macro y micro administrativo que permita continuar la programación de acuerdo a los lineamientos establecidos. *"En este sentido, conforme a la estrategia de participación definida en la Primera Parte de este Informe, una de las medidas a ser instrumentadas en el futuro inmediato, habrán de ser las que conllevan a una adecuada participación de los organismos que integran los diversos sectores, en la definición exhaustiva de los sistemas sectoriales, y de los diversos organismos públicos, en la reforma de los sistemas funcionales o instrumentales."*[63] De allí que se plantee la creación de Consejos Nacionales por cada uno de los sectores de actividad pública, presididos por el Ministro del sector e integrado por los organismos de la Administración Central o Descentralizada que participen en las actividades sectoriales.

En criterio de la CAP la reforma de los instrumentos antes señalados significaría "el mejor índice para el futuro desarrollo en Venezuela de esta urgente tarea de transformar la Administración

---

[63] *Ibíd.*, Tomo II, p. 565.

116

Pública para el desarrollo, con la cual están comprometidos el gobierno actual y la nación entera."

IV. ANÁLISIS EN PERSPECTIVA DEL INFORME SOBRE LA REFORMA DE LA ADMINISTRACIÓN PÚBLICA NACIONAL

1. La Venezuela de finales de los 60

Llegaba a su final el mandato de Raúl Leoni, se juramentó como Presidente el 11 de marzo de 1964 y su período de gobierno ha sido considerado como una etapa de concordia y entendimiento. En 1968 Venezuela se convirtió en el mayor exportador de petróleo a nivel mundial; la producción de hierro alcanzó ese año más de 16.000.000 toneladas y la Siderúrgica del Orinoco (SIDOR) obtuvo utilidades por veinticuatro millones de bolívares. El crecimiento del PIB llegó al 6,5% anual, destacándose el desarrollo agroindustrial y el crecimiento del empleo y a pesar de esos números el candidato, de Acción Democrática, Gonzalo Barrios perdió las elecciones de diciembre de 1968 frente al candidato socialcristiano Rafael Caldera. Le correspondió al nuevo Presidente consolidar el proceso de pacificación iniciado en el gobierno anterior con la Ley de Conmutación de Penas. Bien se ha expresado

> *"Rafael Caldera obtiene el triunfo con el 27% de los votos para presidente y un apoyo parlamentario no sólo débil (22% de votos para el Congreso, asambleas legislativas y concejos municipales) sino fragmentado, ya que una importante proporción de los parlamentarios que fueron elegidos en las planchas de COPEI no eran miembros de ese partido. De factores como éstos, aunado al fuerte liderazgo que Caldera ejerció en COPEI y al notable prestigio nacional e internacional de este líder, resulta un rasgo importante de su gobierno la <<brillantez>> presidencial convertida en la principal fuente de poder y prestigio del mismo."[64]*

---

[64] Fundación Polar. *Op. Cit.*, tomo I, p. 590.

Una de sus promesas electorales fue la Reforma Administrativa, esto era la revisión y adaptación de las estructuras políticas y administrativas del Estado a las exigencias del momento. Para el cumplimiento de esta oferta programática tuvo el tino de convocar a un equipo multidisciplinario de hombres y mujeres coordinado por el profesor Allan-R. Brewer-Carías.

2. Entre las esquinas de Bolsa a San Francisco en Caracas

Una vez más la antigua casona colonial, antaño sede de la Universidad Central de Venezuela, convertida hoy en el Palacio de las Academias, fue testigo de una conferencia dictada el 29 de mayo de 1968 por el joven profesor Allan Brewer-Carías, titulada *Una Revolución para el Desarrollo*. En ella dibujó las grandes líneas de un proyecto que iba a apropiarse de varios años de su vida profesional.

Allí hablo con el entusiasmo de un converso "Todas esas reformas, todas esas transformaciones deseadas en las estructuras e instituciones políticas, sociales y económicas, tiene evidentemente su origen, en la necesidad de adaptarlas a los cambios operados en las realidades socio económicas en los últimos años. Puede decirse que estas transformaciones son de tal naturaleza, que jamás se habían operado en la historia de la humanidad en un lapso tan corto."

El conferencista abordó un tema que en plena guerra fría produciría escozor en algunos liberales de convicción "*La intervención estatal es una realidad, y en efecto, en la actualidad, pocos campos o sectores de nuestra vida económica y social escapan de una injerencia del Estado o al menos de la presencia del Estado.*" Pero de inmediato trae a consideración las nuevas corrientes que en el mundo político luchan por imponerse "*De ahí las nuevas tendencias –como la de la reciente doctrina alemana– de considerar en la actualidad al Estado no ya como Estado liberal-burgués de derecho sino como Estado social de derecho, y como la de la doctrina anglosajona que ha venido propugnando la noción sustitutiva del Welfare State, Estado de bienestar, o Estado benefactor.*" Brewer en su conferencia se refirió al Estado social de derecho, concepto jurídico y político que buscaba superar los esquemas abstencionistas del Estado liberal burgués y que diez años más tarde sería consagrado en la Constitución Española de 1978 "Artículo 1. 1. España se constituye en un Estado social y democrático de Derecho, que propugna como valores superiores de su ordenamiento jurídico, la libertad, la justicia, la igualdad y el pluralismo político."[65]

El conferencista abordó el tema del desarrollo de los países del tercer mundo desde una óptica que iba más allá de las tesis economicistas. *"Ciertamente que con esta palabra nos han invadido los economistas, y por ello, se trataba hasta hace muy poco de una palabra tabú para los juristas"* y en tal sentido profundiza en su contenido

> *"Desarrollo en este sentido es sinónimo de progreso, pero de progreso comparado con metas ya logradas por otros países. El desarrollo entonces, no es un fin en sí mismo, sino un medio de satisfacer aspiraciones humanas, por lo que en nuestros países, es un medio para la reforma social y no otra cosa precisa la Constitución de Venezuela..."*[66]

Brewer-Carías en su novedoso planteamiento ubicó la reforma de la administración pública venezolana dentro de un contexto político, social y económico, de un país subdesarrollado que busca afanosamente superar situaciones de pobreza, desigualdad y dependencia económica. El elemento jurídico, entre ellos la reforma de la Administración Pública, debería convertirse en instrumento eficiente para alcanzar los fines del Estado contemplados en la Constitución.

Brewer estaba convencido que el Estado debía asumir la conducción del proceso de cambio social, económico y político, de allí que sin adorno alguno plantea *"En el proceso de desarrollo al que deben incorporarse todos los países latinoamericanos, el papel del Estado, por tanto, tiene que ser un papel preponderante. El debe comenzar por precisar una "política de desarrollo" definida, co-*

---

[65] *Constitución Española*, Textos Legales, Biblioteca Nueva, 5° edición, Madrid 2010, p. 31.

[66] Comisión de Administración Pública (1972), *Op. Cit.*, p. 38.

herente y nacional, a través de la cual se creen las condiciones favorables al proceso..."[67] Por otra parte dirige sus baterías a quienes considera responsables de la situación de subdesarrollo:

> *"De ello resulta por otra parte que el desarrollo no se producirá en países donde la élite del poder político se oponga a ello, o en otras palabras, en países regidos más o menos por una aristocracia económica o terrateniente, con actitudes feudales hondamente enclavadas, opuestas fuertemente a la real industrialización, a la educación popular y al cambio tecnológico."*[68]

Alcanzar el desarrollo para estos países requiere de profundos cambios de las estructuras existentes que implica transformaciones en lo político, en lo económico, en lo social y cultural, *"He señalado que las consecuencias de la superación del subdesarrollo o en otras palabras, el paso de un nivel de vida menos humano a un nivel de vida más humano, al costo menos caro posible y al ritmo más rápido posible (Lebret), implican una revolución que podríamos calificar de revolución del desarrollo."*[69] De inmediato comenta *"Que quede claro, en todo caso, que el término no lo utilizo para espantar burgueses, o para transigir con la moda o para conquistar simpatías marxistas."* Y expresa que utiliza la expresión revolución porque es el término más apropiado para expresar los cambios que se tienen que producir en estos países en un futuro cercano. Quien iba a pensar que cincuenta años más tarde esa palabra dividiría al país y sería sinónimo de crisis económica, de violencia política, de resentimiento social y de militarismo corrompido.

Brewer avizoraba un crecimiento demográfico que daría origen a una "nueva faz en América latina, la faz del pueblo, pobre y abrumadoramente mayoritario". Pero por otra parte oteaba en el futuro cercano la verdadera "revolución" que habría de producirse a nivel mundial y que daría pie a la "globalización", "una realidad

---

[67] *Ibíd.*, p. 41.

[68] *Ibíd.*, p. 41.

[69] *Ibíd.*, p. 42.

120

científico-tecnológica, que ha conducido a que el futuro del mundo en los próximos treinta años sea materialmente impredecible desde el punto de vista de las comunicaciones y del imperio de los ordenadores". Brewer mostró su preocupación por el creciente desnivel entre los países desarrollados y subdesarrollados, y entre los estratos de una minoría privilegiada y una mayoría carente de elementales beneficios sociales. Frente a esa realidad planteó la revolución del desarrollo mediante una reforma de las estructuras sociales, económicas y políticas para que se conviertan en motores del desarrollo.

Brewer planteó un tema capital, que sigue siendo punto central en la agenda de cambio transformador de todos los países, la educación.

"De ahí que no sea exagerado afirmar que la base primordial de la adquisición de un alto nivel de vida, radica en el nivel educacional de la población, y este nivel educacional sólo puede lograrse a través de la reforma de la estructura del sistema de la educación, para eliminar el analfabetismo, el ausentismo escolar y la enseñanza muchas veces clasista."[70]

La materia económica no escapa del interés del conferencista. Planteamientos polémicos como "nacionalización y control por el Estado de algunas grandes empresas indispensables al desarrollo, superación de las empresas individualistas y participación de los trabajadores en su gestión, planificación del uso de la tierra, etc."[71] Ideas tales como la regulación de las inversiones extranjeras, o en materia bancaria, o en la reforma de la estructura agraria o de integración económica, fueron expuestas con rigurosidad intelectual, lo que mereció el respeto del mundo académico y político independientemente de simpatizar o no con el contenido de las mismas. Lo que asombra y admira en esta hora menguada de la Venezuela de la segunda década del siglo XXI, es el nivel de los planteamientos y el conocimiento de la realidad de una Venezuela que avanzaba a paso

---

[70] *Ibíd.*, p. 44.

[71] *Ibíd.*, p. 44.

firme hacia metas de desarrollo integral con fuerte acento social y dentro de un modelo democrático, bajo la Constitución de 1961.

Brewer graduado de abogado con honores en la Universidad Central de Venezuela en 1962 y recibido como Doctor en Derecho en 1964 por la misma Universidad, visualiza al Estado como el eje de las transformaciones sociales, políticas y jurídicas:

> *"El Estado en nuestros países debe ser pues, el agente del desarrollo; y no un agente secundario o de menor cuantía, sino todo lo contrario. Para ello ciertamente que debe comenzar por formular políticas, es decir, por planificar el desarrollo, y debe fortalecerse de manera que pueda llevar a cabo las reformas que ese desarrollo implica."*[72]

Reconoce en su exposición que su generación ha visto el cambio del orden económico y social que se ha producido en estos países durante los últimos quince años, pero han sido respuestas insuficientes que no han resuelto los problemas sociales debido a fallas instrumentales e institucionales. En tal sentido afirma que es:

> *"incomprensible que muchos de los dirigentes de estos países latinoamericanos todavía sigan pretendiendo dirigirlos con métodos, mecanismos e instituciones decimonónicos, que fueron los que ellos conocieron y a través de los cuales se formaron, y en algunos casos, por fuerza de aspectos políticos internos, añoraron."*[73]

En el caso de Venezuela afirmó que esa manera de conducir al país mediante instituciones políticas y administrativas inadecuadas, ha generado el descrédito de esos mecanismos como consecuencia de una ausencia de decisiones políticas y de mando. Sin ambages afirmó "En este sentido, puede decirse que una de las características resaltantes del Estado venezolano en los últimos años ha sido precisamente esa: la ausencia de decisiones políticas, y por tanto de mando; y como ha dicho Philip Selznich "si falta el mando cuando

---

[72]   *Ibíd.*, p. 47.

[73]   *Ibíd.*, p. 48.

122

es necesario, la institución comienza a ir a la deriva, expuesta a las presiones que encuentra en su camino e influida por tendencias oportunistas de poco aliento."

Brewer plantea que la ausencia de definiciones políticas y administrativas de largo alcance por parte del Estado, produce también una debilidad del poder público "frente a las inevitables y muchas veces necesarias presiones de los grupos de intereses de la comunidad."

Al abordar el tema de la Reforma de la Estructura Estatal, reafirmó su idea que el desarrollo integral en estos países requiere de reformas estructurales las cuales deben ser dirigidas y orientadas por el Estado. Para lograr ese objetivo se debe imponer una reforma de las estructuras políticas del Estado y de su mecanismo de acción más directo la Administración. "El Estado entonces, insistimos, no debe esperar al cambio total de la realidad socio-económica para transformarse, sino que debe adelantarse a esos cambios y transformándose, motorizarlos. Los políticos por su parte, ya que el Estado está en manos de hombres políticos, deben en esa forma asumir el desarrollo."[74]

Brewer plantea con insistencia que de nada vale transformar las instituciones políticas del Estado si no va acompañada de una reforma del principal instrumento operativo del mismo, esto es la Administración Pública. *"La reforma de nuestros servicios administrativos por tanto debe ser llevada a efecto, al mismo tiempo que la de nuestras instituciones."*

La nuez del planteamiento del joven profesor de Derecho Público es que nada se lograría transformando las instituciones políticas y fortaleciendo el poder del Estado sin una verdadera reforma de la Administración, en tal sentido afirmó:

"Sin reforma administrativa no hay ni puede haber desarrollo, y la reforma administrativa no es otra cosa que "la acción permanente y sistemática de revisión, sustitución o mejora-

---

[74] *Ibíd.*, p. 51.

miento de los órganos administrativos, de su actividad y de los métodos que utilizan." En virtud de una nueva concepción política del Estado y su función."[75]

Este planteamiento que hoy no parece tan novedoso, si lo era y mucho hace cincuenta años, y más proviniendo de un joven abogado y profesor de Derecho Público de la Universidad Central de Venezuela. La novedad consistió fundamentalmente en señalar que el desarrollo de estos países latinoamericanos no es un concepto meramente económico, sino que incorpora todos los sectores y niveles de la sociedad. La novedad consistió en que para alcanzar ese desarrollo se requería una transformación de las estructuras tradicionales del Estado para convertirlo en el eje del desarrollo integral. La novedad consistió en afirmar que no bastaba la transformación de las estructuras políticas del Estado sino iba acompañado de una profunda reforma de la Administración Pública para convertirla en instrumento idóneo, eficaz y eficiente al servicio del desarrollo del país.

Brewer planteaba que el desarrollo integral no sería alcanzado como producto de la casualidad ni de la inercia, pues solo mediante la formulación y la ejecución del Plan de Desarrollo podría conseguirse ese objetivo. Plan que debía ser producto de una amplia consulta nacional y donde se enunciarían políticas públicas a ejecutarse por una Administración eficaz.

"Esta reforma administrativa para el desarrollo o, en otras palabras, esas transformaciones de la administración pública para el desarrollo, en mi criterio deben llevarse a cabo bajo dos ángulos netamente diferenciados: un ángulo estructural y un ángulo funcional. La reforma administrativa abarca entonces dos subclases: una reforma estructural y una reforma funcional." [76]

---

[75]   *Ibíd.*, p. 53.

[76]   *Ibíd.*, p. 54.

La reforma estructural se refiere a la revisión del aparato administrativo desde el punto de vista orgánico y administrativo. Esto es distribución racional de las funciones públicas entre los distintos entes y organismos del Estado. Sin olvidar que la Administración venezolana ha crecido de manera desordenada e inorgánica solapando funciones y atribuciones. De allí la necesidad de una reorganización estructural que evite duplicidad y dispersión de cometidos. Se plantea entonces que la reforma estructural debe comprender no solo al Consejo de Ministros, sino a los niveles superiores de la Administración, estructuras ministeriales, a la administración autónoma, a las administraciones regionales y locales. En tal sentido expresó el conferencista:

"En efecto, los niveles de la administración que actualmente existen, han surgido más como remedio a situaciones urgentes, que como resultado de un plan estructural global. Coinciden en esta forma, un Consejo de Ministros cuyas funciones nunca se han precisado con exactitud, con organismos como CORDIPLAN o la Comisión de Administración Pública, que pretenden ser reflejo de la realidad actual."[77]

En opinión de Brewer el mecanismo de reestructuración de los niveles superiores de la Administración debían concretarse a través de la creación de organismos adscritos al Presidente de la República y que serían: el organismo de planificación, el organismo para la reforma administrativa y la Secretaría de la Presidencia. En relación al organismo para la planificación, deberá tener a su cargo la elaboración y control de la ejecución de los planes de desarrollo económicos y la elaboración y coordinación de los planes de desarrollos físicos y urbanos. Este organismo debía absorber las funciones de CORDIPLAN.

La reforma funcional debe orientarse a la racionalización de los sistemas, métodos y procedimientos de la actividad administrativa, esto es la adaptación de los métodos y procedimientos de trabajo de

---

[77] *Ibíd.*, p. 55.

la administración pública las nuevas técnicas para mejorar la eficacia y productividad. En tal sentido expresó:

"Por ello, la reforma orgánica y burocrática, por sí solas, no darían lugar a una mayor eficacia o rendimiento administrativo, si no están acompañados de una reforma funcional que tienda a la racionalización de competencias y en su caso, a su delegación, desconcentración o descentralización; y al perfeccionamiento y tecnificación de los procedimientos y métodos incorporando a los mismos los adelantos de la tecnología y mecanización."[78]

En la conclusión expresó con la vehemencia que caracterizó su conferencia, *"o reformamos las estructuras políticas y administrativas y nos incorporamos al desarrollo, o no comprendemos la necesidad de esos cambios, y simplemente perecemos."* Brewer estaba convencido de la necesidad, de la urgencia de los países latinoamericanos de alcanzar el desarrollo para superar las graves desigualdades sociales y económicas, y conseguir mejores niveles de vida para toda la población, de allí que la única alternativa era lograr el desarrollo, pero alcanzarlo requería, exigía "una serie de reformas estructurales, un cambio en definitiva, que sólo puede llevarse a cabo mediante mecanismos de planificación y con una intervención y conducción de un Estado renovado, renovador y reformista, que debe comenzar con dotarse de un instrumental adecuado para sus nuevas funciones, mediante la reforma de sus estructuras administrativas. *La conclusión que de ello puedo sacar surge de los dos extremos del razonamiento: no puede haber desarrollo, no puede haber reformas de estructuras, sin adecuados mecanismos administrativos que las viabilicen."*[79] (Negrillas agregadas)

Esta conferencia leída el 29 de mayo de 1968 en el Palacio de las Academia, es un documento de trascendental importancia, por primera vez en el país se planteaba el tema de la Reforma del Estado y de la Reforma de la Administración con profundidad concep-

---

[78]   *Ibíd.*, p. 70.

[79]   *Ibíd.*, p. 71.

126

tual, enmarcado dentro de los profundos cambios políticos, sociales y económicos de aquellos convulsionados años en Latinoamérica, y procurando mantener el equilibrio entre la presencia de un Estado cada vez más intervencionista y una sociedad celosa del respeto de sus derechos. Su autor Allan R. Brewer-Carías fue un aventajado estudiante en la Facultad de Derecho (Hoy Facultad de Ciencias Jurídicas y Políticas) de la Universidad Central de Venezuela. En tercer año de la carrera entró a formar parte como auxiliar de investigación del Instituto de Derecho Público, bajo la dirección del maestro Antonio Moles Caubet con la asistencia del profesor Juan De Stefano, "dos destacados universitarios que por diferentes motivos y provenientes de distintos países, afortunadamente llegaron a nuestras tierras a pasar su obligado exilio."[80] Graduado con honores en 1962; fue becado en Francia por la U.C.V. para realizar estudios de postgrado, gracias a la política de premiar a estudiantes sobresalientes con el objetivo de preparar personal de investigación en materia jurídica.

En el año 1968 apenas tenía una corta experiencia dentro de la Administración, había sido Asesor Jurídico de la Gobernación del Distrito Federal y del Consejo Supremo Electoral (1965-1968), pero su buen criterio jurídico y sólida formación académica ya lo acreditaba como un distinguido profesor y competente abogado. La conferencia del 29 de mayo de 1968, fue sin duda un punto de inflexión en su carrera profesional.

3. Dos voluntades y una decisión política: La Reforma de la Administración Pública Nacional

No es frecuente en Venezuela la coincidencia entre el mundo académico y el mundo político. En el caso en estudio, Rafael Caldera uno de los candidatos presidenciales en las elecciones de 1968,

---

[80] Brewer-Carías, A. "Perspectivas históricas sobre el Instituto de Derecho Público y el Derecho Administrativo, y su rol en la enseñanza universitaria en Venezuela". Publicado en la obra *Cien Años de la Enseñanza del Derecho Administrativo en Venezuela (1909-2009)*. Tomo I, Ediciones FUNEDA, Caracas 2011, p. 18

tenía acrisoladas credenciales académicas amén de una sólida trayectoria política como fundador del partido socialcristiano COPEI. Es de imaginar el conocimiento personal y el respeto intelectual entre Caldera y Brewer. Ambos profesores en la Facultad de Derecho de la U.C.V. y con numerosos amigos en común. De allí que no sería extraño que Caldera conociera los planteamientos de Brewer con anterioridad a 1968. Lo cierto es que muchas de las ideas sobre La Reforma Administrativa de la conferencia dictada en el Palacio de las Academias fueron recogidas en el Programa de Gobierno de Caldera (1969-1974).

Caldera mantuvo durante su primer gobierno una comunicación directa y semanal con los medios de comunicación social, bien lo expresó Luis Alberto Machado, Secretario de la Presidencia, "Fiel a las promesas formuladas en los días de su campaña electoral, Rafael Caldera realiza el ofrecimiento de gobernar en "constante diálogo" con su pueblo. La continua comunicación del gobernante con los gobernados entendida como primordial obligación, es símbolo de entregarse a cumplir el mandato constitucional, con la mira puesta en la comprensión de los deseos, aspiraciones y necesidades del país."[81]

En la rueda de prensa del 18-09-1969, Caldera en la exposición inicial se refiere al tema de la reforma administrativa en los siguientes términos:

"Otro decreto importante del Consejo de Ministros se refiere a la planificación de la Reforma Administrativa. Hay un consenso unánime en que la administración pública en Venezuela está mal coordinada, desordenada: ha ido creciendo en volumen en una forma rápida, pero se rige todavía por mecanismos y planes que corresponden a la época de un pequeño Estado agrícola o ganadero que vivía de la exportación del café y del cacao y de las actividades del campo, y que tenía una organización burocrática adecuada a sus posibilidades. Se necesita una reforma a fondo, pero esta reforma debe ser bien cuidada,

---

[81] Caldera, R. *Habla el Presidente (20-03-1969/05-03-1970)*. Ediciones de la Presidencia de la República, Caracas 1970, p. IX

planificada en una forma armónica, de manera que en cada despacho oficial habrá un consejo de la reforma administrativa para que todo esto se lleve adelante, se organice en una forma sincronizada y se puedan llevar al Congreso de la República aquellas proposiciones que requieran una disposición legal."[82]

Se refería Caldera al decreto N° 103, reglamentario de la CAP y al decreto N° 141 el cual establecía los mecanismos de Reforma Administrativa, y que buscaba comprometer en ese propósito a todos los niveles de la Administración. Ambos decretos fueron publicados en la Gaceta Oficial N° 29.025 del 18-09-1969.

El 13 de mayo de 1970 Caldera pronunció un discurso con un doble motivo, primero la graduación del Curso Superior de Postgrado en la Administración Pública y segundo la firma y expedición de la instrucción sobre Reforma Administrativa. Allí manifestó su complacencia por la buena marcha, por la seriedad y por el espíritu de estudio con que se estaba llevando el proceso de la reforma administrativa. Expresó que todo el país tenía una gran esperanza y eso constituía una grave responsabilidad. Caldera explicó los tres aspectos contemplados en las instrucciones que apenas había firmado esa tarde. Por una parte, el cambio de las estructuras administrativas, sin odiosas imposiciones sino haciéndolas obedecer a un plan, pero al mismo tiempo emanadas de los propios órganos de la Administración *"es tarea difícil, pero sin duda apasionante."* En segundo lugar el cambio de los procedimientos, muchas veces anacrónicos, pero sobretodo heterogéneos y algunas veces inconexos; y en tercer lugar el equipo humano *"yo tengo fe en el equipo humano de Venezuela; pienso que tenemos una gran capacidad para aprender todo lo que pueda inventar la inteligencia humana..."*[83] Al terminar su discurso Caldera ratifica su compromiso con la Comisión de Administración Pública: *"Me siento, pues, verdade-*

---

[82] *Ibíd.*, pp. 343-344.

[83] Caldera, R. *Metas de Venezuela. Selección de discursos. Segundo año de gobierno.* Volumen III. Oficina Central de Información, 1971, p. 184.

ramente lleno de esperanza con la realización de este sencillo acto, y espero que los programas formulados, que los cronogramas preparados por la Comisión de Administración Pública, que tienen todo mi respaldo, sean llevados adelante con la mayor perfección posible por todos los rangos de la Administración, para que aquello que se resuelva en bien del país, se realice en un mínimo de tiempo y con un máximo de eficacia, y hago votos porque la Reforma Administrativa en marcha, sea la gran herencia que, desde el punto de vista de la gestión de las actividades del Estado, podamos legar a los próximos gobiernos de Venezuela."[84]

Caldera no era hombre de halago fácil, ni de elogio complaciente, las expresiones pronunciadas ese mayo de 1970 sin duda fueron expresión sincera de una voluntad comprometida con los profundos cambios dentro de la Administración venezolana. Brewer el otro gran protagonista de las reformas debió sentir el enorme peso del compromiso que el Presidente había puesto en sus manos y que sería el gran legado de esa Administración.

Su decidida voluntad de sacar adelante esa titánica tarea lo llevó a convocar y a coordinar un equipo de trabajo multidisciplinario compuesto por hombres y mujeres comprometidos en alcanzar la meta de transformar en instrumento útil y eficiente al aparato administrativo nacional.[85]

---

[84] *Ibíd.*, pp. 185-186.

[85] El *Informe sobre la Reforma de la Administración Pública Nacional* (1972), fue el fruto de un extraordinario esfuerzo de un equipo humano, que integró a Ministros, directores generales, directores de línea, a funcionarios de distintos niveles de la Oficina Central de Coordinación y Planificación (CORDIPLAN); profesores de la Universidad de Pittsburgh (Saul M. Katz), Director del Centro Interamericano de Capacitación en Administración Pública Proyecto 214 de la Organización de los Estados Americanos (Moisés Lichmajer); Brewer asistió a numerosos encuentros internacionales que le permitió enriquecer el proyecto venezolano, entre ellos Primer Seminario Regional Centroamericano sobre Reforma Administrativa celebrada en San José Costa Rica en julio de 1971, donde se expusieron los modelos perua-

nos, mexicanos y venezolanos de reforma administrativa. Intercambios con el Instituto Nacional de Planificación del Perú y la Dirección de Estudios Administrativos de la secretaría de la Presidencia de México, que le permitieron visualizar "que está en proceso de gestación un modelo latinoamericano de Administración Pública y de su reforma, que deberá ser definitivamente elaborado por el Centro Latinoamericano de Administración para el Desarrollo (CLAD), con sede en Caracas, que el gobierno venezolano está promoviendo en la región." La colaboración de la Embajada de Francia es especialmente reconocida en El Informe. Visitó a Venezuela en 1969 Henri Roson miembro del Consejo de Estado y quien era Director General de Seguridad Social del Ministerio del Trabajo y Seguridad Social de Francia. Numerosas fueron las visitas de funcionarios y de cooperantes técnicos franceses quienes se integraron a los equipos técnicos de la CAP. Hace un reconocimiento especial a Robert Boucher a quien califica como el "artífice de toda esa cooperación" y que se desempeñaba como Consejero Cultural y de Cooperación Técnica de la Embajada de Francia en Venezuela. No es de extrañar esta especial vinculación de Brewer con Francia pues en ese país había realizado estudios de postgrado oportunidad que aprovechó para cultivar relaciones académicas e institucionales. Mención especial mereció las distintas misiones de funcionarios de la ONU, quienes prestaron valiosos apoyos. Reconoció la asesoría de José María Jácome, antiguo Director de la Reforma Administrativa del Ecuador y experto de la División de Administración Pública de las Naciones Unidas. De la misma manera mencionó al profesor Chi-Yi-Chen, Sergio Chaparro y a su amigo Ramón Martín Mateo, catedrático de Derecho Administrativo de la universidad de Bilbao. Brewer hace mención especial al equipo del Instituto de Derecho Público de la U.C.V., con quienes mantenía estrechos nexos académicos y personales. Manuel Rachadell, quien se desempeñó como Director de la Escuela de Administración Pública y fue un invalorable apoyo en todo lo referente a la formación, capacitación y desarrollo de los funcionarios públicos venezolanos, igualmente a Nelson Socorro, quien se desempeño como eficiente Director Nacional de Organización de la CAP. Mencionó a su equipo de directores que lo acompañaron en sus tarea de Presidente de la CAP: Teodardo Angeli, Ligia Valladares de Salcedo, Ezra Mizrachi, Armida Quintana, Alberto J. Rodríguez Marciales, Juan Sebastián Narváez, todos prestigiosos profesionales y muchos de ellos docentes universitarios y compañeros de cátedra de Brewer. Igualmente destacó en el área de organización el trabajo de los profesionales: Tulio Monsalve, Norma Izquierdo, Orestes Parilli, José Rafael Betancourt y Josefina Calcaño de Temeltas; en el área de sistemas los profesionales: Rafael Gómez López, Rosa Font de Pérez, María Ortega de Naranjo, Raquel Villalobos, Orest Kariakin, Federico Sandoval, Enid Ferraro, Gilberto Trujillo y Olga Rodríguez Marval. En la oficina de Información de la CAP se mencionan a Luken Quintana, Alejandro Alfonzo, Hermann García R. y Mariano Díaz (responsable de los diseños de las publicaciones). Brewer mencionó a quienes desde fuera de la CAP le formularon comentarios sobre El Informe Preliminar de la Reforma Administrativa (Cuadernos Verdes): Héctor A. Pujol, Abigaíl Romero Medina, Arnoldo Gabaldón hijo, Iván Pulido, Marco Vinicio Sánchez. Agradecimientos a José Vicente Rodríguez Aznar, José Gabaldón Anzola, Oswaldo Padrón Amaré por sus observaciones y consejos atinados; al maestro Antonio Moles Caubet, Director del Instituto de Derecho Público "de quien tanto he aprendido en los doce años que llevo trabajando con él"; a Pedro Pablo Azpúrua y Francisco Aguerrevere de COPLANARH, a Cecilia Sosa (su colaboradora en el Instituto de Derecho Público), a Luisina Martínez de Taboada (profesora de la Escuela Nacional de Administración Pública). Al maestro Pedro Grases "quien tanto me ha estimulado en esta "quijotesca" tarea, como él lo ha calificado, de intentar programar la reforma de la administración pública venezolana". No podían faltar los servicios administrativos de la CAP (Marcelo Castro, Manuel Rodiz). A sus secretarias: Maura Rubio M., y América Omaña de González "toda la colaboración prestada en los casi tres años en que han trabajado en la Presidencia de la CAP por la paciencia en la transcripción de tantos y tantos proyectos y borradores..."; al cuerpo secretarial: Alicia Milano, Ana Mercedes Hernández, Briceida González, Doris Sierra, Estela Ferrer, Ivonne Morán, Nelly Campos, Leda Portillo, Luzmelia de Ardon, Olga de Rodríguez y Rosa Trejo. Finalmente agradeció a su familia "Un último agradecimiento, y no por ello menos importante. Este Informe ha significado innumerables e incontables horas de trabajo, reflexión y preocupación, muchas de las cuales fueron sustraídas al tiempo que debía ser dedicado a la familia. Por tanto, ha sido solo la permanente y esencial comprensión de mi esposa, y por ella, de mis hijos, el factor fundamental para que pudiera dirigir esta investigación..." Informe Sobre la Reforma de la Administración Pública

Entre los reconocimientos de Brewer a distintas personalidades por su colaboración en la concepción y elaboración del Informe sobre la Reforma de la Administración Pública Nacional (1972) destaca Enrique Pérez Olivares, en ese momento Ministro de Educación de Caldera, integrante del Directorio de la CAP, dirigente de reconocida trayectoria de COPEI, y de quien afirma Brewer *"por la confianza que siempre ha depositado en mi trabajo, desde mucho antes de que estuviésemos junto en el Directorio"*. Igualmente reconoce a Luis Enrique Oberto, Jefe de la Oficina Central de Coordinación y Planificación de la Presidencia de la República (CORDIPLAN) hasta el 13 de abril de 1972, dirigente de COPEI y coordinador del Programa de Gobierno de Caldera,

> *"por todo el apoyo que me prestó cuando tuvo a su cargo la jefatura de CORDIPLAN, organismo al cual está adscrito la CAP. Nuestras conversaciones semanales sostenidas durante casi tres años me permitieron, no solo informarlo de todas las ideas y proyectos que íbamos desarrollando en la Comisión, sino también recibir adecuadamente las orientaciones del Presidente de la República, y él mismo, estimaron conveniente formularnos."*[86]

El *Informe sobre la Reforma de la Administración Pública Nacional* (1972) constituye un ejemplo de la capacidad de trabajo en equipo, del ingenio creativo y del carácter indoblegable ante las dificultades de los venezolanos. En relación al trabajo en equipo nunca antes se había reunido en Venezuela un grupo tan calificado de profesionales para acometer tarea tan ambiciosa. Muchos de esos jóvenes colaboradores prestaron en los años subsiguientes servicios positivos al país bien desde el campo público como privado, todos ellos tuvieron un común denominador, el haber formado parte de la edad de oro de la Comisión de Administración Pública, bajo la dirección de Brewer-Carías. El ingenio creativo permitió abordar

---

Nacional (1972) Comisión de Administración Pública. Tomo I, pp. XXXIII-XXXIX.

[86] *Ibíd.*, p. XXXIII.

problemas al parecer insolubles, solamente la idea de atacar la reforma desde la base de la Administración y no pretendiendo imponer soluciones desde el vértice de la misma, generó expectativas favorables y desarmó a los enemigos del cambio; o el acierto de vincular el proceso de reforma administrativo al concepto de planificación del desarrollo, lo que permitió que el IV Plan de La Nación (1970-1974) se convirtiera en una estrategia para el progreso y el bienestar de los venezolanos. El Informe es igualmente un ejemplo del carácter indoblegable ante las dificultades, por cuanto enseñó que es solo a través del diálogo constructivo, del estudio sereno, de la reflexión profunda como pueden diseñarse políticas de largo aliento para enfrentar los inmensos retos que impone el desarrollo.

V. CONSIDERACIONES FINALES

✓   **Hoja de ruta para un desarrollo integral**. El *Informe sobre la Reforma de la Administración Pública Nacional* (1972) puede considerarse como la primera hoja de ruta proyectada en Venezuela para alcanzar un desarrollo integral y sostenible. Sin duda respondió a un país que venía con un fuerte impulso por hacer las cosas bien, con un sentido democrático y participativo. El Informe aportó estrategias (planificación, desconcentración, descentralización); aportó conceptos (reestructuración, reorganización, tecnificación, procedimientos y recursos administrativos, formación y capacitación) y aportó criterios (sistema para la formulación de propuestas de reformas estructurales y funcionales, sectorialización y regionalización de las actividades públicas) a una Administración de corte tradicional, anarquizada por un crecimiento inorgánico y requerida de cambios sustanciales en su estructura y en su andamiaje jurídico.

✓   **El *Informe* y el Plan de la Nación**. El Informe propuso modernizar el sistema de planificación pública iniciada con la creación de la Oficina Central de Coordinación y Planificación de la Presidencia de la República (Decreto-Ley Nº 492 del 30-12-1958) con propuestas de sectorializar y regionalizar la planificación, y de vincularla con el sistema de presupuesto, de estadística y de reforma administrativa. De allí la articulación entre el Plan de la Nación (1970-1974) y las propuestas formuladas en El Informe. *"Sin que ello signi-*

fique acuerdo total sobre todos y cada uno de los detalles contenidos en él... La naturaleza de este Informe, así como su amplitud y magnitud, materialmente impiden que pueda haber consenso completo en relación a todos los aspectos que contiene."[87]

✓ **El Estado en el proceso de desarrollo**. El Informe plantea un papel preponderante del Estado en las sucesivas etapas del desarrollo (diagnóstico, recopilación de información, formulación de estrategias, aprobación del Plan de desarrollo, ejecución y vigilancia). En tal sentido el Estado debe contar con un instrumento eficaz (Administración Pública) para que se convierta en el factor estratégico del proceso de desarrollo. Por tanto, el Informe propone el replanteamiento de los esquemas abstencionistas de la Administración para que el Estado asuma una mayor función intervencionista.

✓ **Reforma Estructural y Funcional**. Un aspecto sensible abordado con especial atención fue la Reforma Estructural de la Administración. Para ello se efectuó un diagnóstico de la estructura de la administración pública, *"Esto plantea la necesidad de una investigación orientada a obtener un conocimiento de la realidad administrativa del país. El diagnóstico realizado sobre este conocimiento empírico constituye la base que sustentará la concepción del plan reformista y fundamentará sus objetivos específicos."*[88] Y de allí surgieron una serie de propuestas de reforma de los organismos de la Presidencia, de los Ministerios, de la administración descentralizada y de la administración regional.[89] En cuanto a la Re-

---

[87] *Ibíd.*, p. XVI.

[88] Oficina Central de Coordinación y Planificación de la Presidencia de la República (CORDIPLAN). IV Plan de la Nación (1970-1974). Caracas 1971, p. 155.

[89] Se destacan las reformas formuladas a la Presidencia de la República y asombra el nivel de detalle donde se abordan aspectos tales como las asesorías del Presidente, la secretaría privada y la guardia presidencial. Lo mismo podría decirse de la propuesta de la creación del Ministerio de la Secretaría General de la Presidencia de la República (hasta entonces regida por la ley de Secretaría del Presidente de los Estados Unidos de Venezuela del 26 de julio de 1937). En tal sentido

forma Funcional su objetivo fue racionalizar y perfeccionar los sistemas, procedimientos y métodos administrativos para lograr una mayor eficacia de la Administración en el logro de los cometidos sectoriales y en un mayor rendimiento del gasto público.

✓ **Un nuevo paradigma: La Regionalización.**[90] Entendida como la progresiva desconcentración de las actividades públicas nacionales hacia ocho regiones administrativas, para lograr mejorar los niveles de programación y ejecución de las actividades públicas nacionales, estadales y municipales. Así como alcanzar una mayor participación de los Estados y Municipios en los procesos de desarrollo nacional y regional, y una incorporación progresiva en los sistemas funcionales entre ellos el de planificación. Brewer-Carías en la conferencia pronunciada en el Palacio de las Academias en 1968, fue mucho más allá en relación a la regionalización y en tal sentido expresó *"Por supuesto, que una regionalización –que, establecido un sistema de planificación nacional, se hará imprescindible– conlleva una revisión total de la división político-territorial y materialmente la eliminación de los Estados, como últimos resabios de una federación que siempre fue centralista y que como tal nunca existió."* Todavía faltaban poco más de veinte años para el proceso de descentralización que se vivió en el país a partir de la aprobación de la Ley sobre elección y

---

se propuso que dicho ministro además de la coordinación de los ministros y de algunas de las oficinas centrales de la presidencia, debía tener a su cargo la Secretaría del Consejo de Ministros. El autor del presente trabajo tuvo la responsabilidad de dirigir la Oficina de la Secretaría del Consejo de Ministros (1979-1983), lo que le permitía asistir a las reuniones del Gabinete Ejecutivo y junto al Director General del Ministerio de la Secretaría y al Consultor Jurídico de la Presidencia eran los únicos funcionarios, que, no siendo ministros, asistían a las deliberaciones del más alto nivel de decisión del Ejecutivo Nacional.

[90] Mediante Decreto N° 72 de 11-06-1969, se dividió el territorio nacional en ocho Regiones Administrativas, que agruparon total o parcialmente una o más entidades federales (Capital, Central, Centro Occidental, Zuliana, Los Andes, Sur, Nor-oriental y Guayana).

remoción de gobernadores de Estado del 14.04.1989 y la Ley Orgánica de Descentralización, Delimitación y Transferencia de Competencias del Poder Público, promulgada el 28-12-1989.

✓ **Formación y capacitación de los funcionarios públicos**. Mejorar el rendimiento y eficacia de la Administración pasa por un adecuado sistema de selección y capacitación del personal, así como por una justa remuneración, estabilidad y seguridad social. La Escuela Nacional de Administración Pública constituyó un fuerte aliado en la tarea formativa y así lo atestiguan los Cursos Superiores de Postgrado en la Administración Pública organizados conjuntamente con el Centro Interamericano de Capacitación de Administración Pública de la Organización de Estados Americanos. La entrada en vigencia de la Ley de Carrera Administrativa en este período de Caldera constituyó un hito que apuntaló la reforma de la Administración coordinada por la CAP. Recordó Caldera en junio de 1973 "Que servir bien los cargos que desempeñan no es una simple cuestión de lealtad con un gobierno cualquiera, sino que es un sagrado deber para con la comunidad que les ha confiado una labor que allí los mantiene, los estimula y les ofrece una serie de ventajas para que esa labor sea bien realizada."[91]

✓ **Fundamentación jurídica del *Informe*. Decreto Nº 287 del 27-06-1958** (La Junta de Gobierno creó con carácter de asesor del Poder Ejecutivo a la Comisión de Administración Pública). Para lograr la titánica tarea del Informe sobre la Reforma de la Administración Pública Nacional se requirió un apoyo integral del Ejecutivo Nacional y en lo concreto del Presidente de la República Rafael Caldera, materializado en los siguientes instrumentos legales: **Decreto Nº 28 del 09-04-1969** (adscripción de la CAP a la Oficina Central de Coordinación y Planificación de la Presidencia de la República); **Decreto Nº 103 del 23-07-1969** (Reglamento de la CAP en la cual se precisaron objetivos y se ordenó preparar los elementos de una política de conjunto de la

---

[91] Caldera, R. *Metas de Venezuela. Selección de discursos. Quinto año de gobierno*. Volumen IX. Oficina Central de Información, 1974, p. 206.

función pública); **Decreto Nº 141 del 17-09-1969** (Mediante el cual se establecieron los instrumentos y mecanismos de la reforma administrativa con el objetivo de comprometer en el proceso de reforma a todos los niveles de la Administración); **Decreto Nº 170 del 16-10-1969** (nombramiento del Directorio de la Comisión de Administración Pública); **Instrucción Presidencial RA-1 del 13-05-1970** (Lineamientos generales de la reforma administrativa); **IV Plan de la Nación 1970-1974** (Capítulo VI La Reforma Administrativa); **Decreto Nº 539 del 10-02-1971** (Reglamento del Estatuto Orgánico de Ministerios); **Decreto Nº 280 del 08-04-1970** (Reglamento sobre Coordinación, Administración y Control de los Institutos Autónomos); **Decreto Nº 559 del 03-03-1971** (Reforma parcial del Reglamento sobre Coordinación, Administración y Control de los Institutos Autónomos); **Decreto Nº 929 del 05-04-1972** (Reglamento de Regionalización Administrativa por medio del cual se modificó el Decreto Nº 72 del 11-06-1969).

✓ **Visión prospectiva del Informe**. El objetivo central del Informe fue proponer al Ejecutivo Nacional un Plan de Reforma Administrativa y preparar los elementos de una política de conjunto de la función pública. Para alcanzar tan ambiciosos objetivos se requería una visión de Estado y una política de continuidad administrativa, que depusiera intereses sectarios tanto en lo político como en lo económico y social. Una reestructuración de la Administración en todos sus niveles y sectores requería un compromiso de largo plazo entre todos los sectores de la vida nacional. El Informe era apenas el primer eslabón de una larga cadena.

✓ **Propuestas legislativas y administrativas**. Numerosas son las propuestas que en el orden legislativo se formularon en el Informe de la Comisión de Administración Pública. Entre ellas pueden mencionarse: **Proyecto de Ley Orgánica del Ministerio de Vivienda y Desarrollo Urbanístico** (Apéndice Nº 12, Segunda Parte, Tomo I); **Proyecto de Ley Orgánica de Presupuesto** (Apéndice Nº 2, Tercera parte, Tomo II); **Proyecto de Ley Orgánica de la Administración Pública Nacional** (Apéndice Nº 1, Cuarta parte, Tomo II); **Proyecto de Ley Orgánica de Entidades**

Descentralizadas (Apéndice Nº 2, Cuarta parte, Tomo II); **Proyecto de Ley de Procedimientos Administrativos** (Apéndice Nº 3, Cuarta parte, Tomo II); **Proyecto de Ley de la Jurisdicción Contencioso Administrativa** (Apéndice Nº 4, Cuarta parte, Tomo II); **Proyecto de Ley de la Jurisdicción Constitucional** (Apéndice Nº 5, Cuarta parte, Tomo II). En relación a proyectos de carácter administrativo se encuentran: **Proyecto de Reglamento de compras y suministros de la Administración Pública Nacional** (Apéndice Nº 4, Tercera parte, Tomo II); Contrato-Tipo para los arrendamientos de equipos de procesamiento de datos (Apéndice Nº 8, Tercera parte, Tomo II); **Proyecto de Decreto Reglamentario de los Instrumentos de Reforma Administrativa**; (Apéndice único, Quinta parte, Tomo II). Solo el enunciado de los proyectos legislativos indica la importancia de los temas desarrollados en las propuestas. Algunos de los proyectos mencionados llegaron a convertirse, años más tarde, en leyes al ser sancionados por el Congreso de la República durante la vigencia de la Constitución de 1961.

✓ **Una decisión política.** El 12 de junio de 1972 Brewer-Carías entregó al Presidente Rafael Caldera, en nombre del Directorio de la Comisión de Administración Pública, el Informe sobre la Reforma de la Administración Pública Nacional, dando así cumplimiento a lo establecido en el decreto 103 del 23 de julio de 1969. Al agradecer al Presidente expresó lo siguiente *"De no haber sido por dicho respaldo y su decidida voluntad de gobernante de iniciar y llevar adelante este complejo y delicado proceso de reforma administrativa, ejemplo hoy en América Latina, difícilmente la Comisión de Administración Pública hubiese podido desarrollar sus actividades en la forma como lo ha hecho."* Sin duda Caldera apreció en su justa dimensión el trabajo realizado por la CAP, de allí sus palabras pronunciadas el primero de junio de 1971 *"Entre las muchas cosas que se están haciendo y cuyos resultados apenas se harán sentir, muy parcialmente, en este período constitucional, pero dejarán una huella profunda, construc-*

tiva y creadora para el porvenir de Venezuela, sin duda una de las más significativas es esta de la Reforma Administrativa."[92]

VI. UNA LECCIÓN PARA LAS FUTURAS GENERACIONES

Brewer-Carías desarrolló, y continúa desarrollando, una larga y fecunda vida académica y profesional, nunca olvidó su compromiso con el país que soñó en aquella conferencia en el Palacio de las Academias en mayo de 1968. Años más tarde fue electo Senador de la República por el Distrito Federal (1982-1986), fue Ministro de Estado para la Descentralización (1993-1994), y miembro de la Asamblea Nacional Constituyente (1999). Pero sin duda su mayor obra la constituye la extensa producción intelectual donde resaltan sus más de 170 libros y numerosos estudios monográficos en temas de derecho público, así como la tarea divulgadora en la acreditada Revista de Derecho Público de la cual es su director desde 1980. Hoy a 46 años de la entrega al Ejecutivo Nacional del Informe sobre la Reforma de la Administración Pública Nacional es oportunidad para rendir reconocimiento a ese jurista venezolano de talla internacional, acérrimo defensor del estado de derecho y del derecho a la democracia de los venezolanos.

Rafael Caldera muchos años más tarde en el invierno de su vida y reflexionando sobre su larga carrera de hombre público, escribió con el enorme sentido de compromiso que siempre le acompañó lo siguiente *"Ojalá que rompiendo nefastos precedentes (concretamente, rectificando el terrible error cometido por el presidente Chávez) los gobiernos del país dejen de deleitarse en negar, en desconocer y destruir las obras y esfuerzos realizados por sus predecesores y más bien recojan de ellos lo positivo para llevarlo hacia*

---

[92] Caldera, R. *Metas de Venezuela. Selección de discursos. Tercer año de gobierno*. Volumen V. Oficina Central de Información, 1972, p. 139.

adelante y enfrentar lo negativo para corregirlo, sin perder la noción de la continuidad que haga progresar a Venezuela."[93]

El *Informe sobre la Reforma de la Administración Pública Nacional* constituye un magnífico ejemplo para las nuevas generaciones de la capacidad intelectual, del ingenio creativo, y del trabajo en equipo de los venezolanos cuando son inspirados por valores trascendentes. De allí que frente al resurgimiento militarista en la Venezuela de hoy, debe exaltarse lo positivo de la República Civil y recordar como bien lo ha expresado Fernando Luis Egaña "*La trayectoria de la democracia y los valores que la sustentan tienen que defenderse con más fuerza, porque solo así se podrán establecer los fundamentos para la reconstrucción de Venezuela y su convivencia democrática.*"[94]

---

[93] Caldera, R. *Los Desafíos a la Gobernabilidad Democrática.* Biblioteca Rafael Caldera. Cyngular asesoría 357. Fundación Tomás Liscano, Caracas 2014, p. 25.

[94] *Ibíd.*, p. 16.

Sección Sexta:

ALLAN R. BREWER-CARÍAS: EL POLÍTICO

FRANCISCO GONZÁLEZ CRUZ

*Ex rector de la Universidad Valle del Momboy,
Trujillo, Venezuela*

En una conferencia a la que tuve el gusto de asistir, le preguntaron al filósofo español Fernando Savater si los filósofos vivían así como les aconsejaban a los demás. Contestó con mucha gracia que los filósofos eran como las señales de carretera, que indican para donde queda la ciudad y la distancia, pero no se van con el viajero.

Supongo que existen muchos filósofos, quizás el propio Savater, que son ejemplos de coherencia y desmienten esa opinión. Conozco además otras personas que lo son: uno es el Dr. José Gregorio Hernández, fundador de la medicina científica en Latinoamérica y el venezolano más conocido y querido en mi país, declarado "Venerable" por la Iglesia Católica y en camino de santidad. Escribió en el prólogo de su libro "Elementos de Filosofía": *"publico hoy mi filosofía, la mía, la que yo he vivido"*. (Hernández, 1912). Tenía 48 años y moriría trágicamente 7 años después, en 1919.

El otro es el Dr. Allan Brewer-Carías, que puede decirse es el fundador de los estudios de Derecho Administrativo en Venezuela. El escribió en 1957: *"La filosofía, fundamentalmente debe ser considerada como una forma de vida, como una dirección para el mundo y la vida. Por tanto, debe vivirse y tratarse como algo que acontece"*. Lo escribió cuando cursaba el último año de bachillerato en la Universidad Católica Andrés Bello, *"en un momento en el cual después de sentidas reflexiones vitales, en solitario, sobre la propia existencia y los misterios de la vida y la muerte, del tipo de las que a los 17 años mueven el espíritu con la fuerza necesaria para cambiar o reorientar el rumbo de la vida, decidí comenzar realmente a aprender, enfrentando y superando por mi cuenta todas las dificultades que entonces conspiraban contra el estudio, la atención y el aprendizaje"*.

José Gregorio Hernández escribió su filosofía casi al final de su vida, y fue el testimonio de la coherencia entre pensamiento y acción en su trayectoria vital. Allan Brewer-Carías escribió sus pensamientos filosóficos al inicio de su larga y fecunda trayectoria vital, cuando ya luchaba contra una dictadura, y los que aquí estamos somos testigos cercanos de la valiente y formidable coherencia tal como lucha hoy 62 años después contra otra dictadura infinitamente más cruel y ruinosa que la de aquellos tiempos.

Me corresponde hablar de su perfil como político, asunto donde mayores peligros se enfrenta la persona humana para guardar coherencia, sobre todo en países como los nuestros tan llenos de avatares.

Esa consistencia se expresa en el campo de la política en su lucha por la libertad, la democracia y la justicia. También por el derecho a la equidad territorial, y porque el nacimiento en un lugar u otro no signifique una diferencia abismal en las oportunidades de esa persona humana. De allí su empeño en los temas del desarrollo local, la municipalización, el federalismo, la descentralización y la "lugarización", que consiste en que los lugares se inserten en lo global manteniendo los rasgos fundamentales de su identidad.

De manera que su trabajo como abogado, académico, científico, escritor, editor, funcionario y ciudadano ha tenido una orientación política, hacia el bien común. Sus responsabilidades públicas formales se iniciaron como integrante del Centro de Estudiantes de la Facultad de Derecho de la misma Universidad Central de Venezuela. Se graduó en 1962 y al año es designado Consultor Jurídico Adjunto del Ministerio de Justicia (1963-1964). En 1964 es Doctor y es designado Consultor Jurídico del Consejo Supremo Electoral (1965-1968), luego Presidente de la Comisión de Administración Pública de la Presidencia de la República (1969-1972). En 1982 es electo Senador por el Distrito Federal (1982-1986). En 1993 el presidente provisional Dr. Ramón J. Velázquez lo designa Ministro de Estado para la Descentralización (1993-1994), y en 1999 es electo como uno de los representantes nacionales en la Asamblea Nacional Constituyente. Hoy es un perseguido político, pagando caro por su talento y su intensa actividad al servicio de la libertad y la democracia.

En el Senado representa al Distrito Federal, y allí impulsa los cambios que debe experimentar el gobierno de la capital venezolana, y abandera los cambios que se deben realizar en el federalismo y el municipalismo venezolanos, para hacerlo más eficaz en el fortalecimiento de la democracia y la justicia, en su mirada territorial. "Que nadie se quede atrás" como dice ahora la Agenda 2030 que establece los Objetivos del Desarrollo Sostenible.

Como Ministro de Estado para la Descentralización despliega una actividad febril. Tuve el honor de acompañarlo como su "Viceministro" durante esos 8 meses incansables, algo de los cuales está plasmado en el voluminoso libro que recoge el *Informe sobre la Descentralización*. Guardo una especie de bitácora de una pequeña parte de lo que no puede aparecer en ese libro.

Me enteré por un programa de televisión donde el recién designado Presidente de la República Dr. Ramón J. Velásquez anunció la creación de un Ministerio de Estado para la Descentralización y designaría al Dr. Allan Brewer Carías como su titular. A los pocos minutos recibo una llamada en mi casa de La Quebrada Grande, mi pueblito natal, acurrucado al pié de la montaña más alta de Trujillo, al norte de Los Andes: "Véngase ya para Caracas, tenemos trabajo" y me informa sobre la responsabilidad a asumir. Le contesto: -"Con una condición". - Sorprendido o extrañado de que un andino ponga condiciones para un cargo en Caracas, menos un trujillano, pregunta: "¿Cuál?". Respondo: -"Que la oficina sea en Miraflores, más vale un ladrillo en Miraflores que unos cuantos pisos de las torres del Parque Central, donde están los Ministerios".

A los dos días llego a Miraflores y resulta que soy yo el que tiene, como primera tarea, encontrar lugar y organizarlo. Gracias a la red de trujillanos y andinos empleados en todas las oficinas de por allí, al lunes siguiente teníamos oficinas enfrente del Palacio, con un pequeño jardín, un comedor, servicio de comidas y bebidas, incluyendo "vinos y otras especies" como se leían en los permisos de los bares de mi pueblo. Quizás una de esas "especies" tiene más responsabilidad en las asignaciones del Fondo para la Descentralización a los municipios, que las posibilidades que daban los severos apegos a la norma.

El Dr. Luciano Parejo, nuestro excelente anfitrión en este acto, es testigo del intenso y delicado trabajo que se hizo allí, con una sola visión: tomar decisiones que hicieran posible la siembra de la descentralización en el país, extender la cultura del federalismo y de las responsabilidades que trae consigo, y que hicieran irreversible ese proceso.

Redacción y publicación de decretos leyes, firma de convenios de descentralización y trasferencias de competencias en diversas materias y con estados y municipios, creación del Impuesto al Valor Agregado y el Fondo Intergubernamental para la Descentralización, creación del Consejo Federal de Gobierno y su puesta en marcha, intensa coordinación con gobernadores y alcaldes, con las Comisiones para la Reforma de los estados y municipios, viajes por todo el país, peregrinaje por universidades y gremios. Todo para impulsar una serie de procesos y tejer múltiples relaciones para hacer más y mejor la democracia y un territorio socialmente más equitativo.

Se despertó un gran entusiasmo por todas partes, demostrando el alma federal que guardan los venezolanos desde de la conformación de los municipios y provincias, a la usanza española, a partir del siglo XVI. Algunas figuras de los partidos políticos, incluso gobernadores y alcaldes recién electos, fueron obstáculos a vencer, además de los partidos políticos sospechosos de que la ganancia de poder de la gente en la provincia era perder poder en las cúpulas, y ganar eficacia tanto en el poder nacional como en los poderes provinciales y locales.

Vino el gobierno del Dr. Caldera y designó un ministro para la descentralización, nosotros le decíamos para la "recentralización", y luego el desastre que aún sufrimos. Estoy seguro que el gusto que quedó de la distribución territorial del poder, es parte de las fuerzas que no se han destruido totalmente y que han permitido algo de lo que queda en pie en salud y educación, en espacios públicos, en dotación de servicios y, sobre todo, en líderes locales dispuestos a lograr un protagonismo efectivo en la construcción de su propio porvenir.

Finalizado ese período, viene la convocatoria por parte de Hugo Chávez de la Asamblea Nacional Constituyente en unas condiciones que permitieran su hegemonía. Nuestro amigo se postuló en mayo de 1999 con un "Manifiesto Federal" en el cual afirmaba:

"El más importante y esencial de los debates políticos en los cuales tenemos que participar todos los venezolanos, en el futuro inmediato, es el de si queremos *más o menos democracia*; es decir, si debemos perfeccionar y profundizar la democracia para asegurar su futura gobernabilidad, haciéndola más representativa y más participativa, o si debemos sustituir la democracia por un régimen político autoritario, militarista e impositivo, fundamentado en la centralización y concentración del Poder".

"La democracia, insistimos, no es la que está en crisis, sino el sistema político que le dio el monopolio de la participación y de la representatividad a los partidos políticos, que debe ser sustituido por otro sistema político que sin eliminarlos, ya que son condición esencial del pluralismo, permita otros mecanismos de participación política y que la representatividad no sea exclusiva de aquellos".

"La Asamblea Constituyente que vamos a elegir en democracia…no puede tener otra misión que la de perfeccionar y profundizar la democracia, diseñando un sistema político que tiene que estar montado sobre la *descentralización del poder del Estado,* para acercarlo al ciudadano, es la lucha por más democracia y, por tanto, por la descentralización del Poder, enfrentándonos a las propuestas de Centralismo de Estado".

Brewer Carías propone como agenda incorporar a la nueva Constitución: en cuanto *"el régimen político:* una *democracia* más representativa y más participativa; la *forma de Estado:* la *Federación; el sistema de gobierno,* basado en la *separación de poderes* como garantía de libertad, con un nuevo *presidencialismo,* efectivos sistemas de *control parlamentario* y completa autonomía e independencia del *Poder Judicial; el estatuto del ciudadano,* montado en la progresividad de la protección de los *derechos y garantías constitucionales; la constitución económica* que permita la inserción del país en la economía mundial con base en la *iniciativa privada* y la necesaria *intervención del Estado* para garantizar los principios de la *justicia social… ".*

Recordemos que en medio de una abstención del 53.7% del electorado, los representantes del oficialismo ganaron con el 52% de los votos y que, gracias a diversos ardides, sus partidarios obtuvieron 125 asientos (95% del total), dejando a la oposición 6 asientos, uno de ellos Allan Brewer Carías como constituyente nacional con 1.187.873 *votos (más del 20% de los votantes).* Por su bien ganado prestigio fue incorporado a la Comisión Constitucional y designado por unanimidad presidente de la Sub-Comisión de Integración Normativa de todo el Anteproyecto de Constitución. Frente a los atropellos de la mayoría y a pesar del monumental trabajo realizado, renunció a esa posición el 15 de octubre de 1999. Allí están los cuatro volúmenes de los documentos elaborados en ese trabajo como constituyentista.

Continúa activo en los diversos frentes que han constituido su razón de ser, hasta que es perseguido y se ve obligado a exilarse en los Estados Unidos, desde donde mantiene un seguimiento minucioso de todas las violaciones a la Constitución, a las diversas normativas legales y a los derechos humanos, y recorre muchos lugares del mundo llevando su lucha por la libertad.

Allan Brewer Carías hace 62 años escribió: *"Si el hombre no lucha por hacerse. Si el hombre no quiere hacerse, no será"*. He aquí, pues, un hombre hecho y derecho.

ADDENDUM:

El vaticinio de Allan R. Brewer-Carías, en 1994, sobre el fin del período del Estado democrático de partidos y el riesgo de perder la democracia[*]

Para 1994, Brewer-Carías, por tanto, estaba claro sobre el derrumbamiento del sistema democrático de partidos que había venido funcionando hasta entonces, y de que solo mediante la descentralización política podía salvaguardarse la democracia en el país.

Hizo todos sus esfuerzos posibles por arraigar ese proceso político durante el gobierno de transición del presidente Ramón J. Velásquez en 1993, procurando dejar decisiones que comprometieran a los gobiernos sucesivos en el proceso.

Lamentablemente no fue así, y la incomprensión del gobierno del Presidente Rafael Caldera (1994-1999), que fue el primero en desmantelar los esfuerzos descentralizadores, solo sirvieron para abrir el camino para que a partir de 1999, no solo se abandonara toda forma de descentralización política, sino se procediera al desmantelamiento de la democracia y su sustitución por el régimen

---

[*]   Expresado en su Mensaje al Congreso como Ministro de Estado, al presentar el *Informe sobre la Descentralización en Venezuela 1994*.

autoritario, que es el que hemos padecido los venezolanos desde 1999.

Los siguientes párrafos muestran algunos de los vaticinios que en aquel momento Brewer-Carías formuló en su Mensaje, enviado:

"a los *Senadores y Diputados electos en las elecciones del 5 de diciembre de 1993, al iniciarse un nuevo período constitucional (1994-1999), para el cual también ha sido electo el Dr. Rafael Caldera como Presidente de la República; período que coincide, además, con el inicio de un nuevo ciclo político de nuestra historia republicana, en el cual el **Estado Centralizado de Partidos**, como sistema político-estatal que dominó la escena nacional desde la década de los cuarenta, está en proceso de ser sustituido por un nuevo modelo de Estado Descentralizado y Participativo, **como condición esencial para la supervivencia del régimen democrático en nuestro país**.*

*Por ello, informar a las Cámaras Legislativas sobre la descentralización en Venezuela, exige situar el proceso de descentralización en el momento histórico de crisis política que estamos viviendo. Sólo así podremos comprender el verdadero significado de este proceso político, **esencial para el perfeccionamiento de nuestra democracia**.*

La Crisis: El fin del sistema de Estado de Partidos

En efecto, en el transcurso de estos meses durante los cuales ejercí el cargo de Ministro de Estado para la Descentralización, tuve la oportunidad de estar presente, en Miraflores, junto a todos los Ministros, en el acto de participación que hicieron estas mismas Cámaras Legislativas, antes de la renovación de sus miembros, a través de sus Presidentes, al Presidente de la República, Dr. Ramón J. Velásquez, de haber finalizado las Sesiones Ordinarias del año 1993.

Por primera vez me tocó presenciar, formalmente, aquél acto ritual de nuestra democracia, realizado en el Salón Sol del Perú del Palacio de Miraflores; y oyendo los discursos de los Presidentes del Senado y de la Cámara de Diputados, re-

*flexioné, afianzando mi convencimiento de que esas eran, no sólo las últimas Sesiones Ordinarias de las Cámaras del año 1993 y del período constitucional 1989-1994, que viene de culminar; sino que eran las últimas Sesiones Ordinarias de unas Cámaras Legislativas integrantes de un Congreso, representante de un sistema político propio de un **Estado de Partidos**, que ha concluido y que no vamos a tener más, en esa forma, ni en el corto ni en el mediano plazo. Ya no existe aquel Congreso dominado por tres o cuatro personas, bajo la férrea conducción de fracciones parlamentarias sujetas a directrices externas al aparato del Estado, ubicadas en los cuerpos directivos de los partidos políticos, que fue lo que caracterizó a nuestro régimen legislativo durante los últimos treinta (30) años. Ese Congreso no lo vamos a tener más en el futuro próximo, lo que está confirmado por la nueva composición de estas Cámaras Legislativas, como resultado de las elecciones efectuadas el 5 de diciembre de 1993.*

*Venezuela, desde hace unos años y particularmente en estos meses pasados, ha estado experimentando un proceso de cambio político, que ha venido conduciendo al desmoronamiento del sistema político propio de un **Estado Democrático Centralizado de Partidos**, que se agotó, el cual se había iniciado en los años cuarenta, particularmente a raíz de la Revolución de octubre de 1945; y luego se consolidó a partir de la Revolución Democrática de 1958.*

*Los venezolanos, en los últimos años, hemos sido testigos de todos los signos posibles e imaginables de la crisis de ese sistema y del cambio que se ha estado operando. Ya es imposible, por tanto, que no tengamos clara conciencia de que ese sistema, que funcionó durante las últimas décadas, no es probable que se prolongue mucho más allá de los inicios de este nuevo período constitucional que está comenzando a partir de 1994. Por tanto, el **Estado Democrático Centralizado de Partidos**, que es el que caracterizó a la Venezuela democrática desde el año 1958, llamado también, pura y simplemente, el **Estado de***

Partidos, *terminó, estando nuestras instituciones en un proceso de transformación indetenible e irreversible.*

En todo caso, los venezolanos tenemos como reto fundamental que este proceso de cambio y de transformación que se está operando en el país, se produzca en el marco del régimen democrático, pues lo que se está extinguiendo no es la democracia, sino el sistema político que se estableció para operar esa democracia, es decir, el sistema político democrático centralizado de partidos.

Tenemos que lograr que el régimen democrático continúe, -y ya el primer paso lo hemos dado con la realización del proceso electoral de diciembre de 1993-, pero bajo un nuevo sistema político, que debe ser, en sustitución del **Estado Democrático Centralizado de Partidos**, *el de un* Estado, *también,* **democrático**, *pero descentralizado y participativo. En tal sentido, uno de los factores fundamentales que ha contribuido y contribuirá aún más al agotamiento y extinción definitiva de ese modelo de* **Estado Democrático Centralizado de Partidos**, *precisamente es el proceso de descentralización política que se ha iniciado a partir de 1989, y al cual se refiere este* **Mensaje. En la descentralización y la participación políticas, está la esperanza, sin la menor duda, de la sobrevivencia de la democracia venezolana, pues bajo el esquema centralizado de partidos, la democracia no tendría posibilidad segura de continuar.**

Los grandes ciclos histórico-políticos

Venezuela, por tanto, y Ustedes, como nuevos Senadores y Diputados tienen que captarlo, está en pleno proceso de terminación de uno de los grandes ciclos históricos de su vida política, a cuyo aceleramiento, sin duda, ha contribuido el hecho político más importante que se ha producido en este Siglo después de la introducción de la elección universal y directa del Presidente de la República a raíz de la Revolución de Octubre de 1945, y que ha sido la elección directa de Gobernadores y Alcaldes, a partir de 1989. Este no es un hecho más dentro del proceso político venezolano, sino que puede considerarse

*como el detonante de la introducción, en nuestro sistema políti-
co, de mecanismos de descentralización y participación políticas, y, en consecuencia, el hecho fundamental que ha contribuido, en la última fase del Estado de Partidos, a poner fin al
ciclo histórico que se inició en los años cuarenta. Este ciclo
histórico, que abarca el período desde la postguerra a la actualidad, como he dicho, en realidad es uno más de los grandes ciclos históricos que han caracterizado, marcado y dividido la
vida política venezolana.*

[...].

*Todos los ciclos políticos anteriores, hasta ahora, no evolu-
cionaron en sí mismos, sino que se derrumbaron, en gran parte
por la incomprensión del liderazgo político en haber tomado
conciencia de los cambios que produjo, en cada etapa, el propio desarrollo del proyecto político concreto que las caracterizó.*

El Estado Democrático Centralizado

*En 1945, de nuevo, terminó un ciclo histórico, y quedó ba-
rrido el sistema, su liderazgo y la generación que había asumido el proyecto político iniciado a principios de Siglo, ins-
taurándose, en su lugar, un sistema de **Estado Democrático**,
pero igualmente **Centralizado**. En esta forma, el centralismo
que se inició a principios de Siglo, como sistema estatal, no
terminó en 1945, sino que ha abarcado dos de los ciclos históricos recientes: el primero, el autocrático centralizado, y el segundo, el democrático centralizado que se instauró a partir de
la década de los cuarenta, basado en dos pilares fundamentales
que ha caracterizado a nuestro Estado y a nuestro sistema político desde esa fecha hasta el presente: la democracia de partidos y el Estado Centralizado.*

*En efecto, en primer lugar, el sistema político iniciado en
1945 y sobre todo, consolidado a partir de 1958, ha sido el de
un régimen democrático, pero de democracia de partidos, conforme al cual los partidos políticos han sido los que han mono-*

polizado la representatividad y la participación política; en definitiva, han monopolizado el poder.

No hay duda que en las últimas décadas, la representatividad política en Venezuela ha sido representativa de los partidos, para lo cual establecimos desde el año 1946, el sistema ideal para que los partidos asumieran ese monopolio de la representatividad: el sistema de representación proporcional conforme al modelo d'Hondt, que es el que se aplicó, en general, hasta la reforma electoral de 1993. Conforme a ese sistema, sólo los partidos pudieron tener representación en los cuerpos deliberantes, sin que a estos pudieran acceder otras organizaciones sociales. Y a pesar de las reformas legislativas que introdujeron elementos de uninominalidad para las elecciones de 1993, poco cambio se logró en esta materia por la propia conformación del "tarjetón electoral" con clara inducción al voto partidista.

Pero los partidos políticos no sólo tuvieron el monopolio de la representatividad, sino también el monopolio de la participación: asumieron también la conducción política del país, no habiendo en el país otra forma de participar que no fuera sino a través de los partidos políticos.

Esta situación, por supuesto, era perfectamente legítima, pero los partidos políticos, lamentablemente, a lo largo de los últimos treinta años de desarrollo del sistema, se cerraron en sí mismos y comenzaron a configurarse como un fin en sí mismos, de manera que, incluso, no sólo no había otra forma de participar políticamente sino a través de los partidos, sino que el acceso a los mismos partidos políticos fue progresivamente cerrándose y, por tanto, sin canales de participación adicionales. Progresivamente, además, se produjo el ahogamiento de todo el nuevo liderazgo que había estado surgiendo a pesar de la dirigencia tradicional, y que, sin la menor duda, está comenzando a irrumpir y a asumir la conducción del país.

En este proceso de centralismo democrático, los partidos no sólo ahogaron la sociedad civil, penetrando a los gremios y a todas las sociedades intermedias, sino que, además, ahogaron a los Estados y Municipios. Los Estados quedaron como meros desechos históricos; sus Asambleas Legislativas, como meras formas de reducto del activismo político partidista local, y los Ejecutivos Estadales, como meros agentes del Poder Nacional, particularmente agentes de carácter policial; funciones que compartían con las de gestores para sus jurisdicciones de alguna que otra obra pública que podían lograr del Poder Central.

Todo ese proceso contribuyó a configurar la gran entelequia contemporánea del Estado Federal, vacío de contenido, donde no había efectivo poder político regional y local, ni niveles intermedios de poder, habiendo quedado concentrado todo el poder político, económico, legislativo, tributario, administrativo o sindical, en el centro. El centralismo de Estado fue, así, acompañado de otros centralismos, como, por ejemplo, el de los partidos políticos, organizados internamente bajo el esquema del centralismo democrático. En igual sentido se desarrolló un centralismo sindical, como otro elemento fundamental en la interpretación del sistema.

Todo este sistema, desde la década de los ochenta, ha comenzado a resquebrajarse, y se ha estado desmoronando ante nuestros ojos. Los venezolanos de estos tiempos hemos sido testigos de ese proceso de cambio y transformación que, a la vez, y ello es lo más importante, es producto de la propia democracia.

En efecto, las transformaciones políticas que se han estado produciendo no son producto de factores externos al sistema democrático: ha sido la propia democracia, desarrollada por los partidos y bajo su conducción centralizada, la que ha provocado este cambio que se está operando. No olvidemos que la democracia venezolana de estos últimos cuarenta y cinco años, es producto del centralismo. Si nosotros no hubiésemos tenido un modelo de Estado de Partidos altamente centralizado en el año 1958, quizás no hubiese habido forma de implantar la democracia en el país de América Latina que en ese momento tenía menos tradición democrática. No estábamos acostumbrados a ello; la única forma que había para lograr el objetivo era que nos la impusieran; y la impuso el centralismo, conducido por los partidos políticos. Al centralismo político partidista y al Estado de Partidos, por tanto, le debemos la democracia, pero luego ha sido la propia democracia de partidos, la que ha estado conspirando contra el régimen de libertades.

En todo caso, los partidos, en general, no entendieron cabalmente el proceso que se había operado por su propia acción, por lo que muchas de las transformaciones que aprobaron en los últimos años, a veces fueron adoptadas bajo presión de la sociedad civil, y no por propio convencimiento de su importancia como aportes a la sobrevivencia de la democracia.

El hecho político más elocuente de estos cambios ha sido la elección directa de Gobernadores. Esa no fue una decisión política partidista propia de un sistema que venía funcionando. Esa fue, realmente, una decisión de sobrevivencia: no había otra forma de enfrentarse al proceso electoral de 1989, después de la protesta popular del 27 de febrero de ese año, recién instalado en la Presidencia de la República Carlos Andrés Pérez, que no fuera con el sometimiento a un proceso electoral en los Estados, distinto al nacional y para ello, la pieza clave era la elección directa de los Gobernadores. Esa decisión fue un signo del inicio de un esfuerzo de democratización de la democracia, a lo que se agrega la elección directa de Alcaldes, establecida en la reforma de la Ley Orgánica de Régimen Municipal de ese mismo año.

En 1989, por tanto, se dictaron varias leyes de enorme importancia: La Ley que fija el período de los poderes públicos estadales y municipales, en tres años; la Ley de elección y remoción de Gobernadores; la reforma de la Ley Orgánica de Régimen Municipal, que prevé la elección directa de los Alcaldes, y por último, la Ley Orgánica de Descentralización, Delimitación y Transferencia de Competencias del Poder Público, que fue la consecuencia ineludible de la decisión de elegir en forma directa a los Gobernadores. Se entendió que no había otra forma de atender a las expectativas derivadas de la elección, que transfiriendo poder y competencias nacionales a los Gobernadores. Si el Gobernador hubiese sido electo en un esquema totalmente centralizado, ello hubiera equivalido a elegir guerrilleros por votación popular, que iban a ponerse a la búsqueda de poder, si éste no se les comenzaba a transferir.

En consecuencia, la descentralización, insisto, está en el centro de este proceso de transformación que se ha venido produciendo en el país, signado por la búsqueda de una mayor participación, y con una repercusión progresiva en la apertura de la propia democracia.

Por eso, las reformas que se han adoptado han ido buscando otro tipo de sistema electoral que no sea el de representación proporcional tradicional, y de allí los ingredientes de elección uninominal que ya se establecieron en 1993. En esta forma, el 5 de diciembre de 1993, los Diputados a las Asambleas Legislativas y al Congreso Nacional, se eligieron conforme a un sistema electoral que combinó en un cincuenta por ciento (50%) cada una, la uninominalidad con la representación proporcional. En materia municipal, en las elecciones de 1995, los Concejales serán también electos uninominalmente. Con ello se ha estado buscando una mayor apertura de la democracia que había estado cerrada y controlada básicamente por dos partidos políticos, los cuales, en su momento, no supieron abrirla a la penetración de la sociedad civil. Por ello, muy posiblemente, si los sistemas de postulación hubiesen sido más abiertos en períodos anteriores, no hubiera habido necesidad de concluir en ese sistema, mitad plurinominal, mitad uninominal que no necesariamente, por si mismo, ha rendido los frutos de democratización esperados.

Lo cierto es que de todo este proceso de cambio, un Congreso como el que participó al Presidente de la República la clausura de sus sesiones ordinarias de 1993, no lo volveremos a tener en el país, en el futuro próximo.

El Gobierno de Transición de 1993

*En todo caso, en medio de la crisis del **Estado Centralizado de Partidos**, después de dos intentos subversivos militares y el inicio del enjuiciamiento del Presidente de la República, Carlos Andrés Pérez, por elección del Congreso de la República, el Presidente Dr. Ramón J. Velásquez asumió el Gobierno de Transición. Su rol no ha sido sólo llevar el país a las elecciones, que fue uno de los más importantes, sino servir de vehículo de la transición de un sistema político a otro, en la cual la política de descentralización tiene un significado determinante.*

En este sentido, he considerado que el Gobierno de Transición del Presidente Velásquez, ni siquiera ha sido un gobierno pura y simplemente para terminar el período constitucional del Presidente Carlos Andrés Pérez; en realidad este gobierno del Presidente Dr. Ramón J. Velásquez ha sido un gobierno "bisagra", entre un período histórico-político que se agotó, respecto del cual hay que comenzar a cerrar su puerta, para abrir la de un nuevo período político distinto, asegurando, como meta fundamental, que ese cambio sea de carácter democrático. Esto se ha comenzado a asegurar con las elecciones del 5 de diciembre de 1993 y la instauración del próximo Gobierno presidido por el Dr. Rafael Caldera, a partir del 2 de febrero de 1994.

Por ello, desde el principio sabíamos que en estos meses nos estábamos jugando la democracia: o hacíamos todo para que la democracia continuara en Venezuela o ésta corría el riesgo de derrumbarse. Por ello, el rol, tanto del Gobierno, en cada una de sus áreas de actividad; el de los propios partidos políticos que, por supuesto, en ningún caso desaparecen ni muchísimo menos, y el de las instituciones representativas de la sociedad; ha sido asegurar que los inevitables cambios políticos que se han estado produciendo y que se continuarán efectuando, se conduzcan en un régimen democrático.

La política de descentralización

*Ahora bien, en mi criterio, la política de descentralización, definida como política nacional por el Gobierno del Presidente de la República, Dr. Ramón J. Velásquez, ha estado y está establecida y diseñada con ese objetivo. **La descentralización es el instrumento para lograr la participación política; y la participación es actualmente la única vía para que nuestra democracia se perfeccione.***

*Por eso, la descentralización ha estado en estos últimos tiempos y estará en el futuro próximo, en el centro de la política de cambio. **Por ello, hemos dicho que hasta cierto punto, con la descentralización nos estamos jugando la democracia.***

Ahora bien, hasta el momento de la elección del Dr. Ramón J. Velásquez como Presidente de la República, la descentralización, con motivo de los cambios políticos iniciados a partir de 1989, había venido desarrollándose más por iniciativa de los Estados y de sus Gobernadores, que por iniciativa del propio Poder Central. A nivel nacional se había dictado, en 1989, la Ley Orgánica de Descentralización, Delimitación y Transferencia de Competencias del Poder Público, que muchos Ministros ni siquiera conocían y que sólo percibían como algo lejano en el movimiento de los Gobernadores de Estado, pero que no era asunto propio del Gobierno Nacional.

La decisión del Presidente Velásquez, a los dos días de su elección, de nombrar un Ministro de Estado para la Descentralización, en cambio, no tuvo otro objetivo que convertir en estos meses y para el futuro, a la descentralización, en una política nacional, de manera que no fuera un proceso dejado a la sola iniciativa de los Gobernadores de Estado. La decisión fue convertir la descentralización en una política nacional respecto de la cual el Gobierno Nacional y la Administración Pública Nacional, tenían y tienen que estar comprometidas en su ejecución.

Mi misión como Ministro de Estado para la Descentralización, desde el inicio, y en estos meses, por supuesto, no era desmontar cien años de centralismo de Estado, lo que, desde luego, no se logra ni se logrará en pocos meses ni en pocos años. Mi misión, en estos meses del Gobierno de Transición, fue adoptar el mayor número de decisiones político-gubernamentales posibles, de manera que el proceso de descentralización se hiciese cada vez más irreversible. Además, que cada decisión que tomase el Gobierno, como las adoptadas desde junio de 1993, hiciera que nuevas decisiones fueran necesarias, de manera que el proceso de descentralización adquiriera su dinámica propia, como asunto no sólo de los órganos que ejercen el Poder Nacional, sino como asunto de los Estados y de los Municipios. Mi misión, en estos meses del Gobierno del Presidente Dr. Ramón J. Velásquez, por tanto, fue construir todo el andamiaje jurídico-institucional del proceso, de manera que los Gobernadores y Alcaldes, a partir del inicio del período constitucional 1994-1999, puedan contar con un arsenal de instrumentos políticos que les permita exigir del nuevo Gobierno Nacional, la continuación de la ejecución de la política de descentralización.

Por eso, siempre dije que las decisiones que estábamos tomando en materia de descentralización, en este corto período de transición, eran decisiones que iban a comprometer al nuevo Gobierno, el cual, en mi criterio, tiene que continuar el proceso, porque entiendo que es un proceso de sobrevivencia de la propia democracia.

Lamentablemente, el gobierno del presidente Caldera que se instaló a partir de 1994, no entendió el proceso, y procedió a desmantelar todas las políticas de descentralización que tanto trabajo y tiempo habían costado; y con ello, abrió el camino al autoritarismo, con el derrumbe definitivo del sistema de Estado Centralizado de Partidos. En lugar de haber optado por reservar la democracia con la estructuración de un Estado descentralizado participativo, se optó por centralizar aún más el Estado, abonándole así el camino al autoritarismo que asaltó el poder a partir de 1999.

El ciclo político del Estado centralizado de partidos, efectivamente concluyó, como Brewer-Carías lo había vaticinado. Lo que nunca se imaginó era que fuera el gobierno del Presidente Caldera el encargado de desmantelar las reformas, y así contribuir a que los asaltantes del poder en 1999, comenzaran a desmantelar la democracia utilizando sus propias instituciones.

TERCERA PARTE
PROYECCIÓN EN AMÉRICA DE SUS ENSEÑANZAS Y SU OBRA

Sección Primera:

LA INFLUENCIA DEL PROFESOR BREWER CARÍAS EN COLOMBIA

SANDRA MORELLI RICO

Profesora de Derecho Administrativo en la Universidad Externado de Colombia, ex Contralora General de la República

En el acto de creación de una Cátedra en homenaje de un recipiendario de tal dignidad pronunció las siguientes palabras que no se quieren, ni se debe resumir.

Que una Cátedra de una Universidad se bautice con el nombre de una persona, sin duda, es un reconocimiento eterno -porque eterna es la Universidad- que se le otorga a alguien por lo que ha hecho o por lo que hizo en su vida. Normalmente, por ello, ese homenaje lo reciben los muertos o los viejos, cuando ya se sabe o se supo que hicieron en la vida. Y ello tiene cierta lógica, pues la persona sólo llega a moldearse definitivamente al fin y no al principio de la vida, e incluso, sólo con la muerte muchas veces es que se completa.

En mi caso, gracias a Dios, ni estoy muerto ni soy viejo, y en cuanto a la vida, les confieso, auténticamente, que hoy y todos los días, pienso y siento que está toda por delante, que he hecho muy poco y que todo está por hacerse. En fin, que ahora es cuando! ¿Y no fue Andrés Bello, cuyo nombre identifica esta Universidad, el que comenzó realmente a escribir rayando los cincuenta años de edad, y a partir de allí fue que completó las miles de páginas que conformaron su vastísima obra?

Entonces, estando aún vivo, y con la sensación vital de tener la vida por delante y de que ahora es que tengo que leer, investigar y escribir, comprenderá Ud. Señor Rector, y comprenderán los Miembros del Claustro de esta Universidad y mis amigos aquí presentes, cuan honroso tiene que ser para mí este acto y la decisión tomada por las autoridades de esta Casa de Estudios en otorgarle mi nombre a la Cátedra de Derecho Administrativo, disciplina que he cultivado durante las últimas tres décadas.

Mi especial agradecimiento a los miembros del Consejo Universitario de la Universidad Católica Andrés Bello, responsables de esta decisión y a quienes hoy me acompañan; y mi particular agradecimiento a quien tuvo la iniciativa de la misma, el Profesor León Henrique Cottin, a su esposa Carmen Elena Rodríguez de Cottin, y a sus menores hijos, y a quienes los ayudaron a fraguar la conspiración que significó el que sólo me enterara de este acto hace pocos días, mis compañeros del Escritorio Baumeister & Brewer, quienes con su generosidad han desbordado los clásicos moldes de la amistad.

Este acto, por tanto, demás está decirlo, tiene una especial significación para mí, pues se constituye en un compromiso más con lo que ha sido la ambición de mi vida, que no es otra que el hacerme a mí mismo. Quienes me han precedido en el uso de la palabra, el Profesor Cottin y Señor Rector, han hablado de mí y de mi obra con elogiosas palabras que quiero agradecer muy sentidamente. Parecería entonces suficiente, pero no; este acto me obliga a mí también, a hablar de mí mismo, aún cuando bajo ángulos distintos a los tratados. Permítanmelo, aún cuando tenga que pedirles disculpas por ello, pero es que en definitiva yo mismo soy el hombre que más tengo a la mano.

Desde que salí de las viejas aulas de la esquina de Jesuitas -pues estudié el quinto año de bachillerato en esta Universidad Católica a fines de la década de los cincuenta- por fuerza de circunstancias concretas vinculadas a mis estudios o a mis malos estudios, me definí un esquema existencial de la vida que la ha condicionado hasta el presente y que se puede resumir en estas frases que he recogido ahora de un viejo manuscrito de la época, de un esquema que elaboré sobre la filosofía de la existencia, para dar lo que fue mi primera charla, como conferencista, a un grupo de alumnos en un liceo de Caracas, en 1959:

"Al hombre no lo hacen, él se escoge y se hace a sí mismo; es el único responsable de sí, en definitiva, es lo que él se hace, y en ese proceso de escogencia, además de escogerse a sí mismo, escoge a todos los hombres".

¡Tremendo compromiso! Y por qué no, tremenda ambición, no en conseguir poder, riqueza, dignidades o fama, que en definitiva sólo son simples añadiduras, sino en esa tarea existencial del hombre de hacerse a sí mismo. Eso es lo que he procurado hacer en mi vida; lo que a lo largo de los años ha implicado mucho, pero mucho estudio y trabajo, disciplina, constancia, perseverancia y todas las horas imaginables de estudio que quienes me han rodeado han sabido soportar y aceptar.

En estas tareas del intelecto, definitivamente, los logros no son de un día para otro ni se pueden obtener en escasos años. Eso puede ocurrir en la especulación bursátil, pero definitivamente no ocurre en la tarea académica, y una y otra vez tenemos que repetírselo a los jóvenes profesores e investigadores.

Por supuesto, siguiendo la carrera larga y de largo aliento, también aparecen las horas y días de cansancio, de dudas y de desazón; pero de cada parada en el camino siempre salen nuevas fuerzas para seguir adelante. Es claro que no llega muy lejos quien nunca sienta cansancio, y menos aún quien piense que ya llegó y pretende estar de regreso. Como Antonio Machado nos lo recuerda en sus proverbios y consejos del profesor apócrifo Juan de Mairena:

"Los hombres que están siempre de vuelta en todas las cosas, son los que no han ido nunca a ninguna parte. Porque ya es mucho ir; volver, ¡nadie ha vuelto!"

En el camino transcurrido, en mi camino de la vida, por otra parte, debo decirles que nunca ha habido un plan preconcebido. Los pasos han sido el camino, y nada más, y nunca he tenido la vida ceñida a cordeles que trazan sendero alguno y menos colocados por otras personas. Por tanto, es la vida la que ha trazado el plan, viviendo.

Nunca he sido esclavo de lo que otros han señalado, y me he escapado de las casillas de muchos, por supuesto, provocando irritación. Eso sí, siempre he estado atento a lo que provoca el paso de la caravana. Como lo dijo Don Quijote "Ladran Sancho, señal de que cabalgamos"

La verdad es que la libertad ha sido el signo de mi conducta, atada sólo a mí mismo, a mis principios y a mis amigos. He aprendido a tener amigos -que para mí son para siempre- y a no tenerlos, y no soy de los que piensan que ya tengo el cupo cerrado para los nuevos amigos. Al contrario, pienso que cada nuevo amigo que ganamos en la vida nos enriquece, más que por lo que nos da, por lo que nos descubre y por lo que le damos, sin pedir.

He procurado siempre no estar atado al pasado. Atrás está el sendero que nunca volveremos a pisar, y que no debe tiranizar el porvenir. Lo que fue, definitivamente, no puede ser más que como fue, e incluso, lo presente no puede ser más que como es. Es el futuro, lo que puede ser, y dónde está nuestra propia esperanza y donde tenemos que centrar las ilusiones.

Debo confesarles que siempre he sentido cierto aislamiento generacional, que quizás muchos de mis amigos también lo han sentido. No es nada nuevo, pero en un acto como éste me parece pertinente evocarlo. Como lo observaba Miguel de Unanumo hace noventa arios, me ocurre muchas veces que ni la gente vieja me cuenta entre los suyos, ni entre los suyos me cuenta la gente joven. Para aquellos, todavía soy un joven autor de muchas obras; para éstos, piensan que soy un viejo y distante profesor. Por otra parte, por haber tenido que hacer muchas cosas a muy temprana edad, inevitablemente siempre fui un joven maduro; y ahora, en la edad madura, a pesar de lo hecho, o precisamente por ello, sin embargo, me siento con la vida por delante. Don Miguel decía, que Satanás solía tentarlo en sus horas de desfallecimiento del espíritu, que todos tenemos, diciéndole:

"No hagas caso, Miguel, eso es que no tienes edad; ni eres de los jóvenes ni de los viejos, ni eres de ayer ni de mañana; eres de hoy, eres de siempre".

Yo, definitivamente, con un homenaje como este que recibo de esta querida Universidad Católica, gracias a Ustedes, por qué no confesarlo, me siento simplemente como de hoy, y eso es más que suficiente, precisamente para emprender el viaje hacia el futuro que cada día todos iniciamos.[95]

Eso fue en febrero de 1991. Hoy, noviembre del 2019, 28 años después celebramos sus ochenta años de su nacimiento. Cuántas cosas sucedieron después. En nuestros países fenómenos de ruptura constitucional bendecidos por la jurisdicción responsable de preservar la supremacía de la constitución, tendencia de los ejecutivos a permanecer en el poder más allá del periodo pre establecido constitucionalmente, reformas constitucionales tramitadas por fuera del

---

[95] Creación de la Cátedra Allan Brewer Carías en la Universidad Andrés Bello, 12 de febrero de 1991

orden superior previsto o, como leyes ordinarias haciendo de nuestros textos fundamentales normas flexibles, asambleas o congreso inconscientes de sus responsabilidades constitucionales e indignos de seguir llamándose autónomos, fiscales ejerciendo de policía política al servicio del ejecutivo o de interés propios, órganos superiores de control fiscal incapaces de luchar contra la corrupción, centralización del poder anulando el poder local, prensas y medios de comunicación en general, amigos del ejecutivo y financiados con pauta pública; la patrimonialización del estado en cuanto botín contractual de la empresa que gana las elecciones. De ahí en adelante, la corrupción es la soberana que pasea por todos los caminos del cono sur americano como ama y señora de la política y del erario.

Estas patologías, de todas maneras, adquieren distintas manifestaciones en Colombia y Venezuela. En la primera se practica el estilo autoritario del estado bajo el manto del acuerdo de paz que se transforma en causa explicativa y justificativa de todo. En la segunda la Revolución Bolivariana tienen un alcance mucho más amplio, puesto que el régimen chavista se sentó en el poder desde el año 1999, primero con Hugo Chávez y a partir de su deceso, con Nicolás Maduro, y allí permanece.

En Colombia, a pesar de los coletazos de quienes no siendo más gobernantes quieren seguir mandando, sembrando cizaña que solo busca deslegitimación, el país ha vuelto a moverse dentro de los cauces del estado constitucional. Que un presidente se resista a sobornar al congreso con cargos y contratos, no es de poca importancia en un país se sale de un cuatrienio donde el *dot ur des* era el único lenguaje posible entre miembros de los poderes públicos, así ello implicaría recepcionar dineros corruptos del estado o de particulares, para voltear la voluntad de los órganos públicos en aras de satisfacer el propósito pacificador, incuestionable teleológicamente, pero cuánta basura institucional dejó en su andar, cuánta contaminación en la praxis constitucional!

A ese último respecto se impone precisar que ese paréntesis constitucional, con *justicia ad hoc,* y tratamiento liviano para los crímenes de lesa humanidad con lógicas muy parecidas a las que sirvieron de fundamento a la justicia y paz prevista para los paramilitares que se sometieron al orden público establecido, en la práctica parecen circunscribirse a ese ámbito sin que en materia de políticas pública en general hayan imprimido un viraje considerable, a pesar de las pretensiones omnicomprensivas de los Acuerdos de la Habana.

Y ello está bien, porque tanto la constitución como las leyes que contienen las políticas públicas, surgen en el seno de instancias democráticas y con vocación de representación de todo el pueblo soberano y no de una fracción que si bien debe reinsertarse y entrar a hacer parte de la sociedad colombiana con igualdad de derechos, *no puede imponer su desiderátum* contra del contenido de dichos acuerdos *políticos*, a toda una nación que por lo demás se manifestó en Colombia.[96]

En Venezuela las cosas han sido distintas y así, han cambiado el destino de esa Nación y de quien hoy está aquí para escuchar a quienes nos preciamos de su amistad y, como yo, nos hemos nutrido de su sabiduría académica, intelectual en general, de su sabiduría para vivir la vida. Entereza, coherencia y ética pública caracterizan a Allan Brewer Carías.

De hecho Allan fue perseguido judicialmente por una justicia al servicio de la dictadura, objeto de las más absurdas acusaciones que solo se sostienen en el papel manchado de espurio fenómeno de la justicia politizada, fenómeno que contaminó la Corte Interamericana de Derechos Humanos donde sus colegas y alumnos, ni honraron su amistad personal para declararse impedidos, ni actuaron con imparcialidad por miedo a perturbar al gobernante Venezolano pieza esencial en el proceso de paz, situación que hubiese afectado a Juan Manuel Santos, contratante de unos y postulantes de otros.[97]

---

[96]   http://www.altocomisionadoparalapaz.gov.co/procesos-y-conversaciones/Paginas/Texto-completo-del-Acuerdo-Final-para-la-Terminacion-del-conflicto.aspx

[97]   https://es.m.wikipedia.org/wiki/Caso_Brewer_Car%C3%ADas_vs.-_Venezuela.

Pero Allan Brewer, sabedor del derecho a rebelarse de una justicia injusta pues recordemos que en la Declaración Universal de los Derechos humanos, y más exactamente en el inciso segundo del preámbulo se dispuso que: *Considerando esencial que los derechos humanos sean protegidos por un régimen de Derecho, a fin de que el hombre no se vea compelido al supremo recurso de la rebelión contra la tiranía y la opresión,* hizo uso legítimo de éste y asumió los acontecimientos como nos lo había anunciado.

He procurado siempre no estar atado al pasado. Atrás está el sendero que nunca volveremos a pisar, y que no debe tiranizar el porvenir. Lo que fue, definitivamente, no puede ser más que como fue, e incluso, lo presente no puede ser más que como es. Es el futuro, lo que puede ser, y dónde está nuestra propia esperanza y donde tenemos que centrar las ilusiones.

Vive geográficamente lejos de su patria, que desde muy temprana edad fue su objeto preferido de estudio y veneración. La formación del estado, de la nacionalidad, la independencia, la redefinición de las fronteras, la forma de estado, la forma de gobierno, la repartición del poder en el ámbito territorial, la supremacía de la constitución, el procedimiento administrativo, el acto administrativo, la responsabilidad del estado, etc., en fin, todo lo que de manera impropia y desconociendo ramas del derecho podríamos llamar la ciencia jurídica del estado.

Se formó en la Universidad Central; *summum cum laudem* fue su calificación de tesis. Luego, en sus estudios de postgrado vino la *Sorbonne, y en* París II se matriculó.

En *Cambridge,* luego de pocos años donde asistió en calidad de profesor invitado e investigador. De ahí en adelante la lista de *Almas Mater* que lo tuvieron como conferencista, docente invitado o recipiendario de un *Honoris Causa,* es muy larga.

Por todo ello, su formación y su obra se volvieron cada vez más universal, más erudita, enriquecedoras. Sus tratados no caducan, no envejecen, no se desactualizan y nadie los deroga, pues en virtud del trabajo ordenado y sesudo, cotidiano y sin pausa del académico *ius publicista*, que no sólo revisa y actualiza manuales y tratados sino que aborda periódicamente y desde cero los grandes temas de la sociedad política organizada jurídicamente, los va completando, actualizando y nutriendo con más y más tomos: La repartición del poder en el ámbito territorial, el control de constitucionalidad, la democracia, el control de convencionalidad y el procedimiento administrativo de la Interpol, la corrupción, etc., etc., etc.

Allan Brewer: Un trabajador incansable, hacedor pragmático

De sus primeros aportes concretos y palpables al perfeccionamiento de las instituciones venezolanas da cuenta un libro publicado en 1979: *Política, estado y administración pública.*[98]

Rafael Caldera lo prologó sin esconder su asombro por quien apenas con 32 años ya había influido en las principales reformas a la administración pública. De Allan dijo:

> *Es un apasionado de la estructuración del nuevo estado que tiene que realizarse en Venezuela. Se reconoce miembro de la generación del 58, surgido a la vida nacional precisamente en momentos en que se inicia el nuevo experimento democrático. Acusa una angustiosa percepción de las fallas y defectos del sistema vivido en el país a lo largo de estos veinte años y a veces -quizás- con acentos cercanos a la exageración expone aquí y allá, ante auditorios calificados sus ideas acerca de las metas y procedimientos que deben guiar la renovación de las estructuras, la ordenación de los distintos órganos del poder público y la participación del pueblo en lo que llama insistentemente la democratización de la democracia.*

En el mismo prólogo resalta su labor legislativa como asesor en la producción de varias normas fundamentales para Venezuela. Destaca su convicción frente al estado de derecho, la descentralización y el federalismo real, el pluralismo y la democracia de partidos a condición que sean realmente representativos.

---

[98] Editorial Ateneo de Caracas y Editorial jurídica venezolana, Publicaciones conjuntas, Caracas

Y finalmente culmina con la invitación de ese joven prodigio a inventar un estado en función de la realidad venezolana.[99] Nada usual y tanto menos fácil.

Ya para los finales de los 80, en las bibliotecas universitarias europeas circulaban sus libros relativamente recientes, al lado de la producción doctrinaria argentina. Del resto del continente sus americano, casi nada o nada en materias de derecho constitucional y administrativo había cruzado el océano.

Pero su prolija producción doctrinaria se incrementa vertiginosamente varios años después cuando ya había sido ministro para la descentralización y de esa misión resultaron seis tomos contentivos de sus memorias. Nos las llevó a Colombia. A los profesores importantes Consuelo Sarria, Alvaro Tafur, Carlos Restrepo Piedrahita, Libardo Rodríguez y a los más jóvenes también: Jaime Orlando Santofimio y a mí.[100]

Es que él, además, identificaba y promovía jóvenes con vocación académica. En esa época yo lo era.

¿Qué quiero resaltar? Al menos en mi caso: Desde muy temprano en mi vocación *iuspublicista*, Allan Brewer fue un paradigma: No solo por el contenido, sino por el formato, o mejor, por el *modus operandi*: Producir libros, difundir su contenido a todos los escenarios académicos, era, al menos para mí, una hazaña inmensa. Y qué decir de que luego se volvió editor con excelente distribución internacional. Ello iba en serio.

En Colombia contábamos con pocos manuales, los de Vidal Perdomo; El derecho administrativo de Libardo Rodríguez que circulaba desde 1981, siendo para entonces un autor joven; El constitucionalismo colombiano de Luis Carlos Sáchica, Las ideas políti-

---

[99] Ese libro se le dedicó a Rafael Carías, abuelo de Allan Brewer de quien heredó su vocación por el servicio público

[100] Lo anoto porque su capacidad para promover los jóvenes estudiosos, estimularlo, abrirles espacios, incluso internacionales es asombrosa, Da muestra de su carácter especialmente generoso.

cas de Eduardo Rozo y, por supuesto, las investigaciones históricas de Carlos Restrepo Piedrahita que para los años noventa vinieron a completar su obra jurídica sobre el presidencialismo, las relaciones congreso-ejecutivo, la centralización, entre otras. Ensayos, libros y otras pocas también estaban disponibles pero con una sola edición y sin respaldo editorial suficiente en términos de distribución.

Lo cierto es que con el adviento de la contribución colombiana de 1991, si reforzó el concepto de constitución como norma jurídica sometida a la hermenéutica y la creación de la corte constitucional con su función de control en concreta de la supremacía de la constitución mediante la tutela, tuvo un efecto muy fecundo en el mundo académico que ensanchó su objeto de estudio e investigación en pocos meses. El derecho constitucional visto como ciencia, la teoría de la interpretación jurídica de la constitución, la copiosa legislación promulgada durante el primer lustro de vigencia de la constitución, encontró en las universidades esa masa crítica de estudiosos que se iban familiarizando con la producción de doctrina de su autoría.

A ello contribuyó la decisión de crear programas de maestría y doctorados y de promover la formación de doctores en el exterior, especialmente por parte del Externado. Esta Universidad que nos hospeda fue protagonistas de esa estrategia académica gracias a la generosidad de Luciano Parejo.

Esos programas de postgrado multinacionales, hoy es perfectamente normal, continuos, fueron de gran impacto. Se adelantaron, con esta *Alma Mater* que nos convoca, la Carlos III de Madrid -ya lo dije-, la Complutense, la de Bologna, la de Milán y obviamente, la Central de Venezuela y la Andrés Bello, para mencionar tan solo las pioneras: Maestrías, doctorados y especializaciones contaban con la asistencia periódica de profesores europeos y suramericano. Allan Brewer regentó cátedra en todas ellas.

Fueron entonces varias generaciones formadas con las enseñanzas y luces del hoy homenajeado. Su influencia en Colombia encontró en centenares de alumnos, antenas repetidoras. Ellos fueron luego, ministros, docentes, magistrados, senadores, decanos, rectores y hasta contralores; en todos esos ámbitos debieron servirse del saber recibido en sus clases. Desde allí, muchos de ellos también lo convocaron para recibir asesoría.

Uno de los escenarios más vigorosos en ese desarrollo de la ciencia del derecho constitucional y del derecho administrativo fueron también las *Jornadas Colombo Venezolanas* y luego, las *Jornadas en homenaje a Allan Brewer Carías* que se organizaban todos los años en Caracas, e implicaban una altísima exigencia: Se trataba de escribir un estudio sobre un tema preseleccionado y muy especializado, con varios meses de anticipación. Ese texto habría de publicarse con antelación al encuentro en coautoría con los más destacados *iuspublicistas* de América y Europa.

Esa convocatoria a varios juristas colombianos, enriqueció notablemente la doctrina jurídica nacional. Allan fue, junto con Carlos Restrepo y Fernando Hinestrosa, ejemplo y promotor de producción científica en el ámbito del derecho por parte de nuevas generaciones que se formaron especialmente para ello.

Por encima de los *diferedum* políticos entre gobiernos, por el golfo de Maracaibo, por el paso de la guerrilla a Venezuela, por la persecución en caliente, por las distancias y luego cercanías y de nuevo distancias con el régimen chavista, los lazos académicos inaugurados por Allan se mantienen. Él, por su parte sigue regentando cátedras, dictando conferencia, y publicando libros. El más reciente con Jaime Orlando Santofimio, destacado doctrinante de nuestro país, además de exmagistrado. Sigue estando en las aulas de la Universidad Externado de Colombia, Colegio Mayor de Nuestra señora del Rosario y en la Pontificia Bolivariana. Igual que por la Universidad Libre, y otras latitudes del país.

Dice él, de sí mismo, que no se identifica con ésta u otra generación. Yo diría que en realidad, se identificaba con todas. Su historia académica en Colombia, es más antigua que la de los colombianos aquí invitados y obviamente, continuará por varios lustros.

Personalmente debo decir que la incondicionalidad de su amistad, su lealtad, su afecto, ha sido uno de los acontecimientos más importantes, conmovedor y enriquecedor en mi vida. Junto con

Beatriz, reencontrarlos periódicamente e intercalar percepciones de la realidad institucional con actualización de historias de vida, me ha resultado sorprendentemente gratificante por la identidad de perspectivas. Tal vez por la absurda judicialización de nuestros actos, manipulados y maquillados mezquinamente por fiscales al servicio de éste o aquel presidente, hemos desarrollado una lectura muy coincidente de los riesgos reales del estado de derecho, y por ello, al menos yo, cada día siento más estrecha identidad ética.

Las ideas rectoras de su pensamiento jurídico

El profesor Allan Brewer fue y sigue siendo un visionario con gran capacidad de leer el momento político y social y saltar al mundo de las instituciones para proponer alternativas de solución pertinentes y oportunas.

Antes tenía con eco inmediato; pero luego, desde que empezó críticamente a alertar sobre los riesgos de esa democracia formal, centralista, con partidos cerrados, corruptos, y la conveniencia de un cambio constitucional producto de reflexión y alto compromiso de todos los estamentos de la sociedad venezolana, aún en vida del Presidente Caldera, fue perdiendo interlocutores y los que lo escuchaban no entendían o no querían entender.

Es que como pertenece a la generación del 58, es decir aquella que creció con los primeros ensayos de vida democrática en Venezuela, su actividad profesional, su militancia política y su obra se dedica toda, desde la primera hasta la última, a la profundización de la democracia y a la consolidación del estado de derecho, mientras que el país se alistaba a abandonar la senda del auténtico estado constitucional para ensayar la versión más populista y antidemocrática que de éste se puede hacer uso y abuso.

Con vigor intelectual representó en la constituyente a sus electores, siendo parte de una minoría incapaz de imponerse.

Luego sucedieron los hechos ya referidos pero las normas y pilares de su pensamiento siguen intactas. Democracia con vigencia efectiva de una constitución que garantice los derechos fundamentales y la separación vertical y horizontal del poder; control efectivo judicial de la suprema vía de la constitución mediante coexistencia del sistema concentrado y difuso siendo él un gran defensor de la excepción de inconstitucionalidad cuyo origen identifica en Venezuela antes que en Colombia. Veamos sólo unos aspectos.

Democracia, descentralización y autonomía territorial

Las memorias de su paso por el ministerio de la descentralización están en seis tomos[101], donde se pone en evidencia como Venezuela nace como un estado federal pero, sumido en guerras intestinas por la tendencia a centralizar a los estados. En el siglo XX prevalecen las concepciones centralistas, por lo que ante el advenimiento de la Constitución del 61 y la democratización del poder se hacía necesario emprender un proceso de descentralización que se acelera y rinde frutos precisamente con la creación del Ministerio para la Descentralización que precisamente ocupa Allan Brewer en el 93.

Nótese cómo explica su labor:

Ahora bien, en mi criterio, la política de descentralización, definida como política nacional por el Gobierno del Presidente de la República, Dr. Ramón J. Velásquez, ha estado y está establecida y diseñada con ese objetivo. La descentralización es el instrumento para lograr la participación política; y la participación es actualmente la única vía para que nuestra democracia se perfeccione. Por eso, la descentralización ha estado en estos últimos tiempos y estará en el futuro próximo, en el centro de la política de cambio. Por ello, hemos dicho que hasta cierto punto, con la descentralización nos estamos jugando la democracia.

Ahora bien, hasta el momento de la elección del Dr. Ramón J. Velásquez como Presidente de la República, la descentralización, con motivo de los cambios políticos iniciados a partir de 1989, había venido desarrollándose más por iniciativa de los Estados y de sus Gobernadores, que por iniciativa del pro-

---

[101] Caracas 1994.

pio Poder Central. A nivel nacional se había dictado, en 1989, la Ley Orgánica de Descentralización, Delimitación y Transferencia de Competencias del Poder Público, que muchos Ministros ni siquiera conocían y que sólo percibían como algo lejano en el movimiento de los Gobernadores de Estado, pero que no era asunto propio del Gobierno Nacional.

La decisión del Presidente Velásquez, a los dos días de su elección, de nombrar un Ministro de Estado para la Descentralización, en cambio, no tuvo otro objetivo que convertir en estos meses y para el futuro, a la descentralización, en una política nacional, de manera que no fuera un proceso dejado a la sola iniciativa de los Gobernadores de Estado. La decisión fue convertir la descentralización en una política nacional respecto de la cual el Gobierno Nacional y la Administración Pública Nacional, tenían y tienen que estar comprometidas en su ejecución.

Todo luego de anticipar la inminente muerte de la democracia de partidos centralizados.

Interesa aquí destacar la inescindible relación entre democracia y descentralización política y administrativa, o mejor entre democracia y autonomía territorial.

En octubre del 2001 escribió:

En todo caso, un sistema institucional para controlar el ejercicio del poder político, implica, ineludiblemente, su distribución o separación. Por tanto, demasiada concentración del Poder si no hay controles efectivos sobre los gobernantes, y peor aún, si estos tienen o creen tener apoyo popular, conduce al autoritarismo y, en definitiva, a la tiranía. No olvidemos que la historia de la humanidad durante el siglo pasado nos muestra, precisamente, a tiranos que usaron el voto de la mayoría para acceder al poder y desde allí aplicaron el autoritarismo para acabar con la democracia y todos sus elementos, comenzando por los derechos humanos.[102]

Haber escuchado su clamor por mayor descentralización, autonomía de los estados federados con órganos legislativos y judiciales propios y autónomos, hubiera sido sin lugar a duda un dispositivo institucional muy potente contra el régimen dictatorial que se apoderó de Venezuela.

Con esta tesis de Allan Brewer que se sintetiza en que el centralismo de los partidos y la centralización territorial reforzaban el presidencialismo y atentaban contra cualquier forma de democracia auténtica.

Su propuesta para la Constituyente del 99 se sintetiza así:

Propuesta del Constituyente Allan Brewer Carías. Fue presentada en un documento titulado Manifiesto Democrático Federal, elaborado en mayo de 1999, en ella las líneas básicas que su autor propone son: El establecimiento de una democracia más representativa y participativa como régimen político. Como forma de estado, proponía el federal, con un sistema de gobierno basado en la separación de poderes y un nuevo presidencialismo con contrapesos como un sistema efectivo de control parlamentario.

Otras propuestas de Brewer plasmadas en otro documento intitulado "Razones del Voto NO en el referéndum de la Constitución de noviembre de 1999," reclamaba la garantía constitucional de la autonomía de estados y municipios, de manera que no pueda ser limitada por ley nacional y la asignación efectiva de competencias tributarias a estados.[103]

---

[102] Texto de la Conferencia Inaugural dictada en el XXVI Congreso Iberoamericano de Municipios, Organización interamericana de Cooperación Intermunicipal OICI, Ayuntamiento de Valladolid, 2004.

[103] Ver Grimaldo Lorente, Jaime, La Asamblea Constituyente de 1999 y sus implicaciones para el proceso de descentralización y el Régimen Federal en Venezuela. Balance en el marco de la Constitución de

En el estudio llamado *La destrucción de la institución municipal en Venezuela, en nombre de una supuesta participación protagónica del pueblo*[104].

El Estado de Derecho está inexorablemente conectado con el Estado democrático puesto que existe una representatividad que permite la participación de los ciudadanos en los asuntos políticos por medio de elecciones universales, manifestándose así la soberanía del pueblo; de igual manera la presencia de diversos partidos políticos y organizaciones políticas es característica de los estados democráticos; otro factor destacado es el hecho de la separación de los poderes públicos, lo que implica la existencia de las decisiones correctas en cada una de las instancias de gobierno; la distribución vertical del poder en los tres niveles de gobierno (municipal, estadal y nacional) representa un principio fundamental en la organización política, finalmente, el respeto por los derechos humanos aseguran la existencia del Estado democrático.

Los estados antidemocráticos centralizan el poder, lo concentran en un solo sujeto o corporación, en el mejor de los casos. Los estados democráticos se implican recíprocamente con la división de poderes horizontal y vertical.

Ahora bien, democracia y centralización administrativa y política da cuenta de democracias formales, deficitarias o apenas, embrionarias.

El caso de la Venezuela actual, según Allan Brewer Carías, de forma muy autorizada, por cierto, combina un régimen autoritario de tipo dictatorial, con federalismo formal, cercenamiento de poder municipal –el centro de poder más próximo al ciudadano– y la desvalorización de la democracia representativa. Todo ello cubierto por

---

1999 Provincia, núm. 8, enero-junio, 2002, pp. 121-157. Universidad de los Andes Mérida, Venezuela.

[104] Disponible en: http://www.redalyc.org/articulo.oa?id=55500808 Formato Iso 690ç2, artículo de revista electrónica, Provincia, número 33, Universidad de los Andes, Mérida, Venezuela, 2014, pp. 49-86.

un falaz populismo de permanente convocatoria a la plaza pública a gentes que su trabajo o su subsidio pende exclusivamente del apoyo irrestricto al gobernante.

Sin lugar a duda una fórmula muy primitiva de ejercicio de poder, capaz de hacer de la necesidad virtud espuria.

A nadie escapa que la democracia representativa es que iniciaba y terminaba en las elecciones, se ha agotado. La democracia representativa supone un senado que representa las regiones, o los estados, o las provincias, o las comunidades autónomas, la separación de poderes, la elección popular de autoridades locales, la existencia de un poder electoral autónomo y seguro, la libertad de formar partidos y otro tipo de organizaciones, etc.

Obviamente ello no existe en Venezuela donde la lógica del comicio es el engaño, el fraude, la apariencia y la coacción a cambio de dádivas o no sé qué tipo de castigos distintos a la exclusión de provisión de víveres.[105] Pero más allá de eso, está claro que en el pensamiento constitucional de Allan Brewer Carías democracia y descentralización se implican recíprocamente y tiene una relación inescindible.[106]

Pero se trata de una democracia auténtica y no la versión más populista y peligrosa que en la práctica se instauró en la hermana República y respecto de la cual Brewer Carías se distancia críticamente.

---

[105] Sobre el tema, Allan Brewer Carías, *Democracias participativa, descentralización política y régimen municipal, op. cit.; Ibídem, La democracia representativa y la falacia de la llamada democracia participativa,* Congreso Iberoamericano de derecho electoral, Monterrey, 2010; *Ibídem, Retos de la democracia y participación ciudadana,* Universidad del Rosario, Bogotá,2011; *Ibídem, La democracia, sus elementos y componentes esenciales, y el control al poder.*

[106] Grandes temas para un observatorio electoral ciudadano, México 2007, entre otros muchos.

Democracia representativa y democracia participativa

Hay temas que resultan difíciles de plantear en países tan polarizados como el nuestro. Decir que la corte constitucional no puede suplantar al legislador cuando opta por una política pública diversa a la que este ha seleccionado para legislar, por ejemplo, en materia de dosis personal para el consumo, es graduarse de retrógrado, desconocedor del más elemental derecho cual es el del libre desarrollo de la personalidad. Decir otro tanto de la eutanasia o del aborto, es peor, aunque frente al aborto la corte introdujo, junto con la procuraduría un gran ruido produciendo historias de vida trágicas en la vida cotidiana, cuando en realidad, todo sumado, seguimos atados a lo que establece el código penal desde el 36 en cuanto a las causales eximentes de responsabilidad. [107]

Y dentro de esa perspectiva, sostener, por ejemplo, que la consulta anticorrupción es una falacia inútil que costó una cantidad absurda del presupuesto y que nada soluciona de manera efectiva, supone necesariamente ser tachado de corrupto. De hecho los medios de comunicación clasifican la probidad de los parlamentarios en función de si aprobó o no dicha ley. Y qué decir del proceso de paz con las FARC: *Perfecto, lo mejor posible, no ha habido en la historia de la humanidad nada mejor...* Esa fue la orden del régimen santistas a cuyo servicio puso parlamento, cortés y comunidad internacional. Claro, todos recibieron adecuada remuneración.

Ahora bien: Ser del parecer que es inconveniente el abuso de los mecanismos de participación ciudadana, que su uso no debe ser recurrente sino excepcional es, a la vista de tanta gente políticamente correcta qué hay en la humanidad, los dueños de la verdad, ser un dictador o un fascista, término impropiamente utilizado porque el

---

[107] La Corte Constitucional el aborto está legalizado en los casos tipificados como eximente de responsabilidad; para la procuraduría está prohibido en tanto que ante la configuración de causales eximentes de responsabilidad, exige rígidos protocolos de verificación excediéndose en sus competencias.

fascismo se origina a partir precisamente de esos ejercicios de pseudo democracia.

Los riesgos de esa democracia directa son varios.

La empresa electoral, riesgo para la democracia representativa y participativa:

Que un referéndum pueda volverse un plebiscito en favor del gobernante de turno es fácil, debido a la debilidad de los partidos políticos -especialistamente en el caso de Colombia, en donde la empresa con ánimo de lucro cuyo objeto es la captación eficiente de votantes en favor de candidato, consulta, iniciativa o referéndum, absorbió la democracia, dada la alta rentabilidad del negocio y su inmediata tasa de retorno-. El resultado de todo ello: Una aparente legitimidad democrática que cubre toda esa red que se articula a partir del negocio embrionario, matriz o principal, para reponer los recursos al financiador inversionista original.

A mayor capacidad de convocatoria del electorado o del nominador, o, de los dos, mayor capacidad de alinear los lazos cómplices que una vez en ejercicio del cargo, actual de manera funcional a la retribución de quien allí los colocó.

Ese es el origen único y real de la corrupción.

Participación y protesta

La concepción de la democracia participativa como la presencia permanente del ágora en la plaza pública escuchando al líder, produciendo decisiones, oponiéndose a otra, hace difícilmente discernible su diferenciación con la protesta popular que parece hoy en día generalizarse en el viejo y el nuevo continente. Y qué decir del mundo oriental.

Para acentuar la voz de alarma que el profesor venía prendiendo desde hace varios lustros, so pena de aparecer retrógrado y antidemocrático, conviene recordar aquí cómo el riesgo de la efectiva democracia se incrementa ante la democracia participativa de cara al papel que juegan las tecnologías.

Participación y tecnologías

En sus varios libros, ensayos y entrevistas el recientemente fallecido Stefano Rodotá, iusprivatista que a partir de la segunda mitad de su vida intensificó su interés por los temas de la política, no solo por haber sido senador vitalicio, sino por su profundísima conciencia de lo que significa ser ciudadano, creo yo, fue pionero en alertar sobre los peligros que engendra confundir política con marketing y peor aún si a ello le agregamos el potencial tecnológico.

El asunto de la democracia participativa entraña muchos riesgos develados desde hace tiempo largo por Stefano Rodotá,[108] Poder invadir directamente la cocina donde el ama de casa prepara sus alimentos y promover la adopción de la pena de muerte luego de alguna atroz masacre a manos de asesinos despiadados, es manipular sus sentimientos, sin permitirle reflexionar ni siquiera, instintivamente, sobre las implicaciones de una decisión así en términos de derechos humanos, errores judiciales, etc.

Pero el tema va más allá pues cabe preguntarse si la tecnología que permite la convocatoria más o menos permanente del ágora, permite la deliberación, la contra pregunta, la profundización, la extrapolación de la propuesta con mi idea de sociedad y de política que es precisamente función de los partidos. Obviamente no.

De todas maneras, los ciudadanos pueden también tener la iniciativa, elevar su requerimiento a quien está del otro lado de la red, sea candidato o gobierno. Pues ello cruzado con las listas de las preferencias de consumo de los ciudadanos, permite obtener perfiles de la población, caracterizarla y sectorizar. Así las cosas, las consultas, los referéndum, las elecciones mismas, lejos de planear estrategias y cometidos donde prima el interés general, pues finalmente se trata de representar la soberanía, como un ente abstracto que encierra en sí los intereses parciales de la sociedad, y en consecuencia propone soluciones incluyentes y realistas, que permitan la coexistencia y satisfacción racional de las varias necesidades, da lugar a

---

[108]   Tecnopolítica e le nuove tecnologie delle comunicazioni, La Terza, 2004, nelle web dal 2013.

una práctica de satisfacción de intereses sectoriales, parciales, fragmentarios, de un sector, el más grande, el más poderoso, el más peligroso, de cara a garantizar el éxito de lo propuesto o del candidato a elegir.

Se repite entonces, la democracia participativa lejos de corregir ese cáncer, le da manto de aparente legalidad y multiplica las oportunidades de negocios: Tantas cuantas convocatorias a votar tengan lugar.

Se fragmenta la soberanía, la nación, se vuelve al acumulado de intereses donde necesariamente algunos se sacrifican, los de los sectores menos numerosos, menos significativos, o de los que no tienen acceso a la tecnología....

En la práctica ello funge de plebiscito, y en el caso de las elecciones, ello se traduce en que el candidato se vende como un producto, porque logró prometer lo que coincide con la expectativa del consumidor, no del ciudadano, que se concibe no como miembro de una sociedad, sino como el titular de intereses inmediatistas a satisfacer individualmente.

En el caso venezolano, con o sin intervención de la tecnología, las ágoras inician siempre con un incremento del estipendio, que en términos económicos nada significa ante la hiper inflación desbordada.

Allan por su parte evidencia, como con esa estrategia de la plaza siempre llena aplaudiendo antes a Chávez, y ahora a Maduro, el gobierno local, desapareció, el mapa territorial se borro, el municipio se desdibujo. En la circunscripción territorial ya no se adoptan las decisiones que a ellos conciernen, todos sucede en el ágora en un diálogo informal e irracional entre gobernante y asistentes obligados.

El control fiscal:

Dentro de la perspectiva de identificar la influencia del profesor en Colombia, parece pertinente reportar su aporte al control fiscal en Colombia.

El control fiscal previo se eliminó a partir de 1991 pues en realidad violaba el principio de separación de poderes. Más coloquialmente se dice que implicaba co-administración y extorsión permanente a los sujetos vigilados.

Lo segundo no se estima eso sí, con su eliminación. El primer argumento es perfectamente válido.

De ahí en adelante, el máximo órgano de supervisión fiscal se hizo de carecer totalmente de pertinencia al limitarse a identificar, una vez acaecida, la pérdida de los recursos públicos. Ello no sería tan grave si existiera, transcurrido el tiempo, alguna posibilidad de recuperación, a partir de un adecuado acervo probatorio. Pero más transcurre el tiempo más vueltas da el recurso y más insolvencia han estructurado los responsables en su patrimonio.

Desde una perspectiva jurídica y hasta antes de la última reforma constitucional, el control que era tan solo efectivo y posterior, por instructivos anti técnicos producidos y readaptados por contralores bastante alejados del sentido de sus obligaciones, se activaba en la vigencia fiscal efectiva.

Así las cosas, ante la tragedia que siempre sigue a una catástrofe natural, la de no atención a las víctimas por incapacidad institucional o corrupción, iba a ser difícil o imposible de repeler.

Se le consultó entonces a Allan, con ocasión de la ola invernal del 2010, qué hacer. Cómo ejercer un control oportuno y en tiempo real por evitar no sólo el desvío de recursos sino también, su no ejecución.

De su puño y letra surgieron el decreto 146 del 2011, que estableció vigilancia en tiempo real pero no vinculante:

En aquellos proyectos o contratos en los que se denuncien o evidencien posible irregularidades de mal uso de los recursos públicos, la Contraloría General de la República ejercerá una función de vigilancia especial inmediata con el único propósito de advertir o prever graves riesgos que puedan comprometer el patrimonio público. Las advertencias que se formulen en desa-

*rrollo de esta vigilancia especial no tendrán efectos de obliga-
toriedad para la administración o los contratistas. Esta función
especial de vigilancia se ejercerá sin perjuicio de las atribuciones de control fiscal previstas en la Ley 42 de 1993.*

*Como consecuencia de sus procesos auditores y en ejercicio
del control posterior a que se refiere la citada ley, la Contraloría General de la República podrá solicitar se suspenda pro-
visionalmente un contrato cuando exista mérito para presentar
alguna de las siguientes acciones judiciales: Demanda de nuli-
dad absoluta, acción popular en defensa de la moralidad administrativa o el patrimonio público o denuncia penal por algún
delito contra la administración pública. La suspensión se le-
vantará si la autoridad judicial desestima las pretensiones de la
Contraloría.*

Este decreto fue declarado constitucional.

Ese es el sentido de la norma constitucional recién aprobada:
ACTO LEGISLATIVO 04 DE 2019 (Septiembre 18)

Por medio del cual se reforma el Régimen de Control Fiscal

EL CONGRESO DE COLOMBIA

DECRETA:

*ARTÍCULO 1º· El artículo 267 de la Constitución Política
de Colombia quedará así:*

*ARTÍCULO 267. La vigilancia y el control fiscal son una
función pública que ejercerá la Contraloría General de la República, la cual vigila la gestión fiscal de la administración y
de los particulares o entidades que manejen fondos o bienes
públicos, en todos los niveles administrativos y respecto de todo
tipo de recursos públicos. La ley reglamentará el ejercicio de
las competencias entre contralorías, en observancia de los
principios de coordinación, concurrencia y subsidiariedad. El
control ejercido por la Contraloría General de la República
será preferente en los términos que defina la ley.*

El control fiscal se ejercerá en forma posterior y selectiva, y además podrá ser preventivo y concomitante, según sea necesario para garantizar la defensa y protección del patrimonio público. El control preventivo y concomitante no implicará coadministración y se realizará en tiempo real a través del seguimiento permanente de los ciclos, uso, ejecución, contratación e impacto de los recursos públicos, mediante el uso de tecnologías de la información, con la participación activa del control social y con la articulación del control interno. La ley regulará su ejercicio y los sistemas y principios aplicables para cada tipo de control.

El control concomitante y preventivo tiene carácter excepcional, no vinculante, no implica coadministración, no versa sobre la conveniencia de las decisiones de los administradores de recursos públicos, se realizará en forma de advertencia al gestor fiscal y deberá estar incluido en un sistema general de advertencia público. El ejercicio y la coordinación del control concomitante y preventivo corresponde exclusivamente al Contralor General de la República en materias específicas.

La vigilancia de la gestión fiscal del Estado incluye el seguimiento permanente al recurso público, sin oponibilidad de reserva legal para el acceso a la información por parte de los órganos de control fiscal, y el control financiero, de gestión y de resultados, fundado en la eficiencia, la economía, la equidad, el desarrollo sostenible y el cumplimiento del principio de valoración de costos ambientales. La Contraloría General de la República tendrá competencia prevalente para ejercer control sobre la gestión de cualquier entidad territorial, de conformidad con lo que reglamente la ley.

El control jurisdiccional de los fallos de responsabilidad fiscal gozará de etapas y términos procesales especiales con el objeto de garantizar la recuperación oportuna del recurso público. Su trámite no podrá ser superior a un año en la forma en que lo regule la ley.

Es deseable que de esta herramienta se haga buen uso y no se transforme en instrumento extorsivo como antaño el control previo.

Es que toca perfeccionar los instrumentos de lucha contra la corrupción, flagelo universal contra la democracia ha sido objeto de su estudio.[109] Así la define Brewer.

A su libro sobre la materia se le suman múltiples ensayos y denuncias debidamente sustentadas.

Ello sin contar que de alguna manera a temprana edad estuvo vinculado a la Contraloría venezolana.

El concepto de corrupción expuesto por Allan es un concepto que responde a estándares éticos más rigurosos: Está no es sólo para apropiarse del recurso público; su mayor poder corrosivo se manifiesta en dañar, las instituciones, tergiversar su razón de ser y procedimiento para satisfacción de intereses distintos, al general.

---

[109] *El control de la administración pública y la corrupción institucional,* Ediciones Olejnik, Santiago de Chile, 2019.

Sección Segunda:

LA FIGURA DEL ESTADO CONSTITUCIO-NAL, DEMOCRÁTICO Y CONVENCIONAL

DOS IDEAS BÁSICAS EN LA OBRA DE ALLAN BREWER-CARÍAS*

JAIME ORLANDO SANTOFIMIO GAMBOA

*Profesor Emérito de Derecho Administrativo
Universidad Externado de Colombia.*

Ex Consejero de Estado

I.- INTRODUCCIÓN. ALLAN BREWER-CARÍAS IDEÓLOGO DEL ESTADO CONSTITUCIONAL; MAESTRO Y CONSTRUCTOR DE DEMOCRACIA; CULTOR DEL ORDEN CONVENCIONAL.

1. Desentrañar el concepto del Estado constitucional en sus finas intimidades y traducirlas al lenguaje del Derecho público vivencial constituye indudablemente uno de los aportes más importantes

---

* Para las presentes reflexiones, ha sido consultada la inmensa y trascendental obra del profesor Allan Brewer-Carías Colección *"Tratado de Derecho Constitucional"*, en XVI volúmenes, el último de los cuales aparece referenciado en el año 2017, publicados por la Fundación de Derecho Público Editorial Jurídica Venezolana, Caracas - Venezuela.

y significativos de la doctrina del profesor Allan Brewer-Carías, su inmensa obra se apuntala inamovible en uno de los mayores paradigmas jurídicos de la humanidad: la del Estado constitucional 1. Acercarse a cada una de las sólidas ideas y profundos conceptos de su inmensa obra jurídica significa para el estudioso descubrir, con el mejor estilo, claridad y fortaleza, las bases de nuestro ordenamiento jurídico, la razonabilidad de un orden de normas, principios y valores que nos dignifican e introducen en una militancia permanente y activa en torno a las ideas democráticas y republicanas como las únicas válidas para garantizar la paz y el bienestar de nuestras sociedades.

2.- Indudablemente, Brewer-Carías nos educa en un activismo irreprochable en torno al constitucionalismo y la convencionalidad. Precisamente, sin perder nunca el horizonte de sus principios fundantes y razones históricas que dieron lugar a la configuración del Estado constitucional, destaca como razón superlativa en la construcción del concepto su inmenso vínculo con el orden jurídico dentro del cual imbrica de manera natural y obvia bajo consideraciones monistas la convencionalidad, haciendo, por lo tanto, del derecho la base de la convivencia, el orden y el progreso reivindicando para el efecto una institucionalidad democrática al servicio de la humanidad.

3.- Brewer-Carías se torna bajo estas consideraciones en un ideólogo, maestro y constructor permanente del Estado constitucional, democrático y convencional como instrumento de lucha idónea y civilizada frente a las desfiguraciones autoritarias y despóticas que humillan y someten a las personas rompiendo injustamente la libertad. Se declara contradictor natural de cualquier forma de absolutismo, autocracia o concentraciones antidemocráticas del poder.

II.- CONTENIDO. DOS IDEAS RECTORAS EN TORNO AL ESTADO CONSTITUCIONAL EN LA OBRA DE ALLAN BREWER-CARÍAS:

A. Ideas fundantes del concepto de Estado constitucional y convencional.

4.- En este sentido y para estos efectos, propone a lo largo de su obra y en línea persistente un concepto de Estado constitucional, solo entendible materialmente en cuanto estructura jurídica teleológica, sumida en parámetros democráticos, sociales y absolutamente regida por la idea básica de la separación de poderes; garante, entre otros bienes y valores, como los de la paz, el orden jurídico, la justicia y derechos, como los subjetivos en todas sus dimensiones, al igual que de la libertad; comprometido con el progreso del hombre y la sociedad; respetuoso de sus compromisos con la comunidad internacional, los derechos humanos, el mercado, la iniciativa privada, la competencia económica; bajo el contexto disciplinar de controles reales contenedores de la arbitrariedad y el despotismo[110]

5.- Bajo estas líneas imperativas de su pensamiento, se ampara uno de los mayores aportes a la teoría del Estado constitucional, por lo menos desde la perspectiva del pensamiento clásico del derecho público latinoamericano, la de entender esta magna construcción conforme a presupuestos convencionales. Reivindicando la esencia del pensamiento político y jurídico de Kant[111] y de Kelsen[112], Brewer-Carías entiende como de la naturaleza misma del Estado consti-

---

[110] BREWER-CARÍAS, *Allan. Instituciones Políticas y Constitucionales,* Tomo I, Evolución Histórica del Estado, Universidad Católica del Táchira, Editorial Jurídica Venezolana, Caracas- San Cristóbal, 1996, pgs. 43 a 163.

[111] KANT, Immanuel. *La Paz Perpetua.* Hemos utilizado para el análisis efectuado en esta presentación la edición de "La Paz Perpetua" de Kant subida en traducción libre y pública en la siguiente página de la red: https://www.biblioteca.org.ar/libros/89929.pdf.

[112] KELSEN, Hans. *Teoría General do Direito e do Estado,* Martins Fontes, São Paulo, 2000, pp. 462 a 567.

tucional su irremediable articulación, bajo consideraciones monistas, con el régimen sustancial derivado del derecho convencional, lo que se hace ostensible en los países miembros del Sistema Interamericano de Derechos Humanos, a partir de los precedentes de la Corte Interamericana de Derechos Humanos y del desarrollo que este órgano judicial le ha imprimido al control de convencionalidad como instrumento vital para la justificación material del Estado de derecho y la democracia.[113]

6.- El derecho no se agota en el derecho nacional y la soberanía absoluta es una ficción irrealizable perturbadora de la integración natural de los pueblos y naciones, que aísla y permite engendros autoritarios y negaciones de los derechos fundamentales del hombre y de la humanidad, de aquí los peligros advertidos por Allan Brewer-Carías en relación con la desconstitucionalización del derecho internacional de los derechos humanos.[114]

7.- El verdadero Estado constitucional es aquel que rompe estas barreras y perjuicios y conduce a las naciones, en palabras de Kant, en torno a un verdadero *"derecho público de la humanidad"*[115], permitiendo reclamar cualquier violación a un derecho en cualquier rincón del planeta. Para Allan Brewer-Carías, estas máximas no le

---

[113] Brewer-Carías, Allan. *El Control de Convencionalidad, con particular referencia a la garantía del derecho a la protección judicial mediante un recurso sencillo, rápido y efectivo de amparo de los derechos humanos,* Texto preparado para la exposición en el evento organizado por la Sala Constitucional de la Corte Suprema de Justicia de Costa Rica, sobre El control de convencionalidad y su aplicación, San José, Costa Rica, 27-28 de septiembre de 2012. https://allanbrewer-Carías.com/wpcontent/ uploads/2012/09/1107-1-1055-EL-CONTROL-DE-CONVENCIONALIDAD-por-la-Corte-IDH-Y-AMPARO-18-sept.-2012.doc.pdf.

[114] Brewer-Carías, Allan. *Estado Totalitario y Desprecio de la Ley. La Desconstitucionalización, Desjuridificación, Desjudicialización y Desdemocratización de Venezuela,* Fundación de Derecho Público, Editorial Jurídica Venezolana, 2015, págs. 148 y 149; 495 a 529.

[115] Kant, Immanuel. *La Paz Perpetua, Op. cit.*

son extrañas, todo lo contrario, constituyen elementos vitales de su ideario político y jurídico[116], precisamente destaca que, "... *Algo...que ha adquirido tanta notoriedad en los últimos años, ... si bien no es tan viejo como el mundo, sí podemos considerar que es tan viejo como la vigencia misma de la Convención Americana sobre Derechos Humanos...*", mostrándonos en consecuencia el sendero convencional como el correcto para el entendimiento integral del Estado constitucional.[117]

8.- Brewer-Carías se torna entonces en un soñador del derecho internacional y de sus bondades para la humanidad en claves de repudio a toda manifestación de violación de sus mínimos de convivencia y de respeto al hombre y sus derechos. Su propuesta en este aspecto no admite tacha moral o política. Propone leer y aplicar las bases constructivas del Estado constitucional y sus desarrollos normativos legales, administrativos y judiciales a la luz y conforme al orden jurídico convencional, algo que dentro de la estructura dogmática de su vasta obra no puede ser calificado más que obvio.[118]

9.- Precisamente al ahondar en las razones de esta línea de pensamiento y referirlas a su Venezuela del alma, encuentra que ya los jueces de la Venezuela democrática diseñada en la Constitución Política 1961 (mucho antes de entrar a regir en nuestros países la Convención Americana de Derechos Humanos y con ostensible anterioridad a que se hablara con tanta propiedad como se hace hoy

---

[116] Brewer-Carías, Allan. Derecho Administrativo y el control de convencionalidad, Revista de la Facultad de Derecho de México, Vol. 67, N° 268, 2017.

[117] Brewer-Carías, Allan. *El Control de Convencionalidad, con particular referencia a la garantía del derecho a la protección judicial mediante un recurso sencillo, rápido y efectivo de amparo de los derechos humanos, Op. Cit.*

[118] Brewer-Carías, Allan. *Estado Totalitario y Desprecio de la Ley, La Desconstitucionalización, Desjuridificación, desjudicialización y desdemocratización de Venezuela, Op. Cit.*, págs. 148 y 149; 495 a 529.

del control de convencionalidad) venían aplicando un particular e innominado control con fundamento en el artículo 49 de esta Carta Política en defensa del goce y ejercicio de las garantías constitucionales. Desde la década de los sesenta, "*…algunos jueces de instancia comenzaran a admitir acciones de amparo para proteger otras libertades o garantías distintas de la libertad individual"*, lo cual denota lo obvio del respeto y prevalencia en el derecho interno a los derechos humanos en contexto de convencionalidad. Control desafortunadamente frustrado y negado en la hora actual de Venezuela por los jueces y autoridades de la dictadura.[119]

B. Ideas fundantes del concepto de democracia dificultades, desfiguraciones y peligros.

10.- El aporte de toda esta construcción jurídica y política de Allan Brewer-Carías afortunadamente para los juristas de América y del mundo entero no cesa, imprimiéndole a la discusión y problemática siempre creciente en torno al Estado constitucional su vínculo inescindible con la convencionalidad y el concepto de democracia, dinámicas progresistas, sustancialmente dialécticas, profundamente críticas de los fenómenos y sucesos que moldearon esta monumental creación de nuestra cultura jurídica, sin embargo, dentro de este contexto resulta significativo el énfasis y despliegue permanente que el profesor hace de la idea democrática, concepto que irradia integralmente todas sus líneas de pensamiento y las respuestas a todos sus cuestionamientos.[120]

11.- Allan Brewer-Carías en este sentido se constituye en un indiscutible ideólogo del Estado democrático de derecho en América Latina, el más profundo de sus analistas y crítico permanente de sus

---

[119] Brewer-Carías, Allan. *El Control de Convencionalidad, con particular referencia a la garantía del derecho a la protección judicial mediante un recurso sencillo, rápido y efectivo de amparo de los derechos humanos, Op. Cit.*

[120] Brewer-Carías, Allan. *"Tratado de Derecho Constitucional"*, Fundación de Derecho Público Editorial Jurídica Venezolana, Volumen VII, Caracas Venezuela, 2014, pgs 117 a 315.

desvíos y frustraciones. Su persistencia en el concepto de democracia como elemento articulador fundamental de toda referencia al Estado constitucional y convencional es ante todo doctrinaria. Podríamos afirmar sin lugar a equívocos, que Allan Brewer-Carías es un purista en todo el sentido de la palabra, en relación con la razonabilidad del concepto de democracia y su incidencia en la construcción de las instituciones dentro del Estado de derecho. En diversos escritos, de épocas diferentes, sin perder el rumbo de los principios en la materia, nos advierte con autoridad que la democracia es una forma de convivir en institucionalidad bajo la cultura de los límites al ejercicio del poder y el consecuente respeto a los derechos. Es un aporte cultural, hecho por las delicadas manos del pensamiento humano para disfrutar de los bienes de la vida en libertad, con la plenitud de los derechos subjetivos y sin el yugo amargo de la estupidez de los autócratas.[121]

12.- El núcleo central de su pensamiento es sencillo y absolutamente entendible como debe ser el lenguaje de todo demócrata: *"...la democracia como régimen político sólo puede funcionar en un sistema constitucional de Estado de derecho en el cual se tome efectivamente en cuenta con todas sus consecuencias políticas"*, estas son, entre otras, (i) la de aceptar sin limitación alguna la idea del no abuso del poder; (ii) reivindicar de manera permanente y en cualquier instancia el concepto de límites sustanciales y verdaderos al actuar de cualquier autoridad en escenarios reales de división de poderes; (iii) la negación absoluta del despotismo y la autocracia o cualquier deformación que se le parezca, en consecuencia; (iv) el disfrute del hombre de su libertad sin más límites que las del interés general y nunca la de los intereses mezquinos e ilegítimos del tirano.[122]

---

[121] Brewer-Carías, Allan. *Tratado de Derecho Constitucional*, Fundación de Derecho Público Editorial Jurídica Venezolana, Volumen VII, Caracas Venezuela, 2014, pg. 276 y sgtes.

[122] Brewer-Carías, Allan. *El Estado Democrático de Derecho y los Nuevos Autoritarismos Constitucionales en América Latina: El Caso de Venezuela*. Escrito elaborado partiendo del texto de la ponencia pre-

13.- La pureza de estas enseñanzas, como bien lo destaca, devienen de fuentes doctrinales claras y del más profundo valor histórico y político: (i) de la ya "… *clásica y clara advertencia que décadas antes de la Revolución Francesa había legado al mundo, Charles Louis de Secondat, Barón de Montesquieu: "Es una experiencia eterna –decía- que todo hombre que tiene poder tiende a abusar de él; y lo hace hasta que encuentra límites… Para que no se pueda abusar del poder es necesario que, por la disposición de las cosas, el poder limite al poder…"*. , y (ii) de la experiencia revolucionaria y constitucional norteamericana donde precisamente postularon la idea democrática y republicana de gobierno representativo a partir de 1776, como fórmula adecuada y precisa para enfrentar y controvertir constitucionalmente el concepto de monarquía absoluta hereditaria, en lo que sostiene Brewer-Carías, jugó "*…un papel fundamental los escritos de Thomas Paine, sin duda, el ideólogo más importante de la independencia norteamericana…*", quien postuló precisamente el reproche y negación de todo lo que institucionalmente representaba el régimen inglés y la necesidad de no seguir su ejemplo en la construcción del nuevo Estado norteamericano; "*…el nuevo régimen político a establecer no podía ser el de la "locura del Gobierno hereditario de los reyes," o de "la absurdidad de la sucesión hereditaria," la cual consideró en su obra Common Sense, como "un insulto y una imposición sobre la posteridad, porque siendo todos los hombres iguales en su origen, ninguno por su nacimiento pudo tener un derecho para establecer para siempre su*

---

sentada al IX Congresso Ibero-Americano de Direito Constitucional e VII Simpósio Nacional de Direito Constitucional, Associação Brasileira dos Constitucionalistas Demócratas, Seção Brasileira do Instituto Ibero-Americano de Direito Constitucional, Academia Brasileira de Direito Constitucional, 11-15 de noviembre 2006, Curitiba, Paraná, Brasil. https://allanbrewercarias.com/wpcontent/uploads/2007/-09/1006.-I-1-947.-Estado-democráticode-derecho-y-autoritarismo-en-Venezuela-Curit%C3%ADba-2006.pdf.

misma familia con una perpetua preferencia sobre todas las demás. "[123]

14.- Conforme a estas ideas doctrinales, entiende Allan Brewer-Carías que construir y mantener un orden democrático dentro del Estado constitucional es una tarea difícil y de profunda persistencia en sus valores y principios para lo cual no se puede perder nunca de vista la concurrencia de los siguientes elementos: (i) asegurar el gobierno del pueblo, titular de la soberanía, sea en forma indirecta a través de representantes, o bien mediante instrumentos para su ejercicio directo; (ii) reivindicar un real y efectivo Estado de derecho, donde se garantice la prevalencia de sistema político constitucional que impida el abuso de quienes ejercen el poder estatal, división efectiva del poder, existencia de controles reales que impidan el auge de la arbitrariedad; (iii) respeto real y material a la voluntad popular; (iv) vigencia plena y eficaz de los derechos humanos; (v) garantía efectiva del pluralismo político; (vi) alternabilidad real y republicana en el ejercicio del poder político; y en fin, (vii) sometimiento material del Estado y todas sus autoridades, funcionarios y órganos al derecho, entendiendo incorporado dentro de éste el orden jurídico convencional en los términos y condiciones de los tratados internacionales y del derecho internacional consuetudinario.[124]

15.- En esta línea de pensamiento, el ordenamiento jurídico convencional juega un papel importante en la consolidación de la base y concepto democrático en la obra de Allan Brewer-Carías. La democracia en los términos expuestos guarda relación material con los valores del derecho internacional de los derechos humanos. El propósito y finalidad prevalente del ordenamiento convencional es

---

[123] Brewer-Carías, Allan. *Reflexiones sobre la Revolución Norteamericana (1776), la Revolución Francesa (1789) y la Revolución Hispanoamericana (1810-1830), y sus aportes al constitucionalismo moderno,* Universidad Externado de Colombia, Editorial Jurídica Venezolana, Bogotá 2007, pgs. 83 a 195.

[124] Brewer-Carías, Allan. *Tratado de Derecho Constitucional,* Fundación de Derecho Público Editorial Jurídica Venezolana, Volumen VII, Caracas Venezuela, 2014.

el mantenimiento y garantía permanente del sistema democrático y republicano de gobierno. En sus reflexiones al respecto, considera como una verdad incontrovertible la del papel estelar que juegan en su consolidación los tratados internacionales, la jurisprudencia de la Corte Interamericana de Derechos Humanos, pero también la labor constructiva de instrumentos como la Carta Democrática Interamericana de 2001, que determinó a nivel del consenso regional los elementos fundamentales del concepto de democracia representativa, constituyéndose en un referente esencial para la lectura y vigencia de las ideas democráticas en nuestros países.[125]

16.- De sus artículos 3 y 4, deduce Brewer-Carías las siguientes 11 ideas rectoras interamericanas sobre democracia, en su consideración de observancia irremediable por los países para ser calificados en la región con estructuras constitucionales verdaderamente democráticas: *"(i) respeto a los derechos humanos y las libertades fundamentales; (ii) el acceso al poder y su ejercicio con sujeción al Estado de derecho; (iii) la celebración de elecciones periódicas, libres, justas y basadas en el sufragio universal y secreto, como expresión de la soberanía del pueblo; (iv) régimen plural de partidos y organizaciones políticas; (v) la necesaria existencia –dice- de "la separación e independencia de los poderes públicos"; (vi) la transparencia de las actividades gubernamentales; (vii) la probidad; (viii) la responsabilidad de los gobiernos en la gestión pública; (ix) el respeto por los derechos sociales y la libertad de expresión y de prensa; (x) la subordinación constitucional de todas las instituciones del Estado a la autoridad civil legalmente constituida; (xi) el respeto al Estado de derecho de todas las entidades y sectores de la sociedad."*

17.- No obstante esta maravillosa creación doctrinal, Allan Brewer-Carías reconoce múltiples dificultades y desviaciones profundas en la búsqueda y consolidación de una sustantividad democrática regional, generando a lo largo de su obra un catálogo de

---

[125] Brewer-Carías, Allan. *El Estado Democrático de Derecho y los Nuevos Autoritarismos Constitucionales en América Latina: El Caso de Venezuela. Op. Cit.*

irregularidades y perversiones a la democracia y de contera al concepto de Estado constitucional que ponen en peligro no solo su vigencia, sino también los valores vitales del hombre en sociedad.[126]

18.- De los múltiples trabajos al respecto, podemos reconstruir las ideas básicas y centrales de este catálogo negro de prácticas y mecanismos lesivos al orden constitucional y convencional en los siguientes términos: (i) proliferación de discursos autoritarios y populistas en quienes ejercen el poder; (ii) la mentira como política de Estado y negación de la transparencia; (iii) desquiciamiento de la administración pública; (iv) proliferación de mecanismos y métodos dirigidos a generar inseguridad en el respeto y acatamiento de los derechos humanos, desconocimiento pleno de la convencionalidad y del derecho internacional consuetudinario; (iii) ausencia material y real de la separación de poderes; (v) surgimiento de un nuevo modelo de Estado autoritario que no tiene su origen inmediato en un golpe de Estado militar, como ocurrió en el transcurso de las décadas del siglo pasado, sino en elecciones populares; (vi) demasiada concentración y centralización del poder, sin controles efectivos, así se tenga origen popular. *"Si no hay controles efectivos sobre los gobernantes, y peor aún, si estos tienen o creen tener apoyo popular, inevitablemente conduce a la corta o a la larga a la tiranía"*; (vii) centralización del poder y ausencia efectiva de participación política; (viii) concentración del poder y autoritarismo constitucional; (ix) la reelección presidencial indefinida. La idea democrática restringe por su misma naturaleza el ejercicio del poder sin temporalidad. Le es ínsito a este sistema *"limitar los mandatos presidenciales en el tiempo y en su repetición, de manera de evitar que amparados en la reelección presidencial surgieran "nuevas monarquías" incluso semi hereditarias, con "príncipes" y "cortesanos" incluidos, no de sangre, sino basadas en supuestas elecciones no siempre libres, ni directas, ni transparentes, y en todo un andamiaje*

---

[126] Brewer-Carías, Allan. *Estado Totalitario y Desprecio de la Ley. La Desconstitucionalización, Desjuridificación, Desjudicialización y Desdemocratización de Venezuela*, Fundación de Derecho público, Editorial Jurídica Venezolana, 2015.

de adulación servil al jefe"; (x) desconocimiento recurrente de la voluntad popular; (xi) el asalto al poder y la consolidación del Estado criminal; (xii) la perversión del Estado de derecho por el juez constitucional. Ruptura y abandono del sendero de la justicia; (xii) manipulación y pérdida de rumbo de la democracia participativa. [127]

19.- Especial capítulo de su obra ha dedicado Brewer-Carías a Venezuela, mostrándonos a lo largo de la misma el calvario de una Nación digna en un Estado a la deriva y sin rumbo institucional, capturada por usurpadores y autócratas sin vergüenza alguna, que han asaltado el poder y consolidado un verdadero "Estado criminal", desconociendo el orden constitucional e implantando un modelo de facto dictatorial, agresivo, vulnerador de derecho y garantías, mafioso, determinadores y gestores del colapso absoluto del orden convencional y la paz. [128]

20.- En sus estudios sobre el abandono total del Estado constitucional en Venezuela, nos presenta el cuadro indeseable y oscuro de una situación de facto prolongada y absurda en la cual concurren en absoluto la totalidad de circunstancias de ruptura al ordenamiento jurídico y la democracia identificadas en el catálogo de los numerales anteriores y todas aquellas otras que la imaginación política y jurídica nos permitan identificar y que seguro saldrán a la luz cuando la democracia vuelva a surgir. En palabras de Brewer-Carías *"...Y allí radican, precisamente, los problemas del declarado Estado de derecho y de la supuesta democracia en Venezuela, la cual tiene su deformación en el propio texto constitucional de 1999, en el cual, lamentablemente, se estableció el esquema institucional que ha permitido la concentración del poder, alentando el autoritarismo y eliminando toda forma de control del poder; y que ha igualmente permitido la centralización del poder, iniciando el proceso*

---

[127] Brewer-Carías, Allan. *Tratado de Derecho Constitucional*, Fundación de Derecho Público Editorial Jurídica Venezolana, Volumen XVI, Caracas Venezuela, 2017.

[128] Brewer-Carías, Allan. *Transición a la Democracia en Venezuela. Bases Constitucionales*, Editorial Jurídica Venezolana, Miami/Caracas, 2019.

de desmantelamiento del federalismo y del municipalismo, refor-
zando el mismo autoritarismo, distorsionando la posibilidad de
participación política efectiva a pesar de los mecanismos de demo-
cracia directa que se recogieron. Es un ejemplo constitucional de
autoritarismo constitucional con origen electoral, el cual, sin em-
bargo, constituye la negación de lo que debe ser un Estado de-
mocrático de derecho... "[129]

III. CONCLUSIONES

21.- Brewer-Carías en su extensa obra no solo es descriptivo, algo que lo caracteriza es su capacidad analítica, crítica, propositiva y conclusiva, en especial con los temas abordados en este escrito que constituyen la columna vertebral de sus trabajos sobre el derecho público en general y estructuran el más valioso de sus aportes a la cultura jurídica de nuestros países. Del estudio en contexto de sus aportes bibliográficos, podemos exponer las siguientes conclusiones:

22.- (i) Un Estado lo es verdaderamente constitucional, democrático y convencional en la medida que posea una constitución política real, verdadera, sustancial que garantice todos y cada uno de los elementos que la historia de la humanidad ha construido en relación con el constitucionalismo material y que la doctrina, expuesta en la obra de Allan Brewer-Carías, retoma de manera ejemplar como el deber ser de la institucionalidad real para nuestras sociedades que hace viable todas las aspiraciones de la misma, lo cual solo es posible si el sistema constitucional y los controles diseñados en ella evitan la configuración de algunas de las hipótesis lesivas al ordenamiento jurídico y señaladas en el numeral del presente estudio, casuística negativa desde cualquier perspectiva, que en palabras del profesor son lesivas a la existencia de un verdad Estado de derecho. De manera especial en sus trabajos agrega las siguientes:

---

[129] Brewer-Carías, Allan. *El Estado Democrático de Derecho y los Nuevos Autoritarismos Constitucionales en América Latina: El Caso de Venezuela. Op. Cit.*

23.- (ii) El Estado constitucional, democrático y convencional debe garantizarse materialmente, esto es, bajo parámetros reales y de efectividad: "*... Para que exista un Estado democrático de derecho no bastan las declaraciones contenidas en los textos constitucionales que hablen de "democracia participativa y protagónica" o de descentralización del Estado; así como tampoco basta con establecer un sistema eleccionario que permita elegir mediante sufragio a los representantes populares. Aparte de que el mismo, por supuesto, debe asegurar efectivamente la representatividad, el pluralismo político y el acceso al poder conforme a los postulados del Estado de derecho...*" [130]

24.- (iii) El Estado constitucional, democrático y convencional debe ser fundamentalmente un Estado de controles efectivos, reales, que garanticen la división de poderes y eviten la concentración del mismo y la generación de autocracias reprochables."*... Pero, además, para que exista un verdadero Estado democrático de derecho es necesario e indispensable que el marco constitucional en el cual se pretenda que funcione el régimen democrático, permita efectivamente el control efectivo del poder por el poder mismo, incluso por el poder soberano del pueblo. Es la única forma de garantizar la vigencia del Estado de derecho, la democracia y el ejercicio real de los derechos humanos...*"[131]

25.- (iv) El Estado constitucional, democrático y convencional para que lo sea realmente debe ser un Estado de distribución efectiva de poderes, responsabilidades, funciones. El peor de los venenos para el constitucionalismo, la democracia y el orden convencional lo es el de la concentración desmedida del poder: "*... Y el control del Poder del Estado en un Estado democrático de derecho sólo se puede lograr dividiendo, separando y distribuyendo el Poder Públi-*

---

[130] Brewer-Carías, Allan. *El Estado Democrático de Derecho y los Nuevos Autoritarismos Constitucionales en América Latina: El Caso de Venezuela. Op. Cit.*

[131] Brewer-Carías, Allan. *El Estado Democrático de Derecho y los Nuevos Autoritarismos Constitucionales en América Latina: El Caso de Venezuela. Op. Cit.*

co, sea horizontalmente mediante la garantía de la autonomía e independencia de los diversos poderes del Estado, para evitar la concentración del poder; sea verticalmente, mediante su distribución o desparramamiento en el territorio del Estado, creando entidades políticas autónomas con representantes electos mediante sufragio, para evitar su centralización. La concentración del poder al igual que su centralización, por tanto, son estructuras estatales esencialmente antidemocráticas... "[132]

Altos de Potosí, Guasca, Colombia, 14 de octubre de 2019.

---

[132] Brewer-Carías, Allan. *El Estado Democrático de Derecho y los Nuevos Autoritarismos Constitucionales en América Latina: El Caso de Venezuela, Op. Cit.*

Sección Tercera:

LA INFLUENCIA DEL PROFESOR BREWER-CARÍAS EN CENTROAMÉRICA Y EL CARIBE

EDUARDO JORGE PRATS

Profesor de derecho constitucional, República Dominicana

Muy contento de poder participar en este homenaje al profesor Allan Brewer-Carías. Considerado por los dominicanos como uno de nuestros grandes *ius publicistas*, y digo uno de nuestros grandes *ius publicistas* porque una de las características de la obra del profesor Brewer-Carías es que ha estudiado todos los regímenes de derecho público de "nuestra América", como decía ese dominicano eminente Pedro Henríquez Ureña. Le doy las gracias al profesor Parejo Alfonso por honrarme con esta invitación.

El tema que me toca desarrollar en esta jornada es la proyección de la obra de Brewer-Carías en Centroamérica y el Caribe y en particular en la República Dominicana. Pero, ante todo, ¿quién es Allan Brewer-Carías? El profesor Brewer-Carías ha venido escribiendo y ha venido enseñando Derecho Administrativo y Derecho Constitucional desde el año 1964 cuando se publica su primer artículo de derecho. Se trata de una obra que se proyecta por más de medio siglo y que se renueva día por día, por esa inmensa capacidad que tiene el profesor Brewer-Carías de estar en el filo de los eventos. Así, sus análisis sobre la realidad política y jurídica de Venezuela siguen los acontecimientos tal cual se van desarrollando y nos entrega ahora con la facilidad que otorga internet y las redes sociales, artículos de lo que son, por ejemplo, decisiones del Tribunal Supremo venezolano, en especial de su Sala Constitucional, a los pocos días de salir éstas.

Y, precisamente, si hay una característica que tipifica la obra del profesor Brewer-Carías es que es una obra comprometida. No se trata de una doctrina jurídica insípida, inodora e incolora. Brewer-Carías está sumergido en los eventos, está sumergido a los hechos y como jurista realiza una labor crítica. Así, por ejemplo, los análisis que ha realizado de las decisiones de la Sala Constitucional venezolana, en lo que ha sido el deterioro de una justicia suprema y una justicia constitucional que durante mucho tiempo fue un faro de luz que iluminó a todo nuestro continente, son contribuciones académicas que sirven para vacunar contra y prevenir situaciones semejantes en otras naciones.

Por lo tanto, los latinoamericanos y los caribeños nos vemos en el espejo venezolano para saber qué hacer, qué evitar ante la circunstancia de la deriva de un Estado democrático a un Estado autoritario. En ocasión de una obra puesta a circular recientemente por el profesor Brewer-Carías y que tuve a bien prologar, decía que Brewer-Carías era un jurista iluminando con su luz del Estado de Derecho en medio de las tinieblas y en medio de la oscuridad de un Estado autoritario. Eso es muy importante porque la situación de Venezuela es una situación que puede repetirse y replicarse en otros escenarios, en otros países.

La influencia de Brewer-Carías ha sido larga y extendida en todo el continente y no solo por el impacto de lo que son sus obras, es decir, lo que hoy conocemos como el Tratado de Derecho Administrativo, el Tratado de Derecho Constitucional, cada uno de muchos tomos. Esa es una obra que se estudia porque la doctrina de Brewer-Carías sobre el Derecho Administrativo se aplica también a nuestras instituciones, porque analiza la realidad de cada uno de los ordenamientos de nuestra América. Así en el caso dominicano y lo mismo dirá el profesor Jaime Santofimio del caso colombiano, Allan Brewer ha analizado las instituciones de nuestro derecho, por lo tanto Brewer es un jurista iberoamericano, un jurista universal. Venezuela no puede pretender monopolizar el hecho de que Allan pertenece a nuestros derechos y que es un jurista venezolano, porque es también un jurista colombiano, un jurista dominicano, ya que Brewer-Carías tiene una enorme sensibilidad hacia los diferentes ordenamientos y al análisis en perspectiva comparada.

Tenemos ante todo al Brewer-Carías administrativista. Ahí entre sus obras podemos citar lo que es el análisis de los principios del procedimiento administrativo en América Latina que ha tenido varias ediciones. Se estudian los diferentes principios que rigen el procedimiento administrativo desde una perspectiva comparada, con análisis en cada uno de los países. Esa obra ha tenido un impacto enorme en las nuevas leyes de procedimiento administrativo y en particular en el caso dominicano. La Ley 107-13 sobre los Derechos de las Personas en sus Relaciones con la Administración y de Procedimiento Administrativo, mejor conocida como Ley 107-13 o Ley de Procedimiento Administrativo. Es un ejemplo de ello, la parte en principio lógica, la parte de los principios, cuando se habla de los diferentes principios de celeridad, oficialidad, etcétera, que deben regir el procedimiento administrativo ahí está la doctrina de Allan Brewer y en gran medida ese derecho administrativo garantista que ha sido definido por el profesor en el concepto ecléctico que tiene del derecho administrativo, pues también queda plasmado en una ley como esta, que plantea una Administración centrada en la persona, centrada en el ser humano que ya no es un súbdito frente al Estado sino un titular de derechos frente al mismo.

Y como administrativista, el profesor Brewer-Carías ha sido un conceptualizador de lo que es la jurisdicción contenciosa administrativa. En el caso dominicano y en otras naciones el énfasis de Brewer-Carías ha sido la distinción entre la justicia constitucional a cargo del Tribunal Constitucional y la justicia constitucional a cargo de la jurisdicción contenciosa-administrativa. Y aquí caemos en un elemento importante y es la definición de Brewer-Carías de jurisdicción constitucional y justicia constitucional. Esa definición está recogida en nuestra Ley Orgánica del Tribunal Constitucional y de los Procedimientos Constitucionales que tiene una fuerte influencia del pensamiento del profesor Brewer-Carías, en específico, la definición de justicia constitucional como la potestad de aplicar la Constitución a los casos que se someten a su jurisdicción por parte de cualquier órgano jurisdiccional. Es una definición que viene de los trabajos de los años 80 y 90 que hizo Brewer-Carías sobre la justicia constitucional.

Asimismo, el profesor ha sido un estudioso de la jurisdicción constitucional, digamos que ha sido uno de los doctrinarios que mejor ha explicado en términos de derecho comparado lo que son los diversos modelos de control de constitucionalidad. Podríamos decir que Brewer-Carías ha sido para el estudio comparativo de la jurisdicción constitucional lo que fue Mauro Cappelletti en su momento, en los años 60, y el estudio que ha hecho de los modelos latinoamericanos de control de constitucionalidad, el llamado modelo dual donde no se conecta a la jurisdicción constitucional especializaba con la justicia ordinaria. Este primer modelo dual sería, por ejemplo, el caso chileno, donde no se conecta el Poder Judicial con el Tribunal Constitucional. El modelo mixto sí se mezcla y el mejor ejemplo y el más reciente es el caso dominicano donde el Tribunal Constitucional tiene la potestad de controlar, de revisar las decisiones que dictan los tribunales cuando son sentencias firmes o cuando son decisiones de amparo. Digamos, entonces, que la estructuración de esta nueva jurisdicción constitucional a partir de las transiciones a la democracia en la década de los 80 en América Latina, pues está muy permeada por el pensamiento de Brewer-Carías.

Del mismo modo, Brewer-Carías ha sido un analista de la institución del amparo, el amparo que originalmente es una institución que se desarrolla en México, pero que realmente ha adquirido el cariz de acción constitucional de garantía en los últimos años. Se trata de uno de los modelos más exitosos de exportación, de relaciones Sur-Sur, dentro de nuestra América Latina. El amparo ha viajado de un lugar a otro y el profesor Brewer tiene estudios diseminados sobre esta institución. En el caso dominicano, por ejemplo, ha venido estudiando el amparo desde el momento en que fue reconocido por la Suprema Corte de Justicia en el año 1990, luego reglamentado en el año 1999, luego objeto de una ley especial en el año 2006 y a partir de 2011 tiene lo que se conoce como su regulación ya terminada en la Ley Orgánica del Tribunal Constitucional y de los Procedimientos Constitucionales en la definición del amparo, de los diferentes tipos de amparo y de las potestades del juez de amparo. En todas estas figuras jurídicas ha estado presente también el pensamiento de Brewer-Carías.

Un elemento importantísimo en la doctrina de nuestro querido Allan ha sido lo que debe ser el objeto del control concentrado de constitucionalidad ante el Tribunal Constitucional. Como sabemos, en el pensamiento de Brewer-Carías, que es tributario del pensamiento de su profesor Charles Eisenmann que a su vez fue alumno del profesor Hans Kelsen, la aplicación del Derecho se produce en grados y, por lo tanto, los actos que son de inmediata ejecución de la Constitución son los actos que están sujetos al control, en específico las leyes, los reglamentos, las normas y aquellos actos que no se remiten a una ley que aplican o que ejecutan, mientras que los actos administrativos están sujetos a un control de constitucionalidad por la vía difusa en la jurisdicción contencioso-administrativa. Esa doctrina ha sido acogida por el Tribunal Constitucional dominicano, aunque ha sufrido excepciones en cuanto a que el Tribunal en determinadas circunstancias exceptúa algunos actos que son a su juicio manifiestamente arbitrarios y que pueden ser controlados en sede del Tribunal mediante la acción directa en inconstitucionalidad.

De manera que la influencia del profesor Brewer-Carías ha sido muy amplia y el hecho de que él es al mismo tiempo, como ocurre con muchos cultores de esta materia, un versado en el Derecho Administrativo y en el Derecho Constitucional, sus últimas obras, sus últimos estudios y monografías han versado sobre lo que son las bases constitucionales del Derecho Administrativo. Y eso lo ha hecho en diferentes países de nuestra región incluyendo la República Dominicana.

De nuevo un gran honor para mí haber podido participar aún a distancia, porque por razones personales ineludibles no he podido acompañar a Allan en este día tan especial donde todos los juristas, los que nos consideramos sus discípulos, sus amigos, rendimos tributo a un gran jurista, pero sobre todo a un gran ser humano, a un gran colega académico, a un gran amigo, a un hombre que siempre ha apoyado a los nuevos talentos, que siempre ha difundido con su labor editorial el trabajo de los jóvenes investigadores de todo nuestro continente y que tenemos en Allan como un modelo paradigmático que debemos imitar, que debemos emular, no solamente por su conocimiento, sino sobre todo por su integridad moral que ha sido puesta a prueba en estos momentos que Venezuela atraviesa esta situación tan difícil. Nosotros esperamos que los hermanos venezolanos puedan transitar prontamente hacia la democracia y que Brewer-Carías, que ha sido injustamente perseguido como ha quedado harto demostrado, pueda regresar con su familia al territorio venezolano. Ese solar de América donde murió nuestro padre de la patria Juan Pablo Duarte, a esa Venezuela solidaria que acogió a los que huyeron de la persecución de esa oprobiosa tiranía de Rafael Leónidas Trujillo Molina, que fueron dominicanos que pudieron desarrollarse en Venezuela. Hoy nosotros acogemos también a nuestros hermanos venezolanos, pero sobre todo hoy los dominicanos estamos comprometidos como nación y como Estado con una próxima transición a la democracia en Venezuela.

Allan, un fuerte abrazo, un saludo a todos los colegas españoles e iberoamericanos que han viajado a Madrid para este día tan especial, no solo el cumpleaños de ese "joven" jurista que es Allan Brewer-Carías, sino sobre todo el homenaje al jurista que queremos, que apreciamos y cuya obra es fundamental para el entendimiento del desarrollo jurídico de todo nuestro continente. Muchas gracias.

CUARTA PARTE:
PROYECCIÓN EUROPEA E INTERNACIONAL

Sección Primera:
PROYECCIÓN DE ALLAN R. BREWER-CARÍAS EN ESPAÑA

FERNANDO LÓPEZ RAMÓN

Presidente de la Asociación Española de profesores de Derecho Administrativo

Mucho me congratulo de la iniciativa de Luciano Parejo y de otros colegas de realizar este tan merecido homenaje a Allan-Randolph Brewer-Carías con ocasión de su ochenta cumpleaños. Y mucho agradezco también que se haya contado con mi presencia a tal fin, pues entiendo que lo hago en representación de los administrativistas españoles, que tan fuertes vinculaciones tienen con el homenajeado.

Antiguos y sólidos lazos nos unen, efectivamente, con Brewer. Ya en la década de 1960, desde París, donde realizaba una estancia de investigación, viajó a Madrid para conocer y dar inicio a relaciones académicas con García de Enterría, Garrido Falla y González Pérez, entre otros renovadores del Derecho administrativo patrio. En la década de 1970, se registraron los viajes de trabajo y la participación en diversos eventos académicos de Martín Mateo, S. Martín-Retortillo, Bermejo Vera y otros.

A partir de 1980, los contactos se intensificaron particularmente de la mano de Parejo durante su presidencia del INAP (Instituto Nacional de Administración Pública). Culminación de todo ello pueden considerarse los dos doctorados *honoris causa* otorgados a Brewer por universidades españolas: la de Granada en 1986 con apadrinamiento de Roca y la Carlos III de Madrid en 1996 con presentación de Parejo.

Posteriormente, nuevas generaciones nos unimos a la línea de colaboración con Brewer y la doctrina venezolana. Yo pude conocerle personalmente en el año 1994, en el seminario "Encuentros sobre Derecho iberoamericano" que organizó Clavero, entonces presidente de la Fundación BBV, en Toledo. Posteriormente, disfrutamos de su compañía en varias reuniones de la escuela de García de Enterría, donde siempre sabía combinar la amena conversación con la utilidad y profundidad de sus mensajes. Ahora varios colegas trabajamos en la Red Internacional de Bienes Públicos con uno de sus discípulos, Hernández Mendible, de manera que las relaciones continúan y se intensifican.

Fue un placer y un honor recibir a Brewer y disfrutar de su sabiduría en el XIV Congreso de la AEPDA (Asociación Española de Profesores de Derecho Administrativo). Participó como ponente invitado e impartió una magistral conferencia plenaria sobre "La justicia administrativa en el Derecho comparado latinoamericano". El texto incluido en las actas publicadas por el INAP comprende un centenar de páginas, pero en paralelo Brewer elaboró una extensa monografía completada con la recopilación de las leyes reguladoras de la materia. Algunos contenidos del estudio nos permiten comprender las características de este polígrafo incansable.

Se trata de una elaboración sorprendente, una obra enteramente original que contiene una completa síntesis comparada de la justicia administrativa en la experiencia latinoamericana. Las notables ideas resultan potenciadas por la variedad de datos que se manejan y por el orden con el que se presentan. Así, seis epígrafes organizan las grandes transformaciones que se están produciendo: a) la especialización orgánica del control judicial de la administración, que se impone dentro de las diversas tendencias, con un generalizado apoyo constitucional y la aprobación de importantes codificaciones; b) la configuración de un verdadero sistema de justicia administrativa derivado de la ampliación de los procesos contencioso administrativos y del mismo concepto de la administración pública, así como del impacto del derecho fundamental a la tutela judicial, de la flexibilización de los requisitos de legitimación y también de los relativos al agotamiento de vías administrativas previas; c) particularmente, el ensanchamiento del objeto y de las pretensiones de estos procesos, que han pasado a comprender los actos de gobierno o las disposiciones generales, rebasando el estrecho límite de las anulaciones para admitir las acciones de condena; d) asimismo, las nuevas vías de control que se ofrecen para las acciones de reparación, los contratos públicos, las carencias, omisiones y abstenciones administrativas, las vías de hecho y la actuación material, junto a los conflictos interadministrativos, entre otros supuestos; e) toda la problemática de las medidas cautelares que aseguren la efectividad del control judicial; y f) finalmente, las significativas aperturas relativas a la ejecución de las sentencias.

Tan completo cuadro de elementos fue expuesto por Brewer con sencillez, claridad, eficacia y utilidad notables que provocaron el aplauso unánime y continuado del Derecho administrativo español al gran maestro del Derecho público universal.

ALLAN R. BREWER-CARÍAS DOCTOR HONORIS CAUSA EN GRANADA.

DISCURSO DEL PROFESOR EDUARDO ROCA ROCA

Discurso leído con ocasión de la presentación de la candidatura de Allan R. Brewer-Carías al Doctorado Honoris Causa de la Universidad de Granada, el 9 de diciembre de 1986.

Granada es crisol, donde se funden culturas y civilizaciones centenarias y que va a tener una proyección internacional a lo largo de su existencia como foco de saberes, primero en el mundo islámico y después en el mundo occidental y de forma especial hacia las tierras americanas, a partir de 1492.

Hay momentos en que las palabras pierden su sentido, y se hacen rutinarias a fuerza de ser repetidas de forma maquinal, y quizás sucede este fenómeno en relación con las palabras inicialmente pronunciadas, cuando afirmo que Granada es crisol de culturas y civilizaciones, pues acabamos desconceptualizando la afirmación propuesta, vaciándola de contenido, y creo que existen momentos en los que debemos hacer una reafirmación de nuestra identidad y de nuestro sentido de ser, esencialmente, ente fusor y transmisor de cultura en su íntimo significado universitario, y hacerlo, precisamente desde esta Universidad y desde esta ciudad esencialmente fusionadas en el sentido de *Universitas,* cuando nuestra sociedad se aproxima al nuevo siglo y la Universidad Granadina tiene como meta, y casi al alcance de la mano, el medio milenio de existencia y que verán nuestros actuales alumnos cuando los mismos alcancen la madurez física e intelectual, sin olvidar tampoco el medio milenio del Descubrimiento de América que ya podemos contemplar pasando escasas hojas del Calendario.

Recordemos la especial predilección que –por obvias razones– sintieron hacia Granada tanto los Reyes Católicos, como su nieto el Emperador Carlos, de tal forma que el Colegio de Lógica, Filosofía y Teología y Cánones que se crea por Real Cédula dada en Granada el 7 de noviembre de 1526, se va a transformar, a instancias del Emperador, en Universidad, como consecuencia de la Bula que firma el Papa Clemente vil, el 13 de julio de 1531, por la que se erige el Estudio General de Granada con todas las facultades, grados y privilegios que tuvieran las Universidades de Bolonia, París, Salamanca y Alcalá (*Constituciones de la Universidad de Granada,* Edición y Estudio Preliminar, por Fermín Camacho Evangelista, Granada 1982, págs. 8 y 9). Dichas bulas "costaron muchos dineros" según manifestó Gaspar de Avalos, Arzobispo de Granada y su publicación en el Reino de Granada se hizo "con suntuosidad de trompetas y atabales" por la importancia que tenía para los habitantes de estas tierras, como dice Miguel A. López, teniendo lugar la celebración del acto inaugural de la Universidad en los palacios arzobispales el día 19 de mayo de 1532 (Miguel A. López, *Maestros y Graduados. 1532-1542,* Universidad de Granada 1982, págs. 9 y 10).

En el momento de la fundación de la Universidad de Granada era manifiesta la necesidad de Juristas para atender la demanda de profesionales del Derecho por parte de la Real Chancillería y Cabildo Municipal, y en menor medida los Cabildos eclesiásticos de la

Catedral y de la Capilla Real así como del Arzobispado. En consecuencia –destaca Miguel A. López, *op. cit.,* págs. 49 y siguientes– "al fundarse la Universidad, la Facultad de Derecho fue la que, en su primer año, mayor número de Graduados incorporó a su Claustro: cuatro abogados de la Audiencia, dos canónigos y un Capellán Real", aunque debe destacarse que durante los primeros años de vida de nuestra Universidad sólo se produjeron Graduaciones en Cánones y básicamente redimiendo cursos que habían cursado en otras Universidades, constando que el primer alumno que se graduó en Leyes en esta Universidad fue Francisco Becerril que obtuvo el grado en marzo de 15 39-Es curioso destacar que entre los años 1539 y 1542, apenas 15 alumnos obtuvieron el título de Licenciado o Doctor en Leyes (págs. 55 a 58).

Gonzalo Jiménez de Quesada, nacido en la cercana ciudad de Santa Fe, realizó estudios de Leyes en el Colegio antes referido obteniendo un empleo en la Real Chancillería de Granada y, sobre 1535, fue designado Justicia Mayor del ejército que se envió a Santa Marta bajo las órdenes de Pedro Fernández de Lugo que le encomendó la busca de las fuentes del Río Grande o Magdalena, expedición que se convirtió en la proeza geográfica más importante de su tiempo. Castellanos le calificó como "fuerte varón, sabio y experto", y el cronista Herrera se refiere a él como "hombre despierto y de agudo ingenio, no menos apto para las armas que para las letras"; tras su largo periplo por tierras que hoy son venezolanas y colombianas, fundó Santa Fe de Bogotá (en claro recuerdo de su ciudad natal Granadina) el 6 de agosto de 1538, tras diversas vicisitudes obtuvo el nombramiento de Mariscal del Nuevo Reino de Granada y, en 1569, intentó el descubrimiento y conquista de El Dorado llegando al Río Guaviare en su confluencia con el Orinoco con sólo 25 hombres. Los últimos días de su vida los pasa en Mariquita donde dejó de existir el 16 de febrero de 1579.

Este Universitario Granadino escribió un *Epítome de la Conquista del Nuevo Reino de Granada* (que publicó en España el americanista Marcos Jiménez de la Espada), y en *este* momento se justifica su extensa cita, porque supone el primer nexo jurídicouniversitario entre Granada y su Universidad y el Nuevo Reino de Granada. En un reciente y luminoso artículo del Académico, y antiguo miembro de este Claustro, Prof. Manuel Alvar *(Las Aguas vivas de Granada,* ABC, Madrid, 18-10-86, pág. 3) destaca que "la vida de Granada es siempre un inicio de tradiciones. Aun en lo que resulta más sorprendente", y seguidamente cuenta que en la Sabana de Bogotá un día se encuentran el Sevillano Juan de Castellanos y el Granadino Gonzalo Jiménez de Quesada y "hablan de poesía: el Sevillano defiende los metros italianizantes, el Granadino los tradicionales". Lo que pone de relieve el contraste de las dos Andalucías, el apego a las tradiciones y la generación de nuevas tradiciones que surgen de la simbiosis y conjunción de distintas culturas.

Aquí está el tránsito del Medievalismo al Renacimiento, en esta Síntesis de Empleo en la Real Chancillería de Granada, Justicia Mayor en Santa Marta, explorador, descubridor, aventurero, visionario de El Dorado, Mariscal del Nuevo Reino de Granada, cronista, poeta diletante, en suma polifacético Jurista de la Universidad de Granada.

Hoy me cabe el honroso e inmerecido honor de presentar y apadrinar al venezolano Prof. Brewer-Carías solicitando de este Claustro la venia para que se le conceda la investidura de Doctor y pueda incorporarse al mismo. No ha sido un *flatus vocis* o una cita infundada, la referencia histórica previa, sino simplemente he tratado de poner de manifiesto a través de un *casus singularis* y de un *singulari virtute praeditus vir* –hombre de singular virtud jurídica– los lazos culturales, afectivos, de sangre y de tradición que nos unen con los pueblos de América, y de forma especial el vínculo de nuestra Universidad con la República de Venezuela, presentando hoy al Claustro a una de las primeras figuras del Derecho Administrativo hispano-parlante –y también del Mundo Jurídico en general– para que sea recibido en nuestro Claustro, en la Universidad del jurista, soldado y humanista Gonzalo Jiménez de Quesada, teniendo esta petición, y posterior aceptación, un significado singular, ya que será el primer jurista hispanoamericano que se incorporará al Claustro de nuestra casi medio milenaria Universidad de Granada. Por ello y cumplimentando el obligado rito procedimental –ya que el procedimiento es materia de orden esencial en Derecho Administrativo– debo de realizar una labor casi imposible: resumir en unas líneas la densa labor científico-jurídica del Prof. Brewer-Carías y las miles de páginas que han fluido –en caudal arrollador– de su prolífica pluma.

Allan R. Brewer-Carías irrumpe en el Derecho Administrativo de su país, en 1964, cuando aparece publicado su libro *Las Instituciones Fundamentales del Derecho Administrativo y la jurisprudencia Venezolana.* Esta obra se puede considerar como la primera que, en Venezuela, y en Hispanoamérica, expuso el Derecho Administrativo contemporáneo, con una metodología moderna. Se trata de un intento de mostrar la situación de la teoría general del derecho administrativo, construida sobre la base de las decisiones jurisprudenciales de la Suprema Corte del país, la cual hasta ese momento era casi totalmente desconocida. La obra, sin duda, contribuyó a darle un vuelco total al derecho administrativo en Venezuela, antes de esa fecha muy poco cultivado.

Así lo intuyó nuestra propia *Revista de Administración Pública,* cuando al reseñar el libro en el Nº 45 de 1964 señalaba:

"De hecho nos encontramos con una auténtica "Teoría General del Derecho Administrativo Venezolano", aun si el autor modestamente renuncia en la primera página del libro a proclamarlo. Puede parecer excesiva esta apreciación si se considera que formalmente la obra no es más que una tesis doctoral; pero no es menos cierto que no faltan ejemplos, desgraciadamente poco numerosos, en los que han sido este tipo de trabajos los que han sentado las piedras angulares de una nueva disciplina o, por lo menos, de un nuevo tratamiento de la misma en un país concreto".

Y concluía dicha reseña señalando que

"La aparición de nombres y de obras como aquellos a los que se refiere esta reseña, abren un amplio margen a la confianza de que en breve plazo la instauración de Administraciones firmemente asentadas sobre los conceptos jurídicos fundamentales será una realidad feliz en muchas de las naciones hispanoamericanas".

Y en efecto, en los últimos veinte años, en esa tarea de la construcción sistemática del derecho administrativo en Venezuela, y en el mundo hispano-parlante, la obra de Brewer-Carías es indiscutible como lo expresó el Decano de la Facultad de Derecho de la Universidad Central de Venezuela en carta dirigida al Consejo Nacional de Investigaciones Científicas y Tecnológicas, en 1981, cuando postuló al Profesor Brewer-Carías para el *Premio Nacional de Ciencia* de Venezuela, que le fue conferido en 1981:

"El Profesor Brewer-Carías es reconocidamente una de las más importantes y destacadas expresiones de la intelectualidad venezolana y el más fértil productor de trabajos científicos en el área entre los hombres de su generación. Es además probablemente el autor que tiene la más extensa obra jurídica en toda nuestra historia".

Agregaba además el Decano Pedro Nikken en esa correspondencia:

"Debe destacarse que la labor científica e intelectual del Dr. Brewer-Carías no se ha limitado exclusivamente al campo jurídico tradicional sino que ha abarcado las ciencias de la Administración y las Ciencias Políticas, campo dentro del cual ha publicado diversas obras y ha cumplido valiosísimos aportes al funcionamiento de las instituciones en Venezuela, en particular con ocasión de haber ocupado la Presidencia de la Comisión de Administración Pública y de haber propuesto un modelo para la reforma integral de la Administración Pública Venezolana".

En definitiva, con 54 libros publicados y más de 250 artículos de revistas publicados en Hispanoamérica y en Europa, como lo ha dicho el ex Presidente de Venezuela, Rafael Caldera, en un prólogo a uno de sus libros, Brewer-Carías "es uno de los más brillantes especialistas en Derecho Administrativo en la vida científica actual de Venezuela". Por ello, sin duda, fue el académico más joven que ha sido electo por la Academia de Ciencias Políticas y Sociales de su país, lo que ocurrió en 1978 cuando contaba 38 años de edad.

Pero la obra de Brewer-Carías, iniciada en 1964, habría de salir pronto de las fronteras de su país. Como lo dijo su profesor de Derecho Administrativo en la Universidad de Caracas, Gonzalo Pérez Luciani, "él ha sido el que ha llevado el Derecho Administrativo en Venezuela a un nivel y una difusión de carácter internacional".

Así, su libro primero, y a los pocos años de publicado, ya era conocido en otros países de Hispanoamérica y España; y en 1966, cuando sólo contaba con 26 años de edad, fue el primer hispanoamericano que fue designado Ponente General en uno de los Congresos Internacionales de Derecho Comparado, el VIL, celebrado en Upsala, Suecia. Sobre ello ha dicho el Profesor mexicano León Cortinas Peláez:

"A los 26 años, sólido y sereno en su francés *sorbonnard,* Brewer-Carías deslumbró el areópago de Upsala mediante una de esas demostraciones que prueban que el subdesarrollo no es problema de hombres y en definitiva será derrotado por el crecimiento de la noosfera en países que se honran con científicos de esta categoría".

La ponencia de Brewer-Carías sobre el tema de las empresas públicas, en todo caso, fue considerada de tal valor que fue editada en París en 1968, por la Faculté International de Droit Comparé, con el título *Les Entreprises Publiques en Droit Comparé,* obra que ya se ha convertido en un clásico del tema, de obligada referencia en todos los trabajos que posteriormente se han escrito sobre la materia. Sus vínculos con la Academia Internacional de Derecho Comparado con sede en La Haya, de la cual Brewer-Carías es hoy Vicepresidente, continuaron posteriormente y lo llevaron a organizar el exitoso XI Congreso Internacional celebrado en Caracas en 1982.

Sus vínculos con Francia tampoco cesaron desde los años en que fue estudiante de los cursos de postgrado en la Sorbona, allá por 1962-1963, y posteriormente, no sólo fue invitado a dar conferencias y cursos cortos en la misma Facultad de Derecho donde había estudiado, sino que por varios años fue Profesor regular de los cursos del Instituto Internacional de Administración Pública de París.

Posteriormente se vinculó al mundo académico inglés; a principios de los setenta pasó dos años como *Visiting Scholar* en la Universidad de Cambridge, y luego fue nombrado Profesor regular de dicha Universidad, en el año académico 1985-1986, donde dio un curso en el Master de Derecho de la Facultad de Derecho, habiendo sido el primer hispanoamericano que en toda la historia de las varias veces centenaria Universidad de Cambridge, tiene a su cargo el dictar un curso regular en su Facultad de Derecho. El resultado de ello es un libro, en proceso de impresión, en la renombrada *Cambridge University Press,* sobre *Judicial Review in Comparative Law,* que esperamos poder ver traducido al español y editado en España, y que será el libro que haga el número 55 de su producción.

Con el mundo hispanoamericano, Brewer-Carías entró también rápidamente en contacto. Contemporáneamente con él, a principios de la década de los sesenta, comenzaban a surgir nuevos valores de la ciencia jurídico-pública de América Latina, de su misma generación, empeñados en romper el desfase que existía en ese momento entre la doctrina hispanoamericana y las elaboraciones científicas registradas en la mayoría de los países europeos. Basta recordar, entre ellos, los nombres de Agustín Gordillo, de Argentina; Jaime Vidal Perdomo, de Colombia, y Eduardo Ortiz Ortiz de Costa Rica. Brewer-Carías fue al encuentro de ellos, los puso en contacto entre sí, y como resultado de todos esos años de correspondencia fue la creación del Instituto Internacional de Derecho Administrativo Latino, del cual es su Presidente, y que aglutina a los más destacados Administrativistas hispanoamericanos.

Pero aun cuando más lejana, también estaba dentro de los planes de Brewer-Carías la búsqueda de una presencia de los autores hispanoamericanos en España, siempre dispuesta a mirar más allá de los Pirineos por luces jurídicas, pero en general, renuente a mirar al otro lado del Atlántico. Brewer-Carías entró en contacto con todos los académicos españoles, y fue de los primeros hispanoamericanos a quien se le publicó un trabajo en la *Revista de Administra-*

ción Pública, que tanta influencia ha tenido no sólo en España, sino en todos los países de Hispanoamérica. Veintidós años después de la publicación de un artículo suyo en el N° 42 de la revista, los autores latinoamericanos pueden considerar que se sienten en España como en su casa. Muestra de ello son las muchas ediciones de libros de autores de derecho público de Hispanoamérica que se han editado en España en la última década. Por supuesto, para hacer realidad esta relación de Hispanoamérica con España, contó con la esencial colaboración, de este lado del Atlántico, de toda la pléyade de profesores de Derecho Administrativo de la Península, con los cuales ha desarrollado una amistad personal entrañable.

Especial relevancia tienen sus colaboraciones e intervenciones en las Jornadas Iberoamericanas de Estudios Municipales que se inician en Granada a partir de 1980, organizadas por el Instituto de Estudios de Administración Local, en colaboración con el Departamento de Derecho Administrativo de esta Universidad y, con el patrocinio del Instituto de Cooperación Iberoamericana y la Organización Iberoamericana de Cooperación Intermunicipal, por cuya razón el Prof. Brewer-Carías ha asumido el papel de profesor –o aún mejor de Maestro– desde la Cátedra del Paraninfo de nuestra plurisecular Universidad, consolidando el más importante nexo que liga el Derecho Administrativo de España con el Hispanoamericano.

Si Granada tuvo un protagonismo decisivo, a mediados del siglo XIX, en la génesis del Derecho Administrativo español, en frase feliz de mi Maestro el Prof. Mesa-Moles Segura, hoy me atrevo a ampliar esta afirmación, diciendo que nuestra Universidad asume un protagonismo decisivo en la génesis del Derecho Administrativo Hispano-americano.

En su país, y como tenía que ser, no sólo por la especialización del derecho administrativo, sino por la dinámica de los países de Hispanoamérica como Venezuela, Brewer-Carías no sólo se ha dedicado a la investigación y la docencia, sino que fue designado para el desempeño de cargos públicos de alto nivel en los tres poderes: fue Presidente de la Comisión Presidencial de Administración Pública que diseñó el proceso de reforma administrativa de Venezuela; fue Conjuez y Magistrado Suplente de la Corte Suprema de Justicia; ocupó el curul de Senador por el Distrito Federal durante tres años, y hoy es el primer suplente de dicho cargo por el mismo Distrito Federal. En el campo de la docencia es Profesor de Derecho Administrativo en la Universidad Central de Venezuela desde 1963, donde además fue por muchos años Jefe de la Cátedra. En materia de investigación, en 1960, aún siendo estudiante, ingresó al Instituto de Derecho Público bajo la dirección del Profesor Antonio Moles Caubet, uno de esos españoles que tuvieron que ir a América en los años posteriores a la República; Instituto que desde 1978 dirige con acierto. Esa institución es, sin duda, en Venezuela, el centro fundamental de investigación y formación en derecho administrativo, donde ha formado escuela. Por su trabajo allí, ha sido factor clave en la difusión de la jurisprudencia, así como en el perfeccionamiento de la legislación de su país. Así, puede decirse que Brewer-Carías ha intervenido en una forma u otra en la elaboración de todas las más importantes leyes reguladoras de la actividad estatal sancionadas en los últimos quince años.

Fundó hace casi diez años, la Editorial Jurídica Venezolana, sin duda hoy, la primera y más sólida casa editorial en materia jurídica de Venezuela y de Hispanoamérica, dedicada a la publicación de obras de autores conocidos y a la promoción de otros menos conocidos. Finalmente, debe destacarse que en 1980 fundó la *Revista de Derecho Público,* de la cual es su Director, que ya lleva 27 números publicados trimestralmente, y que se ha convertido no sólo en la publicación periódica más importante y regular de Venezuela, sino en el centro del desarrollo del derecho administrativo en el país.

Todos esos años de trabajo lo han llevado a comenzar a cosechar de su propia obra. Así, el año pasado 1985 publicó sus *Instituciones Políticas y Constitucionales,* en 2 Tomos, y más de 1.500 páginas, que ha sido calificado por el Profesor Manuel Rachadell como "tal vez el libro más importante que se ha publicado en el país en el campo del derecho público". Aquí en España está por salir editada por el Instituto Nacional de Administración Pública, su obra *Estado de Derecho y Control Judicial,* y sé que está trabajando en unas *Instituciones de Derecho Administrativo,* para terminar la construcción sistemática de esa disciplina en su país, que inició hace 24 años.

No debo silenciar, en rápida y sintética enumeración, los reconocimientos internacionales que ha merecido la obra de Brewer-Carías, que se manifiestan en su pertenencia a Institutos y Organizaciones Internacionales, entre los que debo destacar:

Presidente de la Asociación Internacional de Derecho y Administración de Aguas. Vicepresidente de la Academia Internacional de Derecho Comparado de La Haya. Vicepresidente del Instituto Internacional de Ciencias Administrativas de Bruselas. Presidente del Centro Latinoamericano de Administración para el Desarrollo. Miembro del Directorio de la Asociación Latinoamericana de Administración Pública. Presidente del Instituto Internacional de Derecho Administrativo Latino.

Me siento en la obligación de hacer algunas referencias a las disposiciones concretas que se contenían en las primeras Constituciones de la Universidad de Granada que se aprobaron por su Claustro el 6 de mayo de 1542, en relación con sus Doctores y doctorandos, y que sintetizo en las siguientes:

–El respeto debido por todos los miembros de la Universidad a los Doctores de este Claustro "y que de ningún modo se rebaje su honor" (Const. 8.ª).

–Que los Doctores Teólogos y Juristas preceden en el Claustro a los demás doctores "aunque fueren más modernos en la recepción de grados" (Const. 10.ª).

–Sólo pueden acceder al grado en esta Universidad "aquellos que fueren bachilleres o Licenciados en la Universidad de París, en la de Salamanca, Valladolid o Alcalá" (Const. 21.ª).

–Las especiales solemnidades que han de observarse en la investidura del Doctorado, pues el Rector y el Padrino montados a caballo recogerán al doctorando, junto con el Canciller, y lo llevarán por la Ciudad "con la cabeza descubierta, con vestido talar y corbata de seda", y tras el examen formal "hágase luego seguidamente un examen jocoso por alguno de los Graduados en la Universidad, y últimamente un elogio formal sobre las virtudes del mismo que ha de doctorarse como se acostumbra a hacerse en actos semejantes", y cuyo acto recibió la denominación de vejamen (Const. 32.ª).

–Detalladamente se contempla la regulación solemne de la investidura: imposición del birrete, anillo, entrega del libro, ósculo de paz y bendición paternal. (Ib. Const.) ... *(omissis)*

Creo que las anteriores citas, entresacadas al azar de las primeras Constituciones de nuestra Universidad, se encuentran entre lo anecdótico y lo nostálgico, entre lo pintoresco y lo categórico, entre la solera y el vino peleón, entre lo caballeresco, en el sentido metafórico y real del paseo a caballo por la Ciudad del Sr. Rector, del nuevo Doctor y de su Padrino, y la hipocresía que supone la prohibición de tener públicamente la concubina en la ciudad de Granada o su término.

Pese a todo, la lectura distendida y comprensiva de nuestras primeras Constituciones, es interesante siempre para Doctores y escolares porque proporciona un amplio sedimento para el recuerdo y la meditación para todo el que sea, y, auténticamente se sienta universitario, en una u otra orilla del Océano o del Mundo, *y* medite sobre lo que es, y debe de ser la Universidad, ésta y todas las Universidades occidentales, desde su pasado y hacia el futuro, como meditaba Ortega y Gasset, al hablar ante este mismo Claustro, hace 54 años conmemorando el Cuarto Centenario de la *Universitas Granatensis,* y recordemos apenas unas palabras: "Ahora esta Universidad es, en una u otra medida, con una u otra plenitud y precisión, sus cuatro siglos de historia", y añade más adelante: "El recuerdo es la carrerilla que el hombre toma para dar un brinco enérgico sobre el futuro". Y también aquella otra frase: "La provincia, la región –y no ignoráis que soy muy regionalista– no representan sustancias históricas; son modificaciones del gran ente nacional que es lo históricamente fundamental. Por eso lo que esta Universidad

226

tiene de tal no es lo que tiene de granadina, sino lo que tiene de española".

Hoy estamos haciendo un proyecto de futuro desde la Universidad de Granada, desde la Universidad española, relanzando un renovado puente para que la cultura jurídica, y la cultura en general, sea aquella *Universitas* común y compartida de maestros y escolares, de Doctores y alumnos, de docentes y estudiantes que transmiten y reciben un legado milenario en la misma lengua.

Y termino volviendo a la referencia inicial al Prof. Alvar, porque "Granada es siempre un inicio de tradiciones... el milagro de esta Ciudad es ser agua y vida...; dura la voz que da vida al hombre y le impide ser fantasma huidizo... Granada tiene su alma inmortal", aunque hayamos tenido que comprar con llanto la eternidad de la Ciudad. Granada es agua que se oye, agua para ser oída, en los "Olvidos de Granada" de Juan Ramón Jiménez, O agua nacida repentinamente en las Fuentes de Villaespesa:

> *"Las fuentes de Granada...*
>
> *¿Habéis sentido,*
>
> *en la noche de estrellas perfumada*
>
> *algo más doloroso que su triste gemido?*

O "Agua oculta que llora", machadianamente. Granada fluye, silente, con ansia de eternidad, volcando, en borbotones, su alma, de forma contradictoria y generosa, transmitiendo su ser, dándose, porque es una forma de recibir hacia siempre y desde todos, proyectándose desde su intimidad intrínsecamente receptiva.

Así es esta Ciudad, y así queremos a nuestra Universidad, casi medio milenaria, tendiendo puentes de luz y de cultura entre todos los que hablamos la misma lengua, y resumir la riquísima variedad de todas nuestras culturas, la pluralidad de todas las ciencias, haciéndolas síntesis en el mismo crisol del común sentir y del común hablar.

Tratemos de proyectar este sentido de la eternidad hacia la otra orilla del *Mare ignotus,* más allá del *Finis terrae,* para que nuestra Universidad y nuestra Ciudad enriquezcan aquellas tierras y nos veamos, también enriquecidos –como en el día de hoy con el retorno, más que nueva incorporación– de los indiscutibles valores culturales de allende el océano.

Sección Tercera:

ALLAN R. BREWER-CARÍAS
DOCTOR HONORIS CAUSA EN MADRID.

DISCURSO DEL PROFESOR
LUCIANO PAREJO ALFONSO

Discurso leído en el Acto Solemne de Conferimiento del Doctorado Honoris Causa al Profesor Allan R. Brewer-Carías en la Universidad Carlos III de Madrid, el día 3 de octubre de 1996.

Produce muy honda satisfacción un acto de justo homenaje a una vida, labor y obra científicas cuando éste puede cumplir, además, el anhelo del sentimiento personal, cargado de admiración por la persona y retribuido con la amistad.

Cumple ésta ya felizmente dos décadas, con un «debe» intelectual y afectivo por mi parte que nunca ha cesado de crecer. Conocí al Prof. Brewer con ocasión de la invitación que cursó a un nutrido grupo de profesores españoles, maestros todos ellos ya del Derecho administrativo (al que generosamente se me añadió a pesar de mi bisoñez y a la sazón insuficiente grado académico) para participar, en Caracas, en un importante seminario internacional de urbanismo. Este dato da cuenta ya de una de las múltiples facetas de la rica personalidad del Prof. Brewer: su constante e incansable actividad en pro del contacto de su país con las corrientes del pensamiento jurídico-público del resto de América y de Europa y del enriquecimiento de la Universidad y el Derecho venezolanos a través de este intercambio intelectual.

El *cursus honorum* del Prof. Brewer es, en efecto, impresionante cualitativa y cuantitativamente, pero también por la diversidad de las actividades, que dice de la curiosidad, inquietud y dinamismo de quien queremos recibir entre nosotros. Exponerlo aquí, siquiera sea en resumen, sería labor prácticamente imposible.

Baste con destacar los datos más sobresalientes en tres órdenes: docente, investigador y público o político.

Por lo que hace al primero: En su calidad de Profesor de Derecho Administrativo por concurso en la Facultad de Ciencias Jurídicas y Políticas de la Universidad Central de Venezuela desde 1963, ha sido también Profesor en muchas Universidades venezolanas y extranjeras, entre las que merecen ser destacadas –el Prof. Brewer calificaría esta selección de eurocentrista– Cambridge, París y Aix-en-Provence.

Pero para dar una cabal idea de la proyección alcanzada por el Prof. Brewer quizás sea más adecuado señalar su condición de Profesor Honorario de la Universidad del Rosario (Argentina); de la del Externado y la Javeriana, ambas de Bogotá (Colombia); Profesor distinguido de la Universidad Nacional Autónoma de México; miembro Honorario del Centro de Estudios Interdisciplinarios de la Universidad Católica del Táchira (Venezuela) –cuyo Rector nos honra con su presencia–, y del Instituto de Estudios Constitucionales Carlos Restrepo Piedrahita de la Universidad Externado de Colombia; miembro de número de las Academias de Ciencias Políticas y Sociales en Venezuela y de la Internacional de Derecho Comparado (en las que ocupa la Vicepresidencia), así como de reconocidos Institutos internacionales como el de Ciencias Administrativas (de la que fue Vicepresidente en los años 1971 a 1977), el de Derecho

Administrativo Latino (en la que ocupa la Presidencia desde 1981), el Interamericano de Derechos Humanos y también de no menos importantes Asociaciones como la Venezolana de Derecho Administrativo y Ciencias de la Administración, de Derecho Comparado (en la que ocupó la Presidencia desde 1981 hasta 1985) y la Asociación Latinoamericana de Administración Pública (de la que es fundador y ha sido Secretario). Y, por último, Doctor Honoris Causa de la Universidad de Granada (España).

La significación adquirida por su persona y su obra en su propio país se evidencia, finalmente, en la institución por las Universidades Católica Andrés Bello y Católica del Táchira, con su nombre, de sendas Cátedras de Derecho Administrativo y de Estudio e Investigación del Derecho público, respectivamente, cuyo primer titular es el propio Dr. Brewer.

En el orden de la investigación, sólo sus obras "mayores" alcanzan la cifra de 88 libros y 281 artículos, publicados en tres idiomas (español, francés e inglés) y en cuatro países (Venezuela, Colombia, España, Francia e Inglaterra). Estas obras abordan desde luego los problemas nucleares del Derecho público: la Constitución y su papel central en el ordenamiento; los derechos y las libertades individuales, así como sus garantías; el control de constitucionalidad; nacionalidad y ciudadanía; régimen local, regionalización; integración latinoamericana; pero también los temas centrales de la ciencia jurídico-administrativa: organización y reforma administrativas, expropiación, procedimientos administrativos, contratación pública, jurisdicción y proceso contencioso-administrativos, función pública, ordenación del territorio, urbanismo y propiedad privada, aguas, recursos naturales, transportes, actividad económica del Estado, empresa pública, holdings públicos, banca central,... No obstante, mención especial merece la última de sus obras, aún en curso de publicación: las Instituciones Políticas y Constitucionales. Por ahora sólo tres de los siete volúmenes previstos han sido publicados. Pero el plan de esta obra de madurez sobre el régimen constitucional ilustra, por su ambición, la que impregna la vida y el esfuerzo científicos del Prof. Brewer.

La dimensión pública y política no es menos rica. Ha desempeñado la Presidencia de la Comisión de Administración Pública de la Presidencia de la República (años 1969 a 1972) y el Ministerio de Estado para la Descentralización (años 1993 a 1994). Pero también –al margen del Poder Ejecutivo– ha sido Senador Suplente por el Distrito Federal, miembro suplente del Consejo Supremo Electoral (desde el año 1979 a 1984) y Juez y Magistrado de distintos órganos jurisdiccionales, entre ellos de la Sala Político-Administrativa de la Corte Suprema de Justicia (años 1979 a 1984).

Pero, aún cuando sin duda estos signos externos de reconocimiento –y otros muchos que deben dejar de mencionarse– sean de por sí suficiente «prueba» en términos procesales de los más que sobrados méritos de la propuesta de concesión del grado de Doctor, mayores son todavía éstos si se consideran los valores de fondo a los que ésta responde y que subyacen y se expresan en la trayectoria personal, académica y profesional del Prof. Brewer.

La propuesta quiere honrar, justamente para enriquecer con ellos los que esta Universidad pretende servir, la encarnación en la persona del Prof. Brewer del modelo, primero, de universitario prendido de la curiosidad, entregado al estudio y la reflexión críticas, abierto siempre a la renovación y la propia superación, tan firme en la defensa de las propias posiciones como atento a y respetuoso con las posiciones de los demás, generoso en la dación de sí mismo y generador de inquietudes y vocaciones, y, en tal condición, modelo también, después, de iuspublicista integral, que no se encierra –defensiva y cómodamente– en la almena del «debe ser» para eludir el necesario compromiso con la realidad social de su tiempo.

Estamos, en efecto, ante un jurista que pertenece a los que ven el Derecho no como un fin en sí mismo, en cuyo campo pueden alzarse sin riesgo –el riesgo será ya de otros– las construcciones más sutiles y acabadas, sino, más modestamente, como instrumento de la razón humana para el más justo gobierno de los hombres, el arreglo concreto posible de los problemas de la convivencia, y, por tanto, instrumento cultural e histórico para el progreso de ésta en la razón. Se comprende así que la clave sea precisamente el hombre mismo, pero en modo alguno en calidad de abstracción, sino encarnado en la historia y viviendo en el seno de una concreta sociedad.

Estamos, pues y aunque a muchos pueda sonar paradójico, un jurista del poder público movido por el valor de la libertad. Igual que frente a los terribles de ayer cabe seguir oponiendo hoy a los absolutismos dogmáticos el lúcido juicio de Fernando de los Ríos: descartan la raíz misma del liberalismo y están en pugna con toda la evolución que, superando la ingenua doctrina del progreso del XVIII –que estimaba agotables los contenidos de la libertad–, concibe ésta como un juicio al que en cada momento se le va añadiendo un predicado [¿Libertad? ¿de qué? –decía Hartmann], de suerte que la libertad aparece en cada instante con una misión concreta y real que satisfacer, ahora y aquí, sin perjuicio de que –además– sea una asíntota: algo a que nos aproximamos siempre sin poderlo alcanzar jamás.

La libertad por la que ha luchado y seguirá luchando el Prof. Brewer como hombre del Derecho es, pues, la libertad que corresponde a este momento, libertad en sociedad, que requiere de la solidaridad y, por tanto, de la autonomía individual como de la acción del poder, la comunidad. Así lo exige la visión integral del hombre, cuya dignidad está hoy en gran medida en manos de la sociedad.

Por eso mismo el frente de lucha no está sólo en las aulas y los libros, se extiende también, además al foro, al ejercicio del poder público. En todos esos campos se ha batido el Prof. Brewer por la libertad real, de todos y no de unos pocos.

No es, pues, poco lo que de valor un venezolano hace hoy presente entre nosotros, recordándonos su profunda raíz hispana y su arraigo y desarrollo americanos, con el mismo espíritu fecundo con el que los peninsulares Picornell, Cortés de Campomanes, Lax y Andrés –venidos desterrados a la Guaira del fracaso revolucionario y fantasmal de la noche de San Blas de 1795– sirvieron en su día de catalizadores de las ambiciones de libertad e igualdad –libertad real, dignidad humana para todos– que ya anidaban en la sociedad de la actual Venezuela. No es casualidad, en efecto, ni que las tempranas Ordenanzas-Constituciones, debidas a la pluma de Picornell y que influirían en Miranda y Bolívar, que matizan poderosamente el ideario revolucionario de la época con reformas económicas basadas en la idea de la superación de la libertad formal por la libertad real en la igualdad («igualdad natural entre todos los habitantes de la Provincia y Distritos; y se encarga que entre blancos, indios, pardos y morenos reine la mayor armonía, mirándose todos como hermanos..., procurando aventajarse sólo unos a otros en mérito y virtud, que son las dos únicas distinciones reales y verdaderas que hay de hombre a hombre, y habrá en lo sucesivo entre todos los individuos de nuestra república»), ni que en el doloroso proceso de nacimiento de la actual nación venezolana se hayan mezclado la revolución política (la conquista de la independencia, es decir, de la libertad-autonomía) con la revolución social (la conquista de la dignidad personal y social, la libertad real en la igualdad). Tampoco lo es que en esa mezcla haya intervenido un asturiano mesiánico, José Tomás Boves, abanderado –por serlo de los «llaneros»–, del estado llano.

Que haya vencido primero la libertad política y la civil individual y formal y se haya postergado la libertad solidaria es enseñanza de la historia, también compartida; enseñanza, que, al demostrar la necesidad de la lucha diaria, hoy más que nunca, por la realización de la segunda, confirma los méritos sobrados del Prof. Brewer para ser acogido en nuestro claustro, cuya presencia en él a partir de ahora nos honra a todos cuantos ya pertenecemos a él.

Sección Cuarta:

ALLAN R. BREWER-CARÍAS Y ESPAÑA. DOS DISCURSOS (2003):

EDUARDO GARCÍA DE ENTERRÍA Y JESÚS GONZÁLEZ PÉREZ

Discursos en el acto de presentación de la obra:
El derecho Público a comienzos del Siglo XXI. Estudios
en Homenaje el profesor Allan R. Brewer-Carías,
(Coordinadores: Alfredo Arismendi y Jesús Caballero
Ortiz), Instituto de Derecho Público, Universidad Central
de Venezuela, 3 volúmenes, 145 contribuciones, Editorial
Civitas, Madrid 2003, 3.553 pp.

En la Universidad Carlos III de Madrid, 2 de diciembre de 2003

A. INTERVENCIÓN DEL PROFESOR EDUARDO GARCÍA DE ENTERRÍA

Sr. Rector, queridos Randy y Beatriz, queridos amigos.

Con sincero placer contribuyo a la presentación del impresionante Libro Homenaje que un nutridísimo grupo de administrativistas de todo el mundo hemos ofrecido al Prof. Randy Brewer-Carías, pero que hemos tenido el gran honor de que se publique en España.

Brewer es un milagro de la naturaleza exuberante del trópico venezolano. No ha habido, eso es seguro, jurista que le sea comparable en la bicentenaria historia de la República. Más aún: pocos dudamos de que Brewer sea probablemente el primer iuspublicista de toda la América latina. ¿Quién como él ha escrito y publicado no sólo artículos, sino libros originales enteros (no sólo traducciones, pues) en las principales lenguas extranjeras –inglés, francés, italiano–, con frecuencia presentados en rendidos Prólogos por las primeras figuras de los respectivos países?

¿Quién ha alcanzado a ser profesor y doctor en muchas de las Universidades más sonadas del mundo occidental? ¿Quién como él ha conseguido aunar un coro entusiasta de colegas como el mismo libro cuya aparición celebramos demuestra de forma tan espectacular?

Pero todo eso, siendo tanto, no es sino secundario. Lo substancial es que Brewer ha sido, y sigue siendo, dada su juventud y su energía, un hombre clave en la historia jurídica y política de su país y muchos creemos, y fervientemente esperamos, que lo siga siendo todavía, enfrentado gallardamente como está en un lugar de vanguardia al último –esperamos que sea efectivamente el último hasta la eternidad– caudillo aparecido en los llanos venezolanos, a quien en estos días amenaza –he de confesar que soy algo escéptico sobre su resultado, porque lo propio de los caudillos es no tener reparos de conciencia sobre la legalidad y afirmar que sólo responden ante Dios y ante la Historia–, que estos días, digo, se enfrenta con el espectacular referéndum revocatorio, pedida por cuatro millones de venezolanos, que es una de las operaciones más espectacularmente democráticas jamás intentado en país alguno, probablemente.

Brewer es el creador verdadero del Derecho Público (Constitucional y Administrativo) venezolano, sus discípulos nutren las cátedras y los puestos docentes de todas las universidades venezolanas (así lo acredita un simple repaso de la nómina de los venezolanos que colaboran en esta magna obra), es la referencia obligada para todos los estudiosos, para todos los políticos, hoy, venturosamente, también para todos los ciudadanos que se disponen ilusionados a participar en el "firmazo" o referéndum revocatorio.

Recordemos que uno de los hechos que más singularizan a Brewer es haber sido uno de los únicos cuatro miembros de la oposición (sólo cuatro, si, no es un "*lapsus linguae*") que participó en la Asamblea constituyente que elaboró la famosa Constitución "bolivariana" chavista, oposición que él sólo, puede decirse sin exceso, mantuvo sistemáticamente, sin desmayo, sin cansancio, sin desánimo, en forma de enmiendas a casi todos los artículos del texto constitucional, enmiendas sostenidas con la mayor serenidad y sin fatiga, para ser, naturalmente, desestimadas todas ellas por la sola fuerza del avasallador número, no la de la razón en ningún caso.

Concluida esa labor excepcional, mantenida durante varios meses, Brewer publicó inmediatamente dos gruesos volúmenes:

-uno con el texto íntegro de sus enmiendas a la Constitución y los sucesivos debates que originaron en los que él mantuvo sin fatiga su defensa;

-otro con un análisis puntual y completo de todo el texto constitucional, análisis demoledor y definitivo, que está en la base misma de todo el movimiento opositor al caudillismo institucional que tal Constitución ha querido sancionar.

Esos dos libros, puede decirse sin exceso alguno, siguen siendo la Biblia de la oposición popular, por vez primera masiva y general entre todos los estamentos y grupos que ahora mismo están intentando, por las más estrictas vías democráticas, restablecer una democracia que ha entrado ya en la sangre del viejo pueblo venezolano, tantos años y tantas generaciones preso del caudillismo más cínico y desnudo.

El Derecho Público que enseñó desde hace cuarenta años Brewer es, pues, inequívoca, absolutamente democrático, el Derecho Público del Estado de Derecho y de la libertad. Esa ciencia no ha hecho de él un simple abogado pronto a defender cualquier causa, sino únicamente las causas de la libertad y del pueblo soberano.

Brewer es un paladín del Estado de Derecho no sólo en los libros, pues, sino en su vida de hombre público, en todas y cada una de sus obras, en todos los momentos de su vida de profesor y de hombre público.

Los iuspublicistas españoles vemos en él no sólo un colega, querido y estimado por todos, sino también un ejemplo de luchador por la libertad y por el Derecho, perfectamente pertrechado de una ciencia que él domina, no por simple lucimiento, sino como "saber de salvación", en la famosa caracterización de Max Scheler.

Por ello, se verá que una gran mayoría de nosotros, iuspublicistas españoles, hemos colaborado sin reservas, aportando cada uno nuestras mejores reflexiones, a este justo homenaje, que nos sentimos orgullosos y felices de que se haya publicado en España, subrayando así los lazos de fraternidad y amistad que con él nos unen.

Es, pues, Brewer un formidable jurista, de quienes han hecho del Derecho, que él ha cultivado con un fruto que asombra (hojéese, simplemente, el *"curriculum"* que cierra la obra, donde se censan más de un centenar –si, no es un error, un centenar– de libros publicados en todos los idiomas y los más de 500 artículos en todas las Revistas de la especialidad de Europa y de América, y datos análogos, aun más nutridos de otro tipo de actividades (artículos de prensa, conferencia, cursos, etc.).

Nuestro homenaje más sentido, pues, a este formidable jurista, a este extraordinario amigo, con nuestra admiración y nuestro afecto - y la esperanza, cierta y segura de que continúe con el mismo fervor, con la misma luminosidad, con la misma entrega a la causa de la libertad y del Estado de Derecho, por muchísimos más años todavía.

B. INTERVENCIÓN DEL PROFESOR JESÚS GONZÁLEZ PÉREZ

Queridos amigos:

Hace ya muchos años, vivía un matrimonio ejemplar al que Dios había dado una gran vocación de paternidad; pero le había negado la gracia de tener hijos. Pero escribían libros. Bueno, los firmaba él; pero todos sabíamos que ella era muy eficaz colaboradora. Y los amigos, en broma, decíamos: ya que no tienen hijos, tienen libros. Me refiero a un matrimonio que solo recordarán los de mi generación. Por lo que, aparte de Eduardo García de Enterría, muy pocos más de los que estáis hoy aquí –si hay alguno– les recordará. Se trataba de Eugenio Pérez Botija y María Palancar.

En una de aquellas ocasiones en que había aparecido un libro de Pérez Botija, estaban reunidos en el bar de las Cortes un grupo de amigos comunes. Tenían en la mesa un ejemplar del libro –un Tratado de Derecho del trabajo encuadernado en una primorosa tela de color "vino de Burdeos" o *bordeaux*, como diría un amigo nuestro argentino–, y hablaban de lo que siempre se hablaba en estas ocasiones, del nuevo hijo-libro del matrimonio. Y cuando estaban en estos comentarios –su hijo-libro– entraron Eugenio y María. He de recordar que él, además de Catedrático de Derecho del trabajo era Letrado de aquella casa, Letrado de las Cortes. Y uno de los que estaban en la mesa, otro entrañable amigo desaparecido, Juan Ignacio Tena Ybarra –Juanchín para los amigos– tomó el ejemplar del libro que había en la mesa y acercándose a los recién llegados, mostrándoles el libro, les dijo: ¡es precioso, es monísimo!. Y Eugenio y María se pusieron muy contentos.

Pues bien, el libro que hoy presentamos nada tiene que envidiar a aquél, encuadernado en tela *bordeaux*. Mejor dicho: aquél tendría que envidiar mucho a éste, por su aspecto y peso. ¿No os habéis dado cuenta de que cuando un hombre comunica a sus amigos el nacimiento de un hijo, y éste es hermoso, lo primero que dice orgulloso es lo que ha pesado al nacer?. Dicen: ¡¡pesó tres kilos y trescientos veinte gramos!! Y se les hincha el pecho.

Este libro que tengo delante pesa… ¡¡no sé cuanto llegará a pesar!!; pero es que nos han salido tres mellizos. Lo que pone de manifiesto que no es mala la paternidad compartida. Compartida porque éramos muchos los que queríamos dejar constancia de nuestra admiración y afecto a uno de los más universales hombres de Derecho de lengua española. Iba a decir "administrativista"; pero no se puede catalogar al Prof. Brewer-Carías en una determinada categoría de "juristas". Y ni siquiera es correcto catalogarle solo entre los "juristas". Porque es mucho más. Me he enterado al hojear el nuevo libro y encontrar un trabajo de la Profesora Dolores Aguerrevere, en el que nos dice que Brewer no solo es jurista, sino también –cito literalmente– "historiador apasionado y hasta urbanista y arquitecto". Si hemos de creer a la Prof. Aguerrevere llegaremos a la conclusión de que Brewer ha sido para Caracas lo que Carlos III fue para Madrid.

Randy, serás apasionado historiador, insigne urbanista y gran arquitecto. Pero los que hemos escrito este libro –al menos en su mayor parte– somos hombres dedicados al Derecho. Por eso es un libro de Derecho, de tus amigos los juristas. Un *Liber amicorum* del que podrás decir que no están todos los que son; pero sí son todos los que están. Porque eran muchos más los que quisieron participar, pero –como sabéis perfectamente los que habéis intervenido en un libro de homenaje– llega un momento que, por mucho que se insista en una prórroga más del plazo inicial, hay que decir basta, dejando fuera trabajos que llegaron fuera de plazo.

Os decía que era un libro en el que queríamos dejar constancia de nuestro reconocimiento por uno de nuestros juristas más universales. Y la verdad es que el Prof. Brewer-Carías lo fue muy pronto. Nada menos que a los 25 años fue Ponente General en el Congreso Internacional de Derecho comparado celebrado en agosto de 1966 en la Facultad de Derecho de la Universidad de Uppsala.

Los hechos ocurrieron así. Naturalmente, Randy no fue el jurista que la Academia Internacional de Derecho comparado había elegido para ser Ponente General. Pues siempre designa a juristas de prestigio, ya consagrados y conocidos internacionalmente en el mundo del Derecho. La Academia había designado al Prof. Roberto Goldschmidt, mercantilista, hermano del Goldschmidt procesalista que vivió en España varios años, universalmente conocido. Por la razón que fuera no pudo asumir el encargo y pensó en que Randy podía sustituirle dignamente, pese a su juventud –entonces tendría 24 años–, al que le unía una estrecha amistad y conocía perfectamente por su trato diario en la Facultad de Caracas. Aunque Randy entonces todavía se movía especialmente en el mundo del Derecho administrativo, la ilusión por ser Ponente General y la confianza en sí mismo le llevó a aceptar la sustitución. Sustitución que Goldschmidt comunicó a la Academia Internacional, cuidando mucho de ocultar su edad y destacando los méritos que concurrían en él. Porque Randy a esa edad ya era profesor por concurso, había sido Consultor adjunto del Ministerio de Justicia, era Controlador Delegado de la Controlaría General de la República, y tenía más de 40 publicaciones, entre ellas 5 libros. ¡¡5 libros y otras 35 publicaciones a los 24 años!!.

Randy se puso a trabajar como él sabe hacerlo en la ponencia sobre Derecho mercantil. La envió con la antelación suficiente. Y llegó el día de comparecer en la Secretaría del Congreso a retirar la acreditación y esos papelitos que te dan siempre en los Congresos, con la etiqueta que debes ponerte en la solapa de la chaqueta. Supongo que le recibiría una de esas azafatas que utilizan las multinacionales y los Congresos importantes, que son trilingües y parecen modelos de las pasarelas de moda. Cuando Randy le pidió la documentación del Prof. Brewer-Carías, al ver la azafata al jovencito que tenía delante, con toda la naturaleza preguntó: ¿Es Vd. el Ayudante del Prof. Brewer-Carías? (su cabeza no podía imaginar otra cosa). Randy contestó: No, yo soy el Profesor Brewer-Carías. Supongo que vosotros estáis suponiendo lo que yo supuse cuando me contaron la historia: que aquella preciosidad sueca quedaría prendada de nuestro gran amigo y, desde aquel momento, sería una conquista más que añadir a su larga lista de admiradoras, que luego fue incrementando a lo largo de su vida.

Y allí, en Uppsala, empezó la intensa vida de congresista internacional de Allan R. Brewer-Carías. A una velocidad vertiginosa fue creciendo y llegó un momento en que no había Congresos, en América y fuera de América, de Derecho público o privado, en que no estuviera presente. Y si no lo estaba es porque no le apetecía asistir. Haciéndose célebre su pipa y su bigote. Recuerdo que hace años, en un Congreso de Derecho procesal, preguntaron a Devis Echandía, otro amigo desaparecido (¡cuántos se han ido!), quién era el Profesor González Pérez, a lo que el bueno de Hernando contestó: "Joven, si Vd. ve un gran puro (entonces yo todavía fumaba) seguido de una generosa nariz, el narigón que hay detrás, ése es el Profesor González Pérez". Pues bien, si algún jovencito (y muy jovencito, porque si no sería absurda la pregunta) se hubiese dirigido a Devis en demanda de quién era el Prof. Brewer, seguro que habría contestado: "Joven, si Vd. ve una pipa, seguida de un bigote muy británico (de esos que llevaban los Coroneles de aquellos Regimientos de Lanceros bengalíes), el gentleman que hay detrás, ese es el Prof. Brewer".

Por el *currículum vitae* (y ¡qué vitae!) que figura en las páginas 3.464 a 3.383 del libro que hoy presentamos (81 apretadas páginas de currículum) podéis comprobar lo pronto que empezó nuestro amigo a producir, y, por tanto, lo muy pronto que tuvo que empezar la preparación para alcanzar a una edad tan joven la madurez. Por Castilla se dice que todo hijo trae un pan bajo el brazo (lo que entonces era verdad); pues bien, Randy lo que traería bajo el brazo sería un Código, destacando muy niño en el Colegio, como inteligente y estudioso. Pero no puedo concebir que fuera lo que aquí llamamos un "repelente niño Vicente". Pues el estudio no le impediría disfrutar de los juegos y travesuras de los niños, sabiendo disfrutar de las cosas buenas que ha puesto Dios en nuestras vidas. Como ha demostrado después en su madurez. Me consta cómo sabe saborear buen whisky escocés, un buen ron venezolano o un buen tinto de Ribera del Duero.

Pese a su enorme capacidad de trabajo –trabajador incansable, dice Beatriz–, pese a aprovechar al máximo el tiempo, hasta esos ínfimos ratos sueltos que por lo general se desprecian –es, como decía Marañón de sí mismo, un trapero del tiempo–, resulta inexplicable su prodigiosa producción de la más alta calidad. Un día le pregunté cómo era posible que, entre tantas ocupaciones –universitarias, profesionales, sociales... hasta políticas– podía publicar tanto. La respuesta fue inmediata: por la capacidad de abstracción. "Puedo leer y escribir en cualquier parte, me dijo: en la antesala de una consulta médica, en las esperas a los comensales en un restaurante, en las salas de espera de los aeropuertos, en los aviones, que considero un lugar ideal para escribir, por lo que dejo deliberadamente algún asunto complicado en espera de un viaje próximo...". Me le imagino como a uno de esos ejecutivos que, nada más ocupar su asiento en el avión se apresuran a abrir sus portafolios y a sacar papeles y papeles que manejan con febril actividad. Pero con una diferencia: mientras que en esos ejecutivos es una pose para poner de manifiesto su vitalidad y "agresividad", en Randy es trabajo reposado y eficaz, y en modo alguno postura para la galería.

Esta abstracción le ha permitido en su casa trabajar incesantemente, sin que fueran obstáculo los chillidos de los niños cuando jugaban invadiendo su biblioteca o veían la televisión con los decibelios que suelen exigir los niños. No existía ningún lugar de la casa sagrado e inmune.

Se dice que estando una noche trabajando en su biblioteca, en aquella biblioteca de la casa –de aquella casa que tenía antes de trasladarse al apartamento actual y que la mayoría de vosotros conocisteis–, en aquella enorme biblioteca de dos niveles con pasarela donde ha escrito buena parte de sus obras, cayó en Caracas un descomunal aguacero –un "palo de agua", como creo se dice allí–, de tal magnitud, que por alguna razón propia de la hidráulica –inexplicable para los profanos– el agua comenzó a escurrir por el techo a lo largo de la única pared no ocupada por libros, anegándolo todo. La conmoción que produjo fue enorme. Beatriz, su hija, las muchachas de servicio, todo ser humano que se encontraba en la casa corrían con pailas y paños, entrando y saliendo de la biblioteca, atajando y sacando el agua. Randy, en medio de esta barahunda, imperturbable, como si no pasara nada a su alrededor, seguía trabajando. Y siguió trabajando una vez achicada el agua, como si nada hubiera pasado.

La primera vez que me lo contaron, la verdad, no lo creí. Estaba convencido de que era una de esas fábulas que rodean a los grandes sabios distraídos. Pero al cabo del tiempo, después de oírlo en distintas fuentes, fuí creyendo que podía ser verdad. Y ahora, que estoy viendo a Beatriz frente a mí haciendo firmes gestos afirmativos con la cabeza, las dudas que podían quedarme sobre su veracidad han quedado completamente disipadas.

Bueno, y todo esto con la pluma, escribiendo a mano, jamás con bolígrafo o con lápiz, porque siempre dijo que con estos instrumentos no se puede escribir diez o quince horas seguidas, ya que el dolor de la mano o del brazo lo impediría. Hasta que no hace mucho hizo un gran descubrimiento: unos rotuladores que escriben con más suavidad que la pluma fuente de tinta. Sabiendo que yo soy otro amanuense, me mostró orgulloso –y me regaló– dos de estos rotuladores, uno azul y otro rojo, que yo acepté agradecido. Pero, Randy, siento desilusionarte: al llegar a casa comprobé que unos rotuladores que yo había descubierto eran mejor que los tuyos, porque escribiendo con la misma suavidad (no sé si con ellos es posible escribir quince horas seguidas, porque nunca he logrado esa marca) tienen la punta más fina que los tuyos, que la tienen un poco fofa. Yo pensaba traerte un par de mis rotuladores para que pudieras comprobar la calidad. Pero recordé que desde hace poco más de un año dejaste de ser amanuense y, por tanto, la necesidad de cansar continuamente a dos o tres secretarias transcribiendo tus manuscritos claros y sus abreviaturas, y, consiguientemente, definitivas. No sé si por la influencia de la técnica USA o porque el coste de las secretarias neoyorquinas es muy superior a las de Caracas, lo cierto es que preparando una segunda edición de tu libro *La ciudad ordenada* (que creo es uno de tus libros más queridos) descubriste la procesadora de palabra, descubrimiento que te hizo abandonar la pluma o el rotulador.

Y, como dice tu buen amigo el Padre José del Rey Fajardo, S.J. –que creo está entre nosotros– ¡¡gracias a Dios que has entrado bien tardíamente en el manejo de esta tecnología, porque si escribiendo a mano has publicado lo que has publicado en estos 40 años, es inimaginable lo que hubiera ocurrido con las máquinas desde hace años!!. Pues bien, imaginad por un momento lo que ocurrirá en el futuro. Porque a Randy le queda mucha vida de producción por delante. Afortunadamente a mí me queda bastante menos, por lo que todavía espero que, con un poco de suerte, agrandando algo la biblioteca, podré dar acogida a su futura producción. Pero los que sois tan jóvenes como él, preparaos a adquirir nuevos espacios.

Pero, Randy, por favor, con procesadora de palabra o con cualquier otro ingenio satánico que descubra la técnica, escribe libros, libros en los que se pueda subrayar y escribir notas en los márgenes, y tachar… No te pases a esos discos que obligan a tener una pantallita y un teclado y no sé cuántos instrumentos más para luego tener que hacer posturas raras para leer en la pantalla, acabando con tortícolis. Randy, ¡¡libros!!.

Y voy a terminar, porque ya he rebasado el tiempo prudencial. Voy a terminar dejando constancia de tres sentimientos:

Primero. Como amigo, que estoy muy contento de comprobar cuánto se te quiere y admira. Si solo de tus amigos juristas han salido estos tres tomitos de homenaje, ¡¡figúrate cuando al homenaje de los juristas se añada el de los colegas de esos otros campos que dominas, según el testimonio de la Prof. Aguerrevere.

Segundo. Como hombre dedicado al Derecho, el reconocimiento, porque gracias a tu poder de convocatoria, se han podido reunir en este libro tantos y tan buenos trabajos, que tanto van a significar en la Ciencia jurídica.

Tercero. Y como miembro del Consejo editorial de Civitas, nuestro agradecimiento por haber elegido esta editorial para dar a la luz esta excelente obra.

Mi enhorabuena, mi felicitación y mi agradecimiento a todos por acompañarnos a este acto.

Sección Quinta:

LA PROYECCIÓN INTERNACIONAL DE ALLAN R. BREWER-CARÍAS

LIBARDO RODRÍGUEZ

*Profesor de Derecho Administrativo.
Exconsejero de Estado de Colombia. Presidente del
Instituto Internacional de Derecho Administrativo – IIDA.
Miembro del Foro Iberoamericano de Derecho
Administrativo y de la Academia Internacional de
Derecho Comparado. Académico Honorario de la Real
Academia de Jurisprudencia y Legislación de España y
Académico Correspondiente de la Academia de Derecho y
Ciencias Sociales de Buenos Aires. Profesor Honorífico
de la Universidad Complutense de Madrid*

En un especial momento de la vida de nuestro querido colega y amigo Allan Randolph BREWER-CARÍAS, la Universidad Carlos III de Madrid, en el marco de la Cátedra de Estudios Jurídicos Ibe-roamericanos, ha querido rendir un homenaje a su vida y obra como uno de los más ilustres académicos del derecho público.

La organización del evento ha tenido a bien incluir al Instituto Internacional de Derecho Administrativo -IIDA como entidad colaboradora del mismo y me ha solicitado, como su Presidente, referirme a la proyección internacional de nuestro homenajeado, quien precisamente es uno de los más connotados e ilustres miembros del Instituto.

Esta presentación de la presencia del profesor Allan Brewer-Carías en los escenarios internacionales aparece inicialmente como una tarea fácil, dada la cantidad de eventos, escritos y publicaciones que se pueden identificar en su larga trayectoria como académico y personaje de la vida pública y que han trascendido la esfera nacional de su patria en los diferentes campos, a los cuales se han referido o se referirán otros ilustres colegas en este evento.

Sin embargo, esa inicial facilidad de la tarea adquiere especiales dificultades al constatar la inmensidad numérica de los eventos y escenarios de carácter internacional en los cuales ha hecho presencia nuestro homenajeado a través de su larga trayectoria como persona, como académico, como profesional del derecho, como político y como autor y editor de obras jurídicas.

Basta con hacer notar que el Curriculum Vitae de su página web personal está estructurado en seis grandes etapas, que están identificadas desde las perspectivas cronológica y geográfica-internacional, así: Primera etapa: 1958-1963: Caracas – París – Caracas; Segunda etapa: 1963-1974: Caracas – Cambridge – Caracas; Tercera etapa: 1974-1986: Caracas – Cambridge – Caracas; Cuarta etapa: 1986 -1990: Caracas –París – Caracas; Quinta etapa: 1990-2004: Caracas – Nueva York – Caracas, y Sexta etapa: 2004: Caracas –Nueva York.

Frente a la inmensa gama de eventos allí descritos, para una presentación sucinta como la que exige el tiempo reducido destinado en esta oportunidad, no queda otra alternativa que escoger algún criterio que permita transmitir una visión selectiva pero suficientemente expresiva del conjunto. Para el efecto, después de analizar diversas alternativas, he escogido la de referirme a esas etapas agrupando las dos primeras bajo la óptica de lo que puede identificarse como "El debut en los escenarios internacionales", y las otras cuatro bajo la idea de "La consolidación de su presencia internacional". Este agrupamiento puede justificarse especialmente por dos razones: la primera, porque las dos primeras etapas denotan la precocidad de nuestro homenajeado respecto de su presencia en escenarios internacionales, y la segunda, por cuanto, también respecto de su presencia en los citados escenarios internacionales, las siguientes etapas corresponden a la cúspide de su vida como persona, como intelectual y como académico y porque, además, las últimas etapas son las que, en mayor medida, me han dado la oportunidad de ser testigo de sus ejecutorias, en virtud de nuestras comunes actividades académicas relacionadas específicamente con el derecho administrativo. Además, he considerado conveniente referirme en un tercer punto al tema especial de su participación en el que puede denominarse "proceso de integración internacional del derecho administrativo".

I. SU DEBUT EN LOS ESCENARIOS INTERNACIONALES

En el orden de ideas mencionado, lo primero que debe destacarse en la PRIMERA ETAPA es su presencia temprana, en el año académico 1962-1963, inmediatamente después de haber obtenido su Diploma de Abogado en su país, como alumno de las materias del Curso de Derecho Administrativo, de los profesores Marcel Waline, Charles Einsenman, Robert Charlier, en la Facultad de Ciencias Económicas y Sociales de la Universidad de París, en virtud de una beca otorgada por el Consejo de Desarrollo Científico y Humanístico de la Universidad Central de Venezuela y el Gobierno de la República Francesa.

Posteriormente, ya en la SEGUNDA de las etapas reseñadas en su Curriculum Vitae se multiplican los eventos en los cuales aparece su presencia activa en los escenarios internacionales, así:

En primer lugar, la aparición de su primer libro publicado fuera de Venezuela, *Les entreprises publiques en droit comparé*, Colección de Cursos de la Faculté Internationale pour l'enseignement du Droit Comparé, París 1968.

En segundo lugar, la publicación de sus primeros veintiún trabajos académicos en revistas y publicaciones colectivas:

- "Algunas notas sobre el régimen jurídico-administrativo de los partidos políticos en el derecho venezolano", en la *Revista de Derecho Español y Americano*, del Instituto de Cultura Hispánica, N° 8, Año X, Madrid, abril-junio 1965, que parece ser el primer trabajo publicado fuera de su país natal.

-"La formación de la voluntad de la Administración Pública Nacional en la contratación administrativa", en la *Revista de Derecho, Jurisprudencia y Administración*, Tomo 62, N° 2-3, Montevideo 1965.

-"Le régime des activités industrielles et commerciales des pouvoirs publics en droit comparé" en *Rapports Généraux au VIIe Congrès International de Droit Comparé*, Acta Instituti Upsaliensis Jurisprudentiae Comparativae, Stockholm 1966.

-"El régimen de gobierno municipal en el distrito federal venezolano", en *Crónicas del IV Congreso Hispano-Luso-Americano-Filipino de Municipios* (Barcelona, octubre, 1967), Instituto de Estudios de Administración Local, Tomo I, Madrid, 1968.

-"El control de las empresas del Estado por grupos de intereses de la comunidad", en *Revista Internacional de Ciencias Administrativas*, Vol. XXXIII, N° 1, Institut International des Sciences Administratives, Bruselas, 1967.

-"La facultad de la Administración de modificar unilateralmente los contratos administrativos (con especial referencia a los contratos de obra pública en el derecho venezolano)" en *Revista de Derecho Español y Americano*, Instituto de Cultura Hispánica, N° 19, Año XIII, Madrid, enero-marzo 1968.

-"La réforme administrative au Vénézuéla" en *Bulletin de l'Institut International d'Administration Publique (Revue d'Administration Publique)*, N° 11, París, juillet-septembre 1969.

-"Las transformaciones de la Administración Pública para el desarrollo: el caso de Venezuela" en *Revista de Administración Pública*, N° 58, Madrid 1969.

-"Reforma administrativa y desarrollo económico y social en Venezuela", en *Revista Internacional de Ciencias Administrativas*, Vol. XXXVI, N° 1, Institut International des Sciences Administratives, Bruselas 1970.

-"Les limites á la liberté d' information en droit comparé (presse, radio, cinema television)", (mimeografiado), *Rapport general au VIIIéme Congrés International de Droit Comparé*, Academique Internationale de Droit Comparé, Pescara, 1970.

-"La reforma administrativa en Venezuela a partir de 1969. Experiencias y planteamientos" en *Reforma Administrativa (documentos de un seminario)*, Instituto Centroamericano de Administración Pública, San José, Costa Rica, 1971.

-"La structure institutionelle de l'Organisation des Etats Americains" (en colaboración con Juan Garrido Rovira) en *Les organisations régionales internationales (Recueil de Cours)*, Faculté Internationale pour l'enseignement du Droit Comparé, Fascicule I, París, 1971.

-"Les sources du droit dans l'Organisation des Etats Americains", (en colaboración con Juan Garrido Rovira) en *Les Organisations Régionales Internationales, Recueil de Cours*, Faculté Internationale pour l'enseignement du Droit Comparé, Fascicule II, París, 1971.

-"Relations exterieurs de l'Organisation des Etats Americains", (en colaboración con Juan Garrido Rovira) en *Les Organisations Régionales Internationales, Recueil de Cours*, Faculté Internationale pour l'enseignement du Droit Comparé, Fascicule II, Paris, 1971.

-"Expropriation in Venezuela" (en colaboración con Enrique Pérez Olivares, Tomás Polanco e Hildegard Rondón de Sansó), en libro de A. Lowenfeld (ed.), *Expropriation in the America A. Comparative Legal Study*, New York, 1971.

-"Le statut des fonctionnaires vénézuéliens", *Annuaire International de la Fonction Publique*, Institut International d'Administration Publique, París, 1972.

-"Proyecto del Centro Regional Latinoamericano de Administración para el Desarrollo (CLAD)" en *Revue Internationale des Sciences Administratives*, Vol. XXXVIII, Nº 3, (Las Ciencias Administrativas en Venezuela), Institut International des Sciences Administratives, Bruselas, 1972.

-"Las propuestas de reforma de la Administración Pública Venezolana (1972)" en *Revue Internationale des Sciences Administratives*, Vol. XXXVIII, N° 3, Las ciencias administrativas en Venezuela, Institut International des Sciences Administratives, Bruselas, 1972.

-"La experiencia de reforma administrativa en Venezuela 1969-1973. Estrategias, tácticas y criterios", en *Reforma Administrativa: Experiencias Latinoamericanas*, Instituto Nacional de Administración Pública, México, 1975.

-"Aspects généraux de la procédure contentieuse administrative au Vénézuéla", *Etudes et Documents*, Conseil d'Etat, París, 1973.

-"Caracas", en Rowat, D. (ed), *The Government of Federal Capitals*, Toronto, 1973.

En tercer lugar, comenzó por esa época su actividad docente e investigativa en centros académicos fuera de su país, al desempeñarse como profesor de cursos en la Faculté Internationale pour l'Enseignement du Droit Comparé, de Strasbourg, en el Institut de Droit Comparé de l'Université de Paris, en el Instituto de Cultura Hispánica, en el Institut d'Etudes Judiciaires de Beyrouth y en el Institut International d'Administration Publique de París, así como investigador en el Clare Hall College y en el Center of Latin American Studies, University of Cambridge UK (1972-1974).

En cuarto lugar, se desempeñó como miembro Correspondiente del Instituto Latinoamericano de Ciencias Fiscalizadoras (1966), Miembro de la Sociedad Interamericana de Planificación (1968),

Miembro Suplente del Comité Ejecutivo del Instituto Internacional de Ciencias Administrativas, Bruselas (1968), Miembro de la Delegación a la Sexta Reunión de la Comisión Mixta de la Declaración de Bogotá (Pacto Sub-Regional Andino), Cartagena, Colombia (1969), Observador venezolano a la I Conferencia de Cancilleres del Grupo Andino, (Primera Reunión de la Comisión del Acuerdo de Cartagena), Lima (1969), participó en el Sub-Comité del Consejo Interamericano Económico y Social sobre Venezuela, OEABID, Washington (1970), fue Vicepresidente del Instituto Internacional de Ciencias Administrativas (1971-1977) y Consejero Científico de la Embajada de Venezuela en Gran Bretaña e Irlanda, Londres (1972-1974).

En quinto lugar, participó en una serie importante de congresos, seminarios y simposios en países diferentes de Venezuela, unas veces como simple asistente, otras como expositor sin publicación de sus conferencias.

II. LA CONSOLIDACIÓN DE SU PRESENCIA INTERNACIONAL

Durante las etapas tercera (1974-1986), cuarta (1986-1990), quinta (1990-2004) y sexta (2004 hasta la fecha), la figura del profesor Brewer-Carías no ha cesado de acrecentar su presencia en los escenarios internacionales.

Así, durante el período de la TERCERA ETAPA, se destaca su presencia en diversas actividades académicas, tanto presenciales como a través de sus escritos, en múltiples ciudades: París, Cambridge, México, Bruselas, La Haya, Madrid, Quebec, Buenos Aires, Londres, Barcelona, Toulouse, Washington, Nueva York, Berlín, Bogotá, Cali, Cartagena de Indias, Río de Janeiro, Sao Paulo, Lima, San José de Costa Rica y Montevideo.

Entre esas actividades se destacan especialmente la preparación y presentación en Cambridge de un documento sobre un proyecto de ley antimonopolio y de protección al consumidor y la presentación de la Ponencia General sobre regionalización en el IX Congreso Internacional de Derecho Comparado en Teherán.

También en esta etapa se destacan sus designaciones como Miembro de la International Association for Water Law, como Vicepresidente del Instituto Internacional de Ciencias Administrativas de Bruselas, como Miembro Titular y Vicepresidente de la Academia Internacional de Derecho Comparado de La Haya, como Miembro del Consejo Directivo del Instituto Interamericano de Derechos Humanos de San José de Costa Rica, como Miembro Correspondiente de la Academia de Ciencias Morales y Políticas de España y Como Miembro de la Societé de Législation Comparé de París.

Además, se desempeñó como profesor de las Universidades de Mendoza, en Argentina, y del Colegio Mayor de Nuestra Señora del Rosario, en Bogotá.

A su vez, dentro de la CUARTA ETAPA se acrecienta su presencia en las principales ciudades ya indicadas, a las cuales se adicionan otras, como Sidney, Granada, Curaçao, Quito, Santiago de Chile, Alcalá de Henares y La Paz.

Dentro de las actividades académicas en esta etapa se destacan su desempeño como profesor de la Universidad Externado de Colombia, de Bogotá, su reconocimiento como Profesor Distinguido en la Universidad Nacional Autónoma de México y como Doctor Honoris Causa por la Universidad de Granada, España.

En cuanto a publicaciones en el orden internacional, en esta etapa se destacan sus libros *Estudios de derecho administrativo*, Ediciones Rosaristas, Colegio Nuestra Señora del Rosario, Bogotá 1986; *Estado de derecho y control judicial (justicia constitucional, contencioso-administrativo y amparo en Venezuela)*, (Prólogo de Luciano Parejo Alfonso), Instituto Nacional de Administración Pública, Madrid 1987, y *Judicial Review in Comparative Law*, (Prólogo de J. A. Jolowicz), Cambridge, Studies in International and Comparative Law. New Series, Cambridge University Press, Cambridge 1989.

Durante la QUINTA ETAPA se acrecienta aún más su presencia en actividades académicas en las ciudades ya citadas, a las cuales se agregan otras como Montreal, San Juan de Puerto Rico, Córdoba (Argentina), Aix-en-Provence (Francia), Cáceres (España), Bonn, Belo Horizonte (Brasil), La Habana. Cali (Colombia), Panamá, Miami, Urbino (Italia), Santiago de Compostela, Bristol (Inglaterra), Tunja (Colombia), Varsovia, Austin, San Salvador, Salamanca, Valencia (España), Santo Domingo, Guadalajara (México), Antigua (Guatemala), Sevilla, Cádiz, Curitiba, Tegucigalpa, San Pedro de Sula (Honduras) y Puebla (México).

Durante esta etapa se destacan como reconocimientos académicos su designación como Miembro Correspondiente de la Academia Nacional de Derecho y Ciencias Sociales de Córdoba, Argentina, como Miembro Correspondiente de la Academia Colombiana de Jurisprudencia y el Doctorado Honoris Causa conferido por la Universidad Carlos III de Madrid.

De otra parte, se desempeña como Profesor Asociado de la Universidad de Derecho, Economía y Ciencias Sociales de París, Universidad de París II, Panthéon-Assas, y como Profesor Asociado en la Universidad de París X, Nanterre, Francia.

En materia de publicaciones se acrecienta la aparición de libros de su autoría, a saber: *Principios del procedimiento administrativo* (Prólogo de Eduardo García de Enterría), Editorial Civitas, Madrid, 1990.

Les principes de la procedure administrative non contentieuse. Études de Droit Comparé (France, Espagne, Amérique Latine), (Prólogo de Frank Moderne), Editorial Económica, París, 1992.

El amparo a los derechos y libertades constitucionales. Una aproximación comparativa, Instituto Interamericano de Derechos Humanos (Curso Interdisciplinario), San José, Costa Rica, 1993.

El control concentrado de la constitucionalidad de las leyes. Estudio de derecho comparado, Homenaje a Carlos Restrepo Piedrahita. Simposio Internacional sobre Derecho del Estado, Universidad Externado de Colombia, Tomo II, Bogotá, 1993.

El sistema mixto o integral de control de la constitucionalidad en Colombia y Venezuela, Universidad Externado de Colombia (Temas de Derecho Público Nº 39) y Pontificia Universidad Javeriana (Quaestiones Juridicae Nº 5), Bogotá, 1995; en Anuario de Derecho Constitucional Latinoamericano, Fundación Konrad Adenauer, Medellín-Colombia, 1996; y en G. J. Bidart Campos y J. F. Palomino Manchego (Coordinadores), Jurisdicción Militar y Constitución en Iberoamérica, Libro Homenaje a Domingo García Belaúnde, Instituto Iberoamericano de Derecho Constitucional (Sección Peruana), Lima, 1997.

Contratación estatal, derecho administrativo y constitución (en colaboración con Jorge Vélez García), Pontificia Universidad Javeriana, Quaestiones Juridicae Nº 6, Bogotá, 1995.

La ciudad ordenada (Estudio sobre «el orden que se ha tener en descubrir y poblar» o sobre el trazado regular de la ciudad hispanoamericana, en particular, de las ciudades de Venezuela), Universidad Carlos III, Madrid, 1997.

Études de droit public comparé, Académie International de Droit Comparé, Bruylant, Bruxelles, 2001.

Golpe de estado y proceso constituyente en Venezuela, Universidad Nacional Autónoma de México, México, 2002.

Principios del procedimiento administrativo en América Latina, Universidad del Rosario, Colegio Mayor de Nuestra Señora del Rosario, Literatura Jurídica, Legis, Bogotá, 2003.

Finalmente, durante la SEXTA ETAPA se acrecienta aún más su presencia diferentes ciudades, adicionales a las ya citadas, como Bellagio (Italia), Valladolid, La Coruña, Pittsburg, Arequipa, Monterrey, Guayaquil, Berlín, Palermo (Italia), Manila, Veracruz y Monterrey (México).

Como actividades académicas durante esta etapa se destaca su desempeño como Profesor Adjunto en Columbia University, New York y su designación como colaborador en el Max Planck Institute for Comparative Public Law and Internacional Law.

Como reconocimientos académicos, en esta etapa fue designado Vicepresidente de la Asociación Iberoamericana de Derecho Administrativo; Miembro Honorario de la Real Academia de Jurisprudencia y Legislación de España; Miembro de honor de la Asociación Española para el Derecho Internacional de los Derechos Humanos; Miembro Correspondiente de la Academia Chilena de Ciencias Sociales, Políticas y Morales; Miembro Correspondiente en Nueva York de la Academia Hispano Americana y de la Real Academia Hispanoamericana de Artes, Ciencias y Letras de Cádiz. Igualmente fue reconocido como "Profesor Magnífico de Derecho Administrativo" por el VIII Foro Iberoamericano de Derecho Administrativo en Panamá, en 2009.

También durante esta época se han multiplicado los libros publicados por fuera de Venezuela, a saber:

Mecanismos nacionales de protección de los derechos humanos (Garantías judiciales de los derechos humanos en el derecho constitucional comparado latinoamericano), Instituto Interamericano de Derechos Humanos (IIDH), Costa Rica, San José, 2005.

Derecho Administrativo, Tomo I (Principios del derecho público. Administración Pública y derecho administrativo. Personalidad jurídica en el derecho administrativo. Régimen de la Administración Pública), Universidad Externado de Colombia, Universidad Central de Venezuela, Bogotá, 2005.

Derecho Administrativo, Tomo II (La organización administrativa y la Administración Pública nacional. Los Estados y la Administración Pública estadal. Los Municipios y la Administración Pública municipal), Universidad Externado de Colombia, Universidad Central de Venezuela, Bogotá, 2006.

Golpe de estado y proceso constituyente en Venezuela, Goberna & Derecho, Guayaquil Ecuador, 2007.

La justicia constitucional (procesos y procedimientos constitucionales), Editorial Porrúa/ Instituto Mexicano de Derecho procesal Constitucional, México, 2007.

Reflexiones sobre la Revolución Norteamericana (1776), la Revolución Francesa (1789) y la Revolución Hispanoamericana (1810-1830) y sus aportes al constitucionalismo moderno, 2ª Edición Ampliada, Serie Derecho Administrativo N° 2, Universidad Externado de Colombia, Editorial Jurídica Venezolana, Bogotá, 2008.

El modelo urbano de ciudad colonial y su implantación en Hispanoamérica, Serie Derecho Urbanístico N° 1, Universidad Externado de Colombia, Bogotá, 2008.

Constitutional Protection Of Human Rights in Latin America. A Comparative Study of the Amparo Proceedings, Cambridge University Press, New York, 2009.

Constitutional Law. Venezuela, International Encyclopeaedia of Laws, Suppl. 83 (October 2009), Kluwer Law International BV, The Netherlands, 2009.

Leyes de amparo de América Latina (Compilación y Estudio Preliminar), Instituto de Administración Pública de Jalisco y sus Municipios, Instituto de Administración Pública del Estado de México, Poder Judicial del Estado de México, Academia de Derecho Constitucional de la Confederación de Colegios y Asociaciones de Abogados de México, Jalisco, 2009.

Reforma constitucional, Asamblea Constituyente y control judicial: Honduras (2009), Ecuador (2007) y Venezuela (1999), Universidad Externado de Colombia, Bogotá, 2009.

Dismantling Democracy. The Chávez Authoritarian Experiment, Cambridge University Press, New York, 2010.

Constitutional Courts as Positive Legislators, Cambridge University Press, New York, 2011.

Derecho procesal constitucional. Instrumentos para la justicia constitucional, Editorial Investigaciones Jurídicas, San José Costa Rica, 2012.

Constitutional Law. Venezuela, Supplement 97, International Encyclopaedia of Laws, Kluwer, Belgium, 2012.

La constitución de Cádiz de 1812 y los inicios del constitucionalismo hispanoamericano, Editorial Investigaciones Jurídicas C.A., San José, Costa Rica, 2012.

Comentarios a la ley sobre justicia constitucional, OIM Editorial, Tegucigalpa, 2012.

Los principios fundamentales del derecho público, Editorial Investigaciones Jurídicas/ Editorial Jurídica Venezolana, San José, Costa Rica, 2012.

La patología de la justicia constitucional, Editorial Investigaciones Jurídicas/ Editorial Jurídica Venezolana, San José, Costa Rica, 2012.

Principios del procedimiento administrativo, Editorial Investigaciones Jurídicas/ Editorial Jurídica Venezolana, San José, Costa Rica, 2012.

Derecho procesal constitucional. Instrumentos para la justicia constitucional, Segunda Edición, Ediciones Doctrina y Ley Ltda. (Bogotá), Investigaciones Jurídicas SA. (San José), Editorial Jurídica Venezolana (Caracas), Bogotá, 2013.

Tratado de derecho administrativo. Derecho Público en Iberoamérica, 6 Tomos, Editorial Civitas Thomson Reuters, Madrid, 2013.

La patología de la justicia constitucional, Segunda edición ampliada, European Research Center of Comparative Law, Bissendorf – Niedersachsen Germany, 2003.

El control de convencionalidad y responsabilidad del Estado (En colaboración con Jaime Orlando Santofimio), Universidad Externado de Colombia, Bogotá, 2013.

Constituciones iberoamericanas. Venezuela, Biblioteca Jurídica Virtual, Instituto de Investigaciones Jurídicas, Universidad Nacional Autónoma de México, México, 2014.

Bases constitucionales del derecho administrativo y del proceso contencioso administrativo en República Dominicana, (En coautoría con Víctor Hernández Mendible), Colección Estudios de Derecho Administrativo, Volumen I, Asociación Dominicana de Derecho Administrativo, Editorial EJV International, 2014.

Procedimiento administrativo global ante Interpol, Editorial Investigaciones Jurídicas S.A., San José, Costa Rica, 2015.

Constitutional Law in Venezuela, Second edition, International Encyclopaedia of law, Wolters Kluwer, Kluwer Law International, 2015.

Principios del procedimiento administrativo. Estudio de derecho comparado, Asociación Dominicana de Derecho Administrativo, Colección Estudios de Derecho Administrativo, Volumen II, Editorial Jurídica Venezolana International, Santo Domingo, 2016.

Leyes de amparo de América Latina. Segunda Edición aumentada y actualizada, Colección Derecho Público Iberoamericano Nº 3, Editorial Jurídica Venezolana International, Caracas – New York, 2016.

Principios del Estado de Derecho. Una aproximación comparativa, Cuadernos de la Cátedra Mezerhane sobre democracia, Estado de derecho y derechos humanos, Miami Dade College, Programa Goberna Las Américas, Editorial Jurídica Venezolana International, Miami-Caracas, 2016.

El proceso de amparo en el derecho constitucional comparado de América Latina. Colección Biblioteca Porrúa de Derecho Procesal Constitucional, Ed. Porrúa, México, 2016.

El proceso de amparo en el derecho constitucional comparado de América Latina, Gaceta Jurídica, Lima, 2016.

Sobre Miranda, Entre la perfidia de uno y la infamia de otros y otros escritos, Colección Cuadernos de la Cátedra Fundacional de Historia del derecho, Charles Brewer Maucó, Universidad Católica Andrés Bello, Caracas / New York, 2016.

Los jueces constitucionales. Controlando el poder o controlados por el poder. Algunos casos notorios y recientes (Estados Unidos, Reino Unido, Honduras, Venezuela, República Dominicana, Nicaragua, Paraguay, El Salvador, Suráfrica, Costa Rica, Chile, Brasil), Editorial Investigaciones Jurídicas S.A., San José Costa Rica, 2017.

La consolidación de la tiranía judicial. El juez constitucional controlado por el poder ejecutivo, asumiendo el poder absoluto, Colección Estudios Políticos, N° 15, Editorial Jurídica Venezolana International, Caracas / New York, 2017.

La dictadura judicial y la perversión del estado de derecho. el juez constitucional y la destrucción de la democracia en Venezuela, Ediciones El Cronista, Fundación Alfonso Martín Escudero, Editorial IUSTEL, Madrid, 2017.

Estudios sobre la asamblea nacional constituyente y su inconstitucional convocatoria en 2017 (Compilador y editor, en colaboración con Carlos García Soto), Editorial Temis, Editorial Jurídica Venezolana, Bogotá, 2017.

La crisis de la democracia en Venezuela, la OEA y la Carta Democrática Interamericana. Documentos de Luis Almagro (2015-2017) (Editor), Segunda edición, Iniciativa Democrática de España y las Américas (IDEA), Editorial Jurídica Venezolana International, Miami, 2017.

Los jueces constitucionales. Controlando el poder o controlados por el poder. Algunos casos notorios y recientes (Estados Unidos, Nicaragua, Bolivia, Paraguay, Reino Unido, Suráfrica, Venezuela, Honduras, República Dominicana, El Salvador, Colombia, Perú, Costa Rica, Chile, Brasil), Segunda edición corregida y aumentada, Colección Biblioteca de Derecho, Ediciones Olejnik, Buenos Aires, 2018.

Sobre Miranda. Entre la perfidia de uno y la infamia de otros, y otros escritos, Segunda edición corregida y aumentada, Colección Cuadernos de la Cátedra Fundacional de Historia del derecho, Charles Brewer Maucó, Universidad Católica Andrés Bello,. Caracas / New York, 2016.

La justicia constitucional, la demolición del estado democrático en Venezuela en nombre de un "nuevo constitucionalismo", y una tesis "secreta" de doctorado en la Universidad de Zaragoza, Universidad Carlos III de Madrid, Editorial Jurídica Venezolana International, 2018.

El "nuevo constitucionalismo latinoamericano" y la destrucción del estado democrático por el juez constitucional. El caso de Venezuela, Colección Biblioteca de Derecho Constitucional, Ediciones Olejnik, Madrid, Buenos Aires, 2018.

III. SU PARTICIPACIÓN EN EL PROCESO DE INTEGRACIÓN INTERNACIONAL DEL DERECHO ADMINISTRATIVO

Dentro de esta mirada cronológica a la presencia del profesor Brewer-Carías en la escena internacional del derecho administrativo, vienen a mi mente mis primeras vivencias como académico del derecho en la década de los setentas, cuando personalmente apenas comenzaba lo que aquí hemos llamado el debut en los escenarios internacionales, mientras nuestro homenajeado ya se movía con cierta soltura en esos escenarios, comenzando la que hemos identificado como la etapa de consolidación de su presencia en los mismos.

Según mi propia visión, eran todavía tiempos en los cuales predominaba en América Latina la mirada jurídica de nuestros propios países hacia países del llamado Viejo Continente, de corte latino: algunos, tal vez la mayoría, hacia España, seguramente en virtud de los lasos propias de la época colonial; otros hacia Francia, por efectos de afinidad intelectual con la Revolución Francesa; otros hacia Italia, especialmente en los temas de derecho penal y procesal. También algunos, especialmente en los asuntos propios de los derechos constitucional y mercantil, miraban individualmente hacia los Estados Unidos, tal vez por efectos de la cercanía geográfica y política con la nueva potencia y el auge de sus teorías económicas.

Pero se trataba de miradas individuales, en el sentido de que cada uno de los países latinoamericanos, y sus propios ciudadanos, miraban a su lejano país de preferencia según la actividad de que se tratara, pero poco o casi nada miraban hacia sus países vecinos y hermanos.

En el campo concreto del derecho administrativo también era así. Los jóvenes administrativistas conocíamos y nos interesábamos fundamentalmente por las teorías jurídicas y los autores del lejano país de preferencia, pero, en general, desconocíamos a los autores de nuestros países hermanos.

Afortunadamente, por esa misma época, comenzaron a producirse algunos ensayos de integración entre académicos de países de nuestra región, que empezaron a conocerse mutuamente gracias a sus primeras experiencias internacionales.

Fue así como, en la misma década citada de los años setentas, se creó por parte de algunos académicos de varios países, en la ciudad Argentina de Mendoza, en 1977, el Instituto Internacional de Derecho Administrativo Latino -IIDAL, que tuvo presencia práctica por varios años por medio de Congresos realizados en Mendoza, Caracas y Bogotá, de algunos de los cuales quedaron memorias publicadas. El profesor Brewer-Carías fungió como Presidente de este Instituto a partir de 1981.

A su vez, a partir de 1983 se realizaron algunas Jornadas Venezolano-Colombianas de Derecho Público, con la participación de administrativistas representativos de los dos países y de cuya primera versión fue Director el profesor Brewer-Carías.

Más tarde, a partir de 1995 y hasta el año 2005, se realizaron en Venezuela ocho Jornadas Internacionales de Derecho Administrativo, precisamente identificadas con el nombre de nuestro homenajeado "Allan Randolph Brewer-Carías", organizadas por la Fundación de Estudios de Derecho Administrativo -FUNEDA, las cuales fueron revividas en el año 2018 en República Dominicana, gracias al apoyo de entidades y juristas de ese país. En las nueve jornadas que se han realizado han participado, además de un buen número de administrativistas venezolanos, juristas de España, Francia, Alemania, Argentina, Colombia, Costa Rica, Estados Unidos, Brasil, Italia, Uruguay y Ecuador y de todas ellas han quedado publicaciones con las respectivas memorias.

En todos esos esfuerzos estuvo presente como participante activo, promotor y aun como figura central nuestro querido colega que hoy homenajeamos.

Mirados con una visión retrospectiva, podría decirse que esos importantes esfuerzos fueron coyunturales y temporales, unos más que otros, pero debo decir que esos primeros ejemplos de integración entre juristas de algunos países de América Latina con colegas de otras latitudes fueron, sin duda alguna, antecedentes y semilla fructífera de un proceso de integración con vocación más permanente que se inició en el año 1999, en la ciudad de México, con la creación de la Asociación Iberoamericana de Derecho Administrativo. Casi al mismo tiempo y sin conocimiento mutuo, en 2002, en Santa Cruz de la Sierra (Bolivia), se creó el Foro Iberoamericano de Derecho Administrativo -FIDA, que algunos años más tarde compartió objetivos y miembros con la Asociación Iberoamericana, conservando cada institución su independencia, pero contribuyendo a la solidez de las relaciones académicas y personales de los diferentes administrativistas de Iberoamérica.

Actualmente el FIDA continúa realizando su actividad de manera ininterrumpida. A su vez, del seno de la Asociación Iberoamericana de Derecho Administrativo, surgió en 2005, con el objetivo de ampliar su cobertura a algunos miembros de otros países diferentes del área iberoamericana, la Asociación Internacional de Derecho Administrativo -AIDA, de cuyo seno surgió, en 2016, el Instituto Internacional de Derecho Administrativo -IIDA, con vocación más universal, que reúne actualmente a 82 administrativistas de 18 países de América y Europa.

Como memoria de todas estas organizaciones han quedado publicaciones que enriquecen la bibliografía del derecho administrativo de los respectivos países y del derecho comparado.

Este proceso, que podemos llamar de integración internacional del derecho administrativo, con origen en América Latina, ha producido varios efectos:

De una parte, ha sido evidente su importancia como instrumento de relación entre los administrativistas de los diferentes países, especialmente de América Latina, que han sido los de mayor presencia numérica en virtud del origen geográfico de los eventos mencionados y de las organizaciones creadas y cuya actividad académica, como se expresó, hasta hace algunas décadas se caracterizaba por el predominio del aislamiento.

De otra parte, como se comprenderá, la relación de los administrativistas de América Latina con sus colegas de Europa ya no es simplemente individual, como lo era tradicionalmente, sino que cada día es más colectiva y, por lo mismo, más fuerte e institucional.

Lógicamente, este proceso de integración progresiva y colectiva de los administrativistas de América Latina, en primer lugar entre sí y con sus colegas de la Península Ibérica, y más recientemente con colegas de otros países de Europa, no habría sido posible y su fortalecimiento tampoco lo será, sin el apoyo decidido de un grupo de administrativistas de Europa que han comprendido la importancia de este proceso y el lugar que en el concierto jurídico internacional corresponde de manera natural a ese importante número de más de veinte países que hacen parte de la región latinoamericana.

El mejor y más actual ejemplo de esa comprensión de cierto número de juristas de Europa hacia el proceso de integración con sus colegas de América Latina lo tenemos presente en este día y en este acto, con la realización de este evento en el marco de la Cátedra de Derecho Iberoamericano de la Universidad Carlos III de Madrid, gracias a la iniciativa y activa gestión de uno de los más connotados miembros del IIDA, como es el profesor Luciano Parejo, quien ha sido testigo y actor de primera línea en este proceso.

Pero en todo caso, lo más importante a destacar en esta oportunidad es que durante todo el proceso de integración que hemos descrito, tanto en sus etapas iniciales como en la etapa más actual y sólida, la figura de nuestro homenajeado, el querido profesor Allan Brewer-Carías, ha estado presente de manera permanente y activa y ha jugado un papel fundamental que el mundo jurídico-administrativo de América y Europa reconocen efusivamente en este acto. ¡Gracias querido Allan por tu invaluable aporte!

Madrid, 13 de noviembre de 2019

QUINTA PARTE:

VENEZUELA Y ALLAN R. BREWER-CARÍAS

SU LUCHA POR EL DERECHO EN DEMOCRACIA

PEDRO NIKKEN

Profesor emérito de la Universidad Central de Venezuela, Ex Presidente de la Comisión Internacional de Juristas, Ex presidente de la Corte Interamericana de Derechos Humanos

Querida Beatriz, queridos Allan, Michelle y Eric, queridos Charles, Lilly y Jimmy; cardumen de nietos aquí presentes.

Queridos amigos y amigas, señores, señoras

Allan Randolph Brewer-Carías, entrañablemente conocido en familia y entre amigos como Randy Brewer. ¡Bendito sea, Randy! Después de una larga vida compartida, tener el honor y la satisfacción de homenajearte y abordar la imposible tarea de exaltar tu biografía sin límites. ¡Bendito seas Randy! Por tu inmensa obra, por tu valor ciudadano, por tu solidaridad con la democracia y el estado de derecho, por tu buen humor, por tu inestimable amistad de siempre, por existir y por todo.

Este acto de homenaje en el mismo día que cumples 80 años, no es una lisonja ni una trivialidad de cumpleaños. Durante tus 80 años de edad has construido un pedestal único en la cultura jurídica y política de Venezuela y mucho más allá.

Tu obra

Tu obra jurídica es única e inalcanzable. Una bibliografía que ocupa ella sola un volumen grueso. 223 libros publicados de tu autoría, 43 folletos, 85 libros editados o en coautoría, 1072 artículos publicados en revistas y obras colectivas y como si fuera poco, Director de 156 números de la *Revista de Derecho Público*, fundada por ti y creador de una Editorial Jurídica sin precedentes en Venezuela, con prestigio bien ganado por la calidad y el volumen de sus publicaciones.

Tu primera obra maestra fue tu tesis doctoral *"Las instituciones fundamentales del Derecho administrativo y la jurisprudencia venezolana"*, publicada hace 55 años por la Universidad Central de Venezuela, y desde entonces referencia obligada para los estudios del Derecho público en nuestra región y aún mas allá.

Otra que recuerdo bien es *"Cambio Político y Reforma el Estado en Venezuela"* (Tecnos, Madrid, 1975), en la que delineaste en profundidad tus observaciones críticas al funcionamiento del sistema político venezolano así como propuestas para su transformación, muchas de las cuales pusiste en práctica al ejercer responsabilidades de gobierno.

La *Jurisprudencia de la Corte Suprema: 1930-1974 y Estudios de Derecho Administrativo* es una obra monumental, publicada en 6 tomos (8 volúmenes) entre 1975 y 1979, por el Instituto de Derecho Público de la Facultad de Ciencias Jurídicas y Políticas de la UCV. Digo monumental no solo por su tamaño, sino porque recoge -y explica de manera sistemática- la interpretación judicial de las instituciones constitucionales y administrativas venezolanas, en un tiempo en que se edificaban la democracia y la legislación administrativa cuyo objeto era limitar el ejercicio del poder.

Otra obra esencial es *Estado de derecho y control judicial,* publicada en 1987 en Alcalá de Henares por el Instituto Nacional de Administración Pública y prologado por uno de los hacedores de este acto, nuestro querido amigo Luciano Parejo Alfonso. Como lo dice Luciano, se trata de un fruto lógico de la lucha personal de Randy por el derecho que acredita a todo verdadero jurista, que "aborda un punto nuclear de la ciencia jurídica del Estado: la sumisión del poder al Derecho y su efectividad a través del control judicial pleno y real del ejercicio de dicho poder o, lo que es igual, desde la perspectiva del ciudadano, de una tutela judicial independiente y sin fisuras".

En los últimos años, Brewer se ha concentrado en el escrutinio y análisis de la arbitrariedad con la que ejerce el poder el régimen venezolano y muy especialmente en la inmensa farsa que es la llamada jurisprudencia del Tribunal Supremo de Justicia. Es un trabajo doloroso, que mucho le agradecerá la Historia y no sólo la venezolana. Es nuestro Emile Zolá, con su poderoso *J'accuse.*

Estoy seguro de no ser el único estupefacto por la caudalosa producción científica de Randy. Una tarde en la que departíamos en su residencia de entonces, situada en el barrio de Caurimare, en el este de Caracas, le pregunté que cómo hacía para escribir tanto y tan bien. Me condujo en silencio, con aires de confidencia, hasta la magnífica biblioteca de doble altura que él mismo diseñó para su casa y me mostró un estante en el que yacía una cincuentena de volúmenes empastados. Eran manuscritos en tamaño bloc, que contenían el estudio y la preparación del estudiante Brewer-Carías de cada una de las asignaturas de la carrera que cursó en la Escuela de Derecho de la Universidad Central de Venezuela. Me confió entonces que él tiene una suerte de limitación cognitiva: ***Yo no entiendo lo que no escribo".*** ¡Qué maravilla! ¡Cuánto le debe la cultura jurídica y la cultura a secas a tal sedicente limitación! Un ser extraordinario que piensa para escribir y escribe para entender. Claro que esto no basta. Ha hecho falta mucha sed de entender para descifrar tantos temas sobre los que ha escrito Randy, mucho talento para pensar en lo que se quería entender escribiendo. Y también, permítaseme el exceso verbal, unas muy bien equipadas nalgas para tan largas jornadas sentado frente a un papel. A esto se agrega que durante buena parte de su vida, Randy escribió exclusivamente a mano, pues, en sus palabras de entonces, no encontraba inspiración sin sentir el rasgar de la pluma fuente sobre el papel. Su ya largo y aberrante exilio lo alejó de Arelis Torres, su secretaria de siempre, quien mecanografiaba sus escritos y lo forzó a introducirse en la era digital, los ordenadores y los procesadores de palabras. Un jurista de vanguardia pero con un estilo elegantemente anticuado, por obra de la desgracia entro de súbito en la modernidad. El resultado ha sido la multiplicación de su ya dilatada obra.

No voy a detenerme más sobre esto. Randy ha sido un titán de la investigación jurídica y nos ha legado una obra maravillosa, que hará recordar por siempre su notable biografía y que prolongará la influencia de su saber por mucho, muchísimo tiempo. Eres, Randy, un espécimen trascendente, porque te lo has labrado con tu sobrehumana actividad intelectual.

El académico

Fuimos, Randy, compañeros en la Facultad de Ciencias Jurídicas y Políticas de la Universidad Central de Venezuela. Soy testigo cercano de tu dedicación a la Universidad. No sólo has sido un académico de grandes esfuerzos y medios puestos al servicio de la investigación y la ciencia, sino un profesor de notables resultados, tanto en tu propia y colosal obra, como en tu capacidad para organizar el trabajo en una institución, que se pobló de tus discípulos y enseñanzas. Fuiste Jefe de la Cátedra de Derecho Administrativo en la Universidad Central de Venezuela, durante dos décadas. Tuve el honor, tras haber sido elegido Decano de nuestra Facultad, de proponer tu nombre al Consejo de la misma Facultad y al Consejo Universitario como Director del Instituto de Derecho Público, para suceder a su fundador, el ilustre profesor español Antonio Moles Caubet. En ese tiempo, fuimos compañeros de trabajo diario, con Rafael Pizani, Juan Carlos Rey Martínez, Alberto Arteaga, Benito

Sansó, Luis Herrera Marcano, Oscar Palacios Herrera, por no recordar sino a las más prominentes figuras que conformaron un equipo de trabajo único y sin precedentes en nuestra vieja Facultad. Estuviste, Randy, entre quienes insurgieron en su momento para que su gobierno estuviera en manos de investigadores y docente profesionales, cualquiera fuera su ideología o posición política, a lo cual no estaba habituada la institución, hasta ese entonces nutrida básicamente por ilustres y cultos abogados, frecuentemente magníficos docentes a tiempo parcial, quienes realizaban investigaciones por su cuenta, al margen de la estructura universitaria.

Tu presencia al frente del Instituto de Derecho Público fue determinante para superar esa práctica. Estimulaste a los investigadores de Instituto la producción de rigurosa obra escrita, con un sentido de emulación con respecto a los otros tres institutos de investigación presentes en la Facultad. Puedo asegurar que nadie en la Universidad Central de Venezuela mantuvo más ocupada que Randy a nuestra vieja imprenta universitaria, a la que él comparecía asiduamente, con vocación de linotipista aficionado, o quizás más que aficionado.

Hablando de aficiones metajurídicas, Randy es asimismo un arquitecto desperdiciado y un urbanista embozado. No lo digo pensando en tu obra en derecho urbanístico, que es densa pero jurídica. Lo afirmo en el estricto sentido de tu vocación hacia la arquitectura y el urbanismo. Randy es una suerte de curador de las oficinas donde tiene su sede el Escritorio Jurídico que compartimos, quien seleccionó todos los cuadros y alfombras de los ambientes comunes y quien sugirió e impartió su aprobación al diseño del espacio donde hemos trabajado por décadas. Pero tu vocación más fructífera ha sido en el urbanismo. Muchas veces coincidí contigo en viajes a distintos países de Europa y América y más de una vez te acompañé a hurgar en procura de mapas viejos de ciudades americanas en los más diversos establecimientos comerciales especializados. Confieso que a mí me aburría un poco, pero tenía el divertido privilegio de ver a Randy afilando su miopía ante un mapa casi pegado a su nariz, para identificar la toponimia, la planimetría, alguna laguna o qué se yo... Con casi maniática devoción fue compilando los planos coloniales de las ciudades americanas y de las ordenanzas de Derecho Indiano que las regularon, que dieron origen a una de sus obras de mayor impacto y belleza: *"La Ciudad Ordenada"*, una de las grandes reivindicaciones del concepto español de la colonización americana. Un concepto de ciudad y de organización territorial que pervive hasta nuestros días. Un trabajo, además, que presentó como innecesario merecimiento cuando le fue otorgado el Doctorado Honoris Causa por esta Universidad Carlos III.

Desde hace 40 años eres, además, Individuo de Número de la Academia de Ciencias Políticas y Sociales de Venezuela, cuya Presidencia en su momento ejerciste con singular brillo.

Pero Randy jamás se contentó con la teoría que tan bien manejaba. Es un exitoso abogado en ejercicio de su profesión y un destacado hombre público.

El abogado

A fines de 1988 regresaba con Randy Brewer desde Costa Rica, donde asistimos a una reunión del Consejo Directivo del Instituto Interamericano de Derechos Humanos, en un vuelo interminable durante el cual el piloto parecía aterrizar donde quiera que hubiera un aeropuerto. Primero Panamá. Luego Barranquilla, más tarde Maracaibo y al fin Caracas. En esas horas de tedio, hablamos de las cosas que hablan los amigos comprometidos con los mismos valores, básicamente de nuestra Facultad en la UCV y de asuntos relativos a los derechos humanos y al Instituto al que pertenecemos.

Súbitamente, Randy me propuso asociarme a su bufete, Baumeister y Brewer, una de las firmas de abogados más reputadas y exitosas del país. Me tomó por sorpresa y mi primera reacción fue decirle que nunca me había planteado el ejercicio privado de la profesión de abogado. Me replicó que él tampoco se la había planteado hasta que, de regreso de Cambridge unos años antes, su amigo de siembre, Alberto Baumeister Toledo, le había hecho una invitación, similar a la que él ahora me hacía, para que se incorporara al escritorio jurídico que compartía con Alí Domínguez, situado en el edificio Normandie, en el barrio caraqueño de San Bernardino. Me relató que por un buen tiempo estuvo sentado en un escritorio desnudo, a la espera de los casos pero que, en la medida en que fueron llegando, le abrieron un nuevo horizonte en su vida, que lo había llenado de satisfacciones. Me insistió en que me sumara al Escritorio, en la seguridad de que yo experimentaría la misma satisfacción. Al final, luego de cumplir con el protocolo de incorporación de nuevos socios, me integré a Baumeister & Brewer y tuve la ocasión de conocer al abogado Allan Brewer Carías, a quien sólo había tratado como amigo entrañable y como colega y cómplice en el trajín de la vida universitaria en la UCV.

Al respirar en el Escritorio Baumeister & Brewer tuve una sensación de trascendencia que iba mucho más allá de una firma de abogados. Me hizo evocar la imagen de Rafael Alberti, cuando, en 1936, fondeado frente al puerto de La Guaira en el paquebote *Colombie*, le cantó a la *Costas de Venezuela* y a la cordillera que divisaba:

Se ve que estas montañas son los hombros de América
Aquí sucede algo, nace o se ha muerto algo.
Estas carnes sangrientas, peladas, agrietadas,
estos huesos veloces, hincándose en las olas,
estos precipitados espinazos a los que el viento asesta
golpe seco y verde a la cintura.

Puede que aquí suceda el silencioso nacimiento o la agonía
de las nubes,
sombríamente espiadas desde lejos por mil picos furiosos
de pájaros piratas,
cayendo de improviso lo mismo que cerrados balazos ya
difuntos
sobre el horror velado de los peces que huyen.
[....]

Pero aquí existe un nombre,
una fecha,
un origen.

Se ve que estas montañas son los hombros de América
Los hombros de la justicia y la convicción.

Brewer abogado y Brewer académico son, a no dudarlo, la misma persona. En su metodología, en su dedicación y en su pasión por la justicia. Su estudio de los casos siempre ha sido colectivo, con metodología académica, pero con espíritu de combate y con ánimo pedagógico. Algunos de los casos más polémicos en los que le correspondió litigar originaron sendos libros, editados por Brewer en su Editorial Jurídica Venezolana con la participación de los abogados con los que había actuado.

En algunas ocasiones, tanto en reuniones de socios como en conversaciones personales, advertí a Randy sobre su exceso de presencia pública en casos polémicos, en algunos de los cuales la contraparte contaba con poderosos medios publicitarios, que apuntaban sus cañones contra el abogado. Le insistíamos en que el abogado no tiene por qué ser el vocero del cliente ante la opinión pública. Lo mismo hicieron varios socios en el Escritorio. Como esos consejos eran desoídos en la práctica, varios de nosotros le notificamos que nos constituíamos en su "Consejo de Tutela", que se reservaba la previa aprobación de sus declaraciones sobre los casos que litigábamos. Funcionó escasamente, porque el torrente Brewer no podía contenerse a la hora de denunciar los errores de la otra parte, a menudo calificados (con razón) como "disparates". Ese ímpetu, desde luego, le granjeó no pocos enemigos, especialmente porque siempre, o casi siempre, estuvo acompañado de éxitos profesionales rotundos.

Sin saberlo, Allan Brewer me ayudó hace años a plasmar en pocas líneas su vocación profesional como abogado. Un día, comentando con él casi humorísticamente ese peculiar estilo de defender sus causas en todos los frentes, arrugó el ceño y me dijo: *"Yo concibo el ejercicio del derecho como un gladiador que lucha por su vida y que por eso mismo tiene que emplear todos su recursos y ganar el combate"*. Esa frase sintetiza a Randy Brewer como abogado. Sólido académicamente, como nadie; estratega culto pero pragmático; implacable, pero leal; dedicado a su oficio con la capacidad de trabajo sobrehumana que ha exhibido a lo largo de su vida.

Un gladiador apasionado al servicio de la justicia y del cliente que le confió su representación.

El hombre público.

La presencia de Randy en la opinión pública distó de limitarse a los asuntos profesionales. Por el contrario, fuiste un permanente observador crítico del funcionamiento del sistema jurídico-político venezolano y un promotor activo de reformas destinadas a profundizar la democracia y fortalecer la defensa de los derechos humanos. También en ese campo has luchado como un gladiador.

En 1969 asumiste la Presidencia de la Comisión de Administración Pública, desde la cual impulsaste el más serio intento que se recuerde de modernizar el servicio civil en Venezuela, logrando la sanción de la Ley de Carrera de Carrera Administrativa, como instrumento fundamental para la profesionalización del funcionariado y la garantía de su estabilidad, al margen de los vaivenes de la política y de la alternancia de los partidos en el poder. Una obra que perduró hasta que también fue arrasada en esta era desgraciada que avasalló la democracia venezolana.

Ejerciste como Senador entre 1982 y 1986, elegido como independiente postulado por COPEI, el entonces muy fuerte partido socialcristiano de Venezuela. Cumpliste con intensidad tu función parlamentaria y fuiste el promotor y redactor de la Ley Orgánica sobre Amparo y Garantías Constitucionales, que era una deuda pendiente del Poder Legislativo con la Constitución venezolana de 1961 y constituyó una herramienta de gran utilidad y frecuente uso para la defensa judicial de los derechos humanos.

Tu opinión siempre es sonora. Te invitaron a ser miembro de la Junta Directiva de "El Nacional", el diario caraqueño más influyente de esa época. Con regularidad ofrecías entrevistas estelares, casi siempre polémicas, porque tu rigor jurídico sobre los temas institucionales no te invitaba a hacer concesiones al interés político subjetivo de los partidos de la época, lo que impulsó que tu prestigio como jurista, académico y hombre público creciera progresivamente.

Tanto como la envidia y resentimiento de los intereses presente y futuros que tus conceptos demolían.

A lo largo de tu obra jurídica y de tu vida pública fuiste un pionero de la democratización de nuestro país y de nuestra región. Algunas veces sin trascendencia pública, como tu actuación como experto del Instituto Interamericano de Derechos Humanos en Chile, para reconstruir el Registro Electoral chileno, destruido por la dictadura pero indispensable para la consulta electoral que puso fin a la era de Pinochet.

Otras más notorias, cuando fuiste convocado por el Presidente venezolano de transición, Ramón José Velásquez, para ocupar un nuevo Ministerio, el de Descentralización, para poner el práctica tus ideas sobre el tema, y llevar el poder a las comunidades. Ese fue el más importante, si no el único, esfuerzo exitoso para reformar el Estado venezolano en un sentido más democrático y participativo. En los pocos meses que duró aquel Gobierno de transición trabajaste frenéticamente, como sólo tú podías hacerlo el proyecto descentralizador, que en tiempo record cumplió con el proceso de transferencias del poder central al local y que llevó un nuevo aliento democratizador y esperanzador a las regiones y al ciudadano común, que percibió por primera vez el ejercicio del poder como algo cercano y comprensible. Lamentablemente aquella obra extraordinaria habría de transitar por la prueba de dos caudillos muy distintos, pero ambos centralistas. El primero, Rafael Caldera, civil y demócrata integral, cuyo gobierno respetó la descentralización, aunque no siempre con gran convicción. El segundo, Hugo Chávez, militar y autócrata, que impulsó el estado centralista, militarista y de vocación totalitaria contra el cual también has luchado a un precio muy alto para ti, para todos tus familiares y amigos y para nuestro país.

El sistema político democrático venezolano construido sobre la Constitución de 1961 evidenció un crítico desgaste en la última década del siglo XX. En ese tiempo, un grupo de profesores de Derecho público de nuestras universidades propusimos una enmienda a la Constitución para permitir, con apego estricto a las reglas del estado de derecho, la convocatoria a una Asamblea Nacional Constituyente para reconstruir la democracia y abrir cauce para efectividad, no sólo de los derechos individuales y las libertades públicas, sino los derechos económicos, sociales y culturales. Pero el pueblo eligió un Presidente que también tenía en mente una Constituyente, con designios muy distintos, en términos en los cuales se ignoraba la Constitución de 1961. En medio de una batalla jurídica en la que participamos juntos, la antigua Corte Suprema de Justicia cohonestó el camino inconstitucional escogido por el Presidente y se convocó a elecciones para una Asamblea Constituyente a la medida del régimen.

Aún así, no te arredraste y presentaste tu candidatura individual como independiente, sin el apoyo de ninguna de las ya malogradas organizaciones políticas. Lograste la proeza de ser uno de los cuatro elegidos en aquella Asamblea que no había contado con el apoyo del Presidente Chávez. Tu bien labrado prestigio en la regiones de Venezuela como promotor de la descentralización y tu reconocida trayectoria pública pusieron en tus manos la defensa de los valores de la democracia, del estado de derecho y de los derechos humanos. Pero estabas en minoría. A pesar de tu innegable contribución a la parte dogmática de la Constitución de 1999, hoy letra muerta, salvaste tu voto en 137 de sus artículos y te opusiste al texto final. En una frase sintetizaste tu posición: "un presidencialismo y militarismo nunca vistos", ni siquiera —agrego— en la atormentada historia republicana de Venezuela.

Tu posición valiente y crítica contra el régimen despótico venezolano no fue tolerada por los abanderados de la idea única. La certeza de tus juicios, ti lucidez y tu prestigio fueron tomados como una amenaza. Y tal vez lo eran. La consigna oficial fue la de neutralizarte a través de una conjura calumniosa que contó con la complicidad de las instancias que estaban llamadas a proteger tus derechos. Destaco la intervención en este acto de Eduardo Ferrer Mac Gregor, Presidente de la Corte Interamericana de Derechos Humanos, cuyas palabras son la mejor evidencia de la gran injusticia cometida por esa Corte al negarte protección porque no te entregaste a tus verdugos. Recuerdo los nombres de los ilustres juristas que defendieron tu caso, cuya coordinación me confiaste y quienes son figuras reconocidas en los sistemas interamericano y universal de derechos humanos, como lo son Juan Méndez, Claudio Grossman, Helio Bicudo, Douglas Cassel, Hector Faúndez y Carlos Ayala. Moralmente, su criterio avasalla lo decidido por jueces condicionados por la aspiración de uno de ellos a la Secretaría General de la OEA. Lo mismo cabe decir de los votos disidentes de los jueces Ferrer Mac Gregor y Ventura Robles. Por intereses personales, por intereses políticos, por envidia o por perfidia pura y simple, te viste compelido a partir a un largo exilio para preservar tu libertad. Has sido luchador y víctima por la democracia venezolana y has soportado esa pena con el estoicismo de los grandes hombres y sin hacer jamás concesión alguna a tus verdugos. Tu ejemplo perdurará.

Los derechos humanos son, querido Randy, la herramienta de la que nos hemos dotado los seres humanos para liberarnos de la opresión. La historia de la humanidad es también la historia de la lucha contra la opresión, llena de victorias que han dejado atrás períodos oscuros. Por eso, en nuestro combate contra la opresión que padece Venezuela estamos condenados a ganar.

Permítaseme entonces la licencia de tomar prestado a Calderón, cuando en azarosas circunstancias de la vida de Lope de Vega, le dedicó una décima que en estos tiempos es oportuno evocar:

Aunque la persecución
De la envidia tema el sabio,
No reciba della agravio;
Que es de serlo aprobación.
Los que más presumen, son,
(Lope) *<u>Randy</u>, á los que envidia das,*
Y en su presunción verás
Lo que tus glorias merecen;
Pues los que más te engrandecen
Son los que te envidian más.

Queridos amigos, queridas amigas: este es, ante todo, el festejo del cumpleaños de un amigo ilustre, pero es también algo más. No es solo un homenaje, aunque también lo es. Tampoco una manifestación de júbilo, aunque también lo es. En esencia, más allá de todos esos conceptos, es *un acto de gratitud*, de inmensa gratitud, Randy, por la forma como has vivido, al lado de Beatriz, tu eterna compañera y mi amiga. Gracias por todo lo que has hecho, por el Derecho y por el bienestar y la democracia en nuestro querido país. Gracias en nombre de tus amigos y colegas de la Universidad Central de Venezuela; gracias en nombre de tus compañeros y amigos de la Academia de Ciencias Políticas y Sociales de Venezuela; gracias en nombre de las generaciones que han encontrado inspiración en tu magisterio; gracias a tus luchas y a tus sacrificios; gracias por tu obra monumental; gracias, en fin en nombre de quienes hemos tenido el privilegio de haberte acompañado a lo largo de nuestras vidas y que me permito personificar en quien fue tu hermano y cómplice, la no presencia física más dolorosa en este acto, Alberto Baumeister Toledo.

GRACIAS, RANDY. DE TODO CORAZÓN, ¡MUCHAS GRACIAS!

Madrid, 13 de noviembre de 2019

SEXTA PARTE:
PRESENTACIÓN DEL LIBRO:
ALLAN R. BREWER-CARÍAS,
UNA VIDA

Sección Primera:
CLAUSURA

LEÓN HENRIQUE COTTIN

Profesor de la Universidad Católica Andrés Bello

1.   Antecedentes.

A. En el año de 1968, en mi cuarto año de derecho, en la Universidad Católica Andrés Bello, me inscribí en un Seminario optativo, de Derecho Público, llamado "Integración Económica," que dictaría el doctor ABC.

B. Habló de la Comunidad Económica del Carbón y del Acero (CECA) (1951) para suprimir aranceles y aduanas entre Francia, Alemania Occidental, Italia, Bélgica, Luxemburgo y los países bajos. ABC dijo que el CECA era una semilla muy importante para la eficiencia de un gran mercado, que luego generó a la Comunidad Económica Europea (1957). Gran visionario. Tuvo razón. La Unión Económica Europea fue creada en 1993 (Tratado de Maastricht).

Habló de un posible acuerdo económico que regulara la circulación de personas y bienes entre países Andinos. Expuso las ideas de Bolívar, sobre la creación de la Gran Colombia. En 1969 se firma el Acuerdo de Cartagena que dio origen a la Comunidad Andina.

Ese curso fue mi primer contacto directo, no a través de la lectura de sus escritos, con ABC.

Brewer tiene 29 años. Es flaco, muy serio, luce mayor. La distancia se acorta cuando sonríe antes de responder alguna pregunta.

C. Ya egresado en 1970 como abogado, me tropezaba al profesor Brewer en las calles de los alrededores del centro de Caracas y sobre todo en el Edificio donde estaba situada la Corte Primera de lo Contencioso Administrativo pues en el piso superior estaba ubicado el Tribunal Superior de Salvaguarda del Patrimonio Público donde yo tenía varios casos contra un ex ministro de Hacienda y dos ex presidentes del Banco Central de Venezuela.

Hablaba frecuentemente con el profesor, hacía preguntas sobre casos de derecho administrativo que yo llevaba. Siempre la sonrisa, previa a la respuesta, acortaba la distancia entre profesor y alumno.

En 1982 ABC publica su libro *El Derecho Administrativo y la Ley Orgánica de Procedimientos Administrativos*. Luego de publicado ese libro dejé de molestar tanto a mi profesor, pues ese libro fue de gran utilidad para mi ejercicio profesional ante organismos públicos abusadores y violadores del principio de la legalidad. La administración pública venezolana era un caos. Había variedad de procedimientos distintos ante cualquier oficina pública. Era distinto un recurso ante la superintendencia de bancos, ante inquilinato, ante la Contraloría General de la República, ante el Ministro de Hacienda... Esa ley se convirtió en el peor enemigo del funcionario abusador. Los dichos de la administración están protegidos por la presunción de legalidad y son de ejecución inmediata. Lo que diga un bárbaro que tenga un nombramiento, sello y firma es así.

El libro de Brewer sobre la LOPA es el único libro que he empastado en mi intenso y largo ejercicio profesional.

D. En 1990 convidé a mi profesor a que me acompañara en un complicado caso. Había comenzado una guerra entre los accionistas del Banco más grande y sólido de Venezuela, precisamente el Banco de Venezuela. El caso se conoció en el foro como el de las acciones en tesorería. No había normas ni reglamentación por parte del regulador, Comisión Nacional de Valores, sobre Ofertas Públicas de Adquisición (OPAS). La regulación del Código de Comercio era escaza. El caso fue, realmente, mucho más complicado que el tema de las acciones en tesorería. ABC, quien tenía claro los temas de derecho público envueltos, por su amistad con los grandes profesores europeos, obtuvo en su apoyo dictámenes de Eduardo García de Enterría, Massimo Severo Giannini, Roland Drago y Antonio Jiménez Blanco.

Con ocasión de ese caso tuvimos ABC y yo que ir de emergencia para la Isla de Jersey en el Canal de la Mancha. Llegamos a media tarde a N.Y. para tomar al día siguiente el Concorde hacia Londres y de allí a Jersey. Caminando esa tarde por Central Park al llegar a la calle 68 le dije vamos cruzar aquí. ¿Por qué vamos a cruzar aquí? Porque tengo frio. Llegamos a la esquina y entré a un edificio por la necesidad que tenía de recoger una correspondencia: "Cottin que es esto? Bueno es que tenemos un apto aquí, "yo quiero uno, ya." Al poco tiempo nos hicimos vecinos, él en el piso 7 yo en el 6. El destino … ese apartamento se convirtió, años después, en su residencia de exilio.

Pasado un tiempo lo convidé a otro caso de derecho civil sucesoral. Ese caso duró 14 años, lo terminamos yo y mi contraparte, mi excepcional alumno y ahijado Luciano Lupini Bianchi, quien hoy generosamente ha venido desde Londres a Madrid a acompañar a Brewer en representación de la Academia de Ciencias Políticas y Sociales de Venezuela.

Observen los profesores de Derecho Público que hoy me han precedido que los casos que hemos trabajado juntos son duros y puros de derecho privado. ABC un *ius publicista* navegando en el campo de las obligaciones, de los bienes, de las sucesiones, del procedimiento civil. De las personas jurídicas, de su capital accionario, del velo corporativo.

De temas complicados de derecho civil y mercantil. Todo manejado por ABC con gran pericia que demostró su sólida formación en esos campos.

E. En 1991 Menena, nuestros menores hijos y yo creamos en la UCAB la Cátedra Fundacional "Allan Brewer Carías" de Derecho Administrativo.

2.   ¿Por qué un libro sobre ABC?

A. Hace aproximadamente 10 años, en una clase de Pruebas en cuarto año de derecho, explicando el documento autentico cité al notario público español Rafael Núñez Lagos y a una colaboración estudiantil del entonces bachiller ABC publicada en 1960 en la *Revista de la Facultad de Derecho* de la Universidad Central de Venezuela sobre el documento público o autentico. Una alumna levantó la manó y preguntó "Profesor en qué año murió el Dr. Brewer"... es inmortal....

B. Años después, en Enero de 2005, ABC fue imputado y acusado por "conspiración para cambiar violentamente la constitución" y luego para justificar el arresto por la Interpol de "intento de magnicidio "¿Será que el presidente Chávez temió que le clavara la pluma?.

C. Vivimos intensamente esa persecución. No se respetó el derecho a la defensa. Copiamos a mano el voluminoso expediente..., fue perseguido, le dictaron orden de detención, le negaron tener documento de identidad venezolano, le prohibieron el otorgamiento de pasaporte.

Para mí, ABC era algo más que un precozmente fallecido y algo más que un acusado del gobierno para sacarlo de Venezuela.

3. Dificultades de un libro sobre ABC.

    A. Un libro sobre un escritor prolífico.

    B. No sobre su obra. Allí está.

    C. ¿Por qué escribió y escribe esa obra?

    D. Que lo impulsa.

    E. Compleja personalidad.

    F. Plaza mayor en amigos.

    G. Muralla china en su interior.

    H. ¿Cómo escribir sobre ABC sin escribir sobre Beatriz? Son inescindibles. Cómo despegarlos. Dos fuertes personalidades equilibradas por tres maravillosos hijos.

4. ¿Quien lo escribiría?

¿Yo? No, corro el riesgo de salir expulsado de la plaza mayor.

¡Quién? Un abogado. No, ABC lo arropará.

Alguien independiente que sepa escribir.

Que tenga suficiente personalidad para enfrentar al personaje.

Que sea paciente.

Que sea honesto.

Que no sea alarbadero.

Yo veía venir la resistencia pasiva que provocaría en ABC el no escribir sobre sí mismo.

Nada mejor que el entrenado esposo de una psicoanalista Freudiana.

5. Hace 4 años en Manhattan almuerzo con ABC.

Proyecto. Le explico la idea a ABC.

Pero no vas a escribir ni una línea.

Dahbar lo va a hacer.

Al terminar el almuerzo Dahbar me dice: Quedó claro, entendió bien el hombre, se quedó callado. Me sonreí. Dahbar preguntó por qué. Sergio no te equivoques, ABC estaba pensando en el índice del libro y de cómo reduce 7 mil páginas a 2 mil.

Un día Dahbar me muestra un borrador y habla del viaje que fue escribir el libro. No fue un viaje, fue una expedición.

Hace meses Dahbar me dice que solo le falta el epílogo del libro. Me rio. Le pregunto" ¿y Brewer tiene epílogo? No Dahbar, no tiene final.

La correspondencia entre Dahbar y yo, mientras hizo su trabajo, da para un divertido libro.

Esta fría mañana, cuando caminaba hacía el Palacio de Bellas Artes, me habló mi profesor, primer jefe y amigo Alberto Baumeister Toledo. Dijo: que bien LH, que bien que Pedro Nikken pudo ir. Dale un abrazo a Bigote.

Muchas gracias Beatriz

       Menena

Muchas gracias

       Charles

       Jimmy

       Lilly, por haber venido.

Mil gracias Sergio.

Mil gracias Brewer.

Sección Segunda:
PALABRAS DE PRESENTACIÓN DEL LIBRO*

HISTORIA DE UNA AMISTAD
SERGIO DAHBAR

I

Voy a referir una pequeña anécdota de esas que me persiguen como señal de identidad. En mayo pasado estuve en New York, trabajando con Allan Brewer-Carías en la biografía. Estaba terminada, pero quería tener su opinión sobre lo que había escrito. Pasamos varios días revisando sus citas y algunos errores de fechas o nombres mal escritos. Un día, después de haber revisado unos textos, salí a caminar por la avenida Lexington para cambiar de aire. Y me detuve en una zapatería que tenía en exhibición unas piezas hermosas. Diseños italianos muy bien acabados. Entré ingenuamente a preguntar el precio de aquellos zapatos.

---

* Sergio Dahbar, *Allan R. Brewer-Carías. Una Vida,* Ediciones Dahbar, Caracas / Madrid 2019, 206 pp.

Allí me atendió el dueño que estaba vestido con una bata de trabajador. Me di cuenta que era el zapatero y dueño de la tienda. Pregunté el precio y superaban los quinientos dólares. Le expliqué al caballero que esos precios no estaban a mi alcance y le agradecí la atención. Entonces me preguntó que de dónde era yo. Le expliqué que era venezolano. Abrió los ojos con sorpresa y me dijo que tenía clientes venezolanos. Buenos clientes debían ser le dije, porque eran zapatos caros. Sin empacho nombró a Gustavo Cisneros. Me despedí y salí otra vez a caminar.

En noviembre, entregado a ajustar los detalles del homenaje a Allan Brewer-Carías en Madrid, por sus ochenta años, un día me detuve a tomar café en la cafetería Vait, ubicada en la calle Alcalá y Alfonso XI. Allí hay un hombre que lustra zapatos. Lo busqué y le pedí que les sacara brillo a los míos. Y comenzamos a hablar sobre los oficios manuales bien hechos. Le comenté que Botero, en sus inicios, alguna vez conoció en New York a un vendedor de perros calientes que hacía su trabajo con excelencia. Entendía que era la única manera de alcanzar un logro: hacer bien lo que le corresponde a cada quien.

El lustrabotas español me ripostó que él pensaba igual. Siempre había asumido su trabajo como si fuera único. Por eso lustraba zapatos en la cafetería, muy cerca de edificios desde donde lo llamaban para lustrar zapatos muy finos. Sin darme cuenta le pregunté que a quien le lustraba zapatos él: me dijo que a Gustavo Cisneros. Me pregunté si había llegado a conocerlo. Me dijo que no: "sólo a sus zapatos".

Entendí que era una sincronicidad curiosa, de esas que se cruzan en la vida como una casualidad sin explicación. Pero de alguna manera la biografía que yo había estado escribiendo por cuatro años y que llegaba a su fin, estaba acompañada de una cierta magia. Alguna vez tomando un café a media cuadra de la residencia de Allan Brewer-Carías, comenzó a conversar conmigo un peluquero de la zona de Upper East Side. Alegre, expansivo, al enterarse que era editor y escritor, me contó que tenía un libro en mente. Que si yo estaría interesado en leerlo. No lo volví a ver.

II

Esta es la historia de una amistad. Y comenzó de esta manera. En junio de 2015 volé a Nueva York para reunirme con Allan Brewer Carías. Conocía la leyenda que lo precedía. Uno de los abogados constitucionalistas, experto en derecho público y administrativo, con mayor renombre en el exterior. Una figura descollante y por eso mismo víctima (y de alguna manera propiciador) de mil leyendas en Venezuela.

Nos reunimos en su casa, ubicada en un edificio luminoso, construido después de la Segunda Guerra Mundial, en la esquina de la avenida Madison y la calle 68, a una cuadra de Central Park, en el Upper East Side.

Estaba vestido con un pantalón oscuro, una camisa clara y lucía jovial, divertido con la idea de que lo visitaran en su casa. Allí conversamos un rato, conocí a su esposa Beatriz Leal Donzella, y luego salimos a cenar a un restaurant francés que quedaba en el barrio.

Mientras transcurría la cena, me pregunté por qué Allan Brewer Carías nunca había contado su vida en forma de libro. Era inimaginable que una persona que escribió 200 libros, otros 40 compartidos, y cerca de 1220 artículos y conferencias, no hubiera elaborado una memoria de su existencia. Quizás pensaba, como muchas personalidades, que no valía la pena. O creía que esa vida estaba limpia de aventuras. Porque se había consumido en el trabajo y en los ritos desagradables del exilio.

Recordé entonces que León Henrique Cottin, quien fue alumno de Allan Brewer Carías y luego su abogado, me había convocado meses atrás a un almuerzo en Caracas y sin mediar mayor explicación me comentó que "si algún día Allan Brewer Carías faltaba, lamentaría que lo único que se recordara de él fuera la acusación ('conspiración para cambiar violentamente la Constitución') que construyó el régimen para alejarlo de casa". En un país en el que olvidamos demasiado rápido a los hombres que han trabajado por el bien común, éste era un gesto que merecía mi absoluta complicidad.

Así nació este libro. Debo agradecerle a León Henrique Cottin que me haya permitido ser arte y parte de esta aventura intelectual que quiere hacerle justicia a un hombre ejemplar que recibió el peor de todos los castigos, el del exilio y la soledad a una edad ya avanzada de su vida. No fue un viaje sencillo. Podría existir la tentación de hacer una segunda parte: ¿cómo fue que atravesamos el camino que nos condujo al día de hoy, cuando este proyecto por fin ve la luz?.

Pero más importante es reconocer el poder transformador que tiene la amistad en este proyecto. La capacidad para convertir la adversidad de la persecución más vil y destructiva en un ejercicio encomiable de reconocimiento de una carrera como han existido pocas. Pocas veces en la vida un intelectual tiene el privilegio de acercar su respiración a los bordes de un gesto que crece a medida que uno lo entiende.

III

Me quedé pensando en la idea de la biografía y me di cuenta que el proyecto me atraía notablemente, sobre todo porque no era un desafío sencillo. Había una complejidad en Allan Brewer Carías que me producía una curiosidad enorme. Entre otras cosas, porque al ser una persona que desde 1957 no había dejado de escribir conferencias, ensayos, libros, dictámenes y opiniones, que confluían en una obra río descomunal, una de las tareas iniciales era convencerlo de que este libro no lo escribiría él.

No fue fácil. Era uno de los abogados más respetados de Venezuela en la etapa de la democracia, al que se le atribuían desde tribus hasta poderes irreductibles. Un profesor a lo largo de su vida. Un académico en español, inglés y francés. Un divulgador de la obra de muchos abogados. Un escriba sin límites ni filtros. Un litigante feroz con casos mitológicos en el mundo de la banca, la minería y el urbanismo. Un invitado de primer orden al concierto de foros, conferencias y encuentros internacionales relacionados con el derecho. Un consultor muy valorado en casos de arbitraje internacional, sobre temas varios de Venezuela. Un trabajador incansable que no se detiene frente a tareas tan disímiles como actualizar su posición sobre un debate político o ingresar un nuevo libro en diferentes portales en internet.

IV

Allan Brewer Carías, como él confirma con una sonrisa, siempre ha trabajado muy duro. Y en solitario. Ahora, su oficina queda al lado de su casa. Literalmente. En las mañanas se levanta muy temprano y sale de su departamento. A diez pasos abre una puerta y ahí se encuentra su oficina. Hay una mesa con una computadora, rodeada de libros y papeles de consulta cotidiana.

Crecen por todas partes bibliotecas. Las convencionales, pegadas a las paredes, con estanterías horizontales. Y otras, modernas, que se alzan como columnas de libros desde el piso hasta el techo. Aunque podrían aparentar que son inútiles, poseen un diseño que permite mover grupos de cinco libros, para consultarlos. De manera elocuente, hay libros por todas partes.

Libros escritos por Allan Brewer Carías, entre ellos, seis tomos de un *Tratado de Derecho Administrativo*, y 16 tomos de otro *Tratado de Derecho Constitucional*; homenajes en los que ha participado; recopilaciones de trabajos monumentales; y 13 libros que son homenajes a su obra… Nunca olvidaré el momento en que después de habernos conocido y conversado por días, me preguntó en su estudio a boca de jarro: "Entonces, qué es lo que vas a escribir".

V

Demasiadas razones hacen posible que desconozcamos a un hombre que hoy cumple ochenta años. O que sepamos de él solo parcialidades. El conocimiento de una vida puede estar tamizada por un conjunto de equívocos y de curiosidades propias de los rasgos de carácter de esa persona.

A lo largo de cuatro años, en reuniones intermitentes y algunas veces breves, otras más extensas, me reuní con Allan Brewer Carías. Los escenarios cambiaban: tomarnos un café en una cafetería cercana, acompañarlo al correo, a una librería en Soho, a fumar un tabaco en el club Macanudo, a almorzar en los restaurantes del

Upper East Side que le resultan familiares o simplemente caminar por las calles de Manhattan.

Fue toda una experiencia. Siempre atento a sus palabras, porque en cualquier momento dejaba caer una frase que, aunque intentaba explicar una idea previa, se convertía en una revelación. Por ejemplo, "Me pasó por el lado el movimiento de los años sesenta. No pude seguir a Los Beatles. Estaba trabajando. No levantaba la cabeza". He allí una de sus certezas mayores: se perdió muchas cosas en la vida por haber escogido el camino del trabajo sostenido, de la escritura sin sosiego, de la investigación para comprender lo que no sabía o asimilaba con dificultad.

Tengo por momentos la impresión de que a Allan Brewer Carías nunca le interesó demasiado lo que estaba fuera de los libros que escribía, de las clases que dictaba y de las investigaciones que soportaban luego los volúmenes que iba sumando en su biblioteca. Por eso quizás si él decidiera un día escribir su vida, sería de alguna manera una historia de sus libros, investigaciones y clases, el corazón vital de su existencia y curiosidad.

Todo esto en un país que ha tenido demasiados caudillos y militares que parecieran haberse robado la película de la historia de Venezuela. En ese relato caben los personajes autoritarios y heroicos, caben las hazañas a caballo, cabe la violencia de las grandes batallas. Pero no hay narrativa que se acerque a la vida y a las hazañas intelectuales de seres civiles que han transformado la época en que vivieron.

En ocasiones discutí con Allan Brewer Carías las razones que hicieron posible su exilio en 2005, cuando se residenció en Manhattan y comenzó a dar clases en la Universidad de Columbia. Está la evidente, que no es otra que la persecución que inició la Fiscalía General de la República, en la figura de Luisa Ortega Díaz, por "conspiración para cambiar violentamente la Constitución".

Pero Allan Brewer Carías piensa que esa situación le convino a mucha gente en el país, porque lo sacaba del juego del derecho y la política. "Yo era un vocero independiente, crítico de los partidos…". Una persona incómoda, a la que esta curiosa desgracia gubernamental la silenciaba y la ubicaba en el peor de todos los castigos posibles, el exilio.

VI

Entre las ventajas que tuve para realizar esta biografía, sobresale sin duda que no conocía a Allan Brewer Carías. No éramos amigos. Tuvimos que conocernos en estos cuatro años de trabajo interrumpido. Descubrí en ese tiempo a un profesor de derecho descomunal, al hombre que descubrió la jurisprudencia en Venezuela y la supo articular en siete tomos imprescindibles que cambian el derecho administrativo para siempre, al curioso que desarrolló una de las investigaciones más notables de su bibliografía, *La ciudad ordenada*, libro isla por el que simplemente podría pasar a la historia de las revelaciones culturales venezolanas.

El hombre que conocí en Manhattan en 2015 es un personaje que trabaja de sol a sol, todos los días, después de prepararle el desayuno a su esposa, Beatriz. Conferencias, escritura de libros, opiniones jurídicas… Infatigable. Pero muy solo. Siempre tuve la sensación que estos años lo cambiaron. Si alguien me pregunta si fue para bien o para mal, no sabría qué responder. No deja de ser terrible vivir sin los afectos más queridos, sin poder despedir a un familiar que va a morir, sin los cumpleaños de los nietos, sin la cercanía de los hijos, sin la complicidad de muchos amigos, sin tener pasaporte.

Una de las curiosidades más notables de la vida de Allan Brewer Carías fue su dificultad para retener lo que leía en la infancia y adolescencia. Desde que me enteré de esta singularidad, sentí que toda su historia de escritura cobraba un sentido diferente y significativo.

Allan Brewer Carías se acostumbró hasta los quince años a que lo aplazaran en casi todas las materias. No le iba bien. Leía, pero se olvidaba. Lo raspaban. Hasta ese momento de revelación en que compra todos los libros de historia de la filosofía y reescribe la materia. Pueden leer ese texto en su página web. Ese rito de paso. Ese momento de gracia en el que entiende que, si escribe, retiene –un fenómeno estudiado por especialistas–, cambia para siempre su dimensión intelectual.

Desde ese año, 1957, hasta 2005, escribe a mano. Medio siglo. Porque era más rápido que escribir a máquina. Siempre con papel comprado en Londres, en la librería Smith. Y una pluma fuente que corría muy rápido sobre esa textura. Podía escribir 20 páginas en una hora. Todo lo escribía. Podía pasar ocho horas en un vuelo escribiendo. Por eso se atreve a decir: "Por donde siempre pasé, dejé algo".

Después de que la diosa Prudencia le aconsejara dejar Venezuela en 2005, autoridades venezolanas intentaron solicitar su extradición a Interpol. Era una acción temeraria, porque esta organización con sede en Lyon no actúa en casos políticos, sino ante situaciones criminales. Intentaron entonces acusarlo de ser el autor intelectual de un supuesto "magnicidio" contra el presidente Hugo Chávez. La acción no prosperó, porque los funcionarios de Interpol entendieron que se trataba de una medida desesperada del gobierno venezolano.

Lo cierto es que la alerta de Interpol quedó algún tiempo registrada en algunos aeropuertos del planeta. Cuando Allan Brewer Carías atendió una invitación del senado dominicano para dar una conferencia, el embajador de Venezuela en ese momento, el general Francisco Belisario Landis, le solicitó a la policía dominicana que lo arreste. El director de la policía internacional en Santo Domingo le consultó a su padre, un antiguo procurador, qué hacer. Este recomendó prudencia. Que consultara al presidente Leonel Fernández.

Mientras Allan Brewer-Carías decidía no ir a un almuerzo ya pautado, y dirigirse al aeropuerto para abandonar el país, el presidente Leonel Fernández distrajo a Belisario Landis cuatro horas en la antesala de su despacho. Lo atendió cuando ABC ya había dejado Santo Domingo. Por cierto, el embajador de República Dominicana en España, el abogado Olivo Rodríguez Huertas, me confesó que acompañó a Allan Brewer Carías hasta que subió al avión. Y una vez que despegó, comenzaron a aplaudir para celebrar que finalmente había logrado librarse de la persecución policial.

Como siempre ocurre con los temas que lo obsesionan, Allan Brewer Carías estudió a fondo los estatutos de Interpol. Descubrió una organización con 198 países que, a pesar de su carácter de investigación policial, garantiza los derechos humanos y el derecho de petición de cualquier persona, contra las acciones de los estados.

Interpol tiene prohibición de intervenir en delitos políticos, religiosos, raciales y militares. Solo procede en delitos comunes. Todo eso se puede leer en el libro *El procedimiento administrativo global ante Interpol,* de Allan Brewer-Carías. Por esta razón, un día lo contrataron como asesor para que ayudara a un profesor alemán que lo querían capturar en otro país porque había formado parte de la directiva de un banco de Argentina que quebró". Un curioso guiño del destino al que accedió por su obsesión de aprender todo lo que no sabe.

Al acercarse a los 80 años, Allan Brewer Carías no deja de olvidar a los amigos de su infancia, aquellos que también estudiaron en el colegio Montessori, donde ahora se levanta el Centro Plaza, en los Palos Grandes. Juan Carlos Parisca, Virginia Betancourt, Alberto Baumeister. Su esposa Beatriz. A lo largo de muchas conversaciones siempre aparece el señor Gols, director del colegio, que todavía hoy le escribe correos electrónicos.

No olvida tampoco la pasantía en Long Island, New Jersey, en el año 1948. Viajó toda la familia. Con sus hermanos. Estudiaron en el colegio público 98, al que muchos años después, ya en el exilio, regresó.

El lector no encontrará aquí la biografía definitiva de Allan Brewer Carías. No fue el propósito de este trabajo. Se trata de una aproximación a su vida, y a las significaciones de su obra, atadas a esa existencia. Una suerte de biografía intelectual.

VII

Todo viaje de conocimiento exige atravesar sombras e iluminaciones. Si tuviera que reducir al hueso este viaje, me impresiona como la primera vez la morada intelectual construida por este abogado que entendió que al escribir a mano rompía con todas las trabas que le impedían ser lo que había soñado. Un copista del siglo veinte, un comparatista universal, un abogado de abogados, un editor sin par creador de la Editorial Jurídica Venezolana.

La estructura de mi biografía sigue el curso de los primeros encuentros en 2015 con Allan Brewer Carías en New York, la llegada de Mathias Brewer Andral a La Guaira en 1889, la construcción de la familia, los esfuerzos por sobreponerse a la dificultad para retener lo que leía, la escritura a mano desde 1957 de todo lo que deseaba establecer como conocimiento, el descubrimiento del derecho, los estudios de posgrado, la docencia, la creación del escritorio, la publicación de los grandes libros, los descubrimientos en el derecho administrativo, los intereses sobre la ciudad ordenada, la descentralización, los esfuerzos por ordenar el estado, las clases en el exterior, los debates en la asamblea constituyente, y más tarde el exilio.

Aunque nació con una habilidad notable para trabajar con sus manos (los hijos dejaban en su escritorio todo lo que se dañaba para que lo arreglara), siempre sintió una frustración por no tener una habilidad mayor para pintar. También le hubiera gustado aprender alemán, un idioma importante para el derecho. Frustraciones insignificantes para un hombre que supo construirse un destino con una pluma fuente y una hoja de papel blanco. Lo que no es poca cosa.

SÉPTIMA PARTE
PALABRAS EN EL ACTO DE CLAUSURA

ALLAN R. BREWER-CARÍAS

Es evidente que no estaba previsto en el programa que yo hablara ahora, al concluir este magnífico y muy honroso evento; pero también era claro que no podía no hablar en este momento, al final de esta gran fiesta académica y de amistad.

Voy entonces a hablar tranquilo. No voy a hacer una ponencia ni tampoco voy a hacer como un profesor muy reconocido, como no los narró nuestro querido y recordado Eduardo García de Enterría –y gracias querida Amparo por estar aquí hoy–, quien en un acto académico como éste, al final, se paró y lo único que dijo fue "gracias." Y nada más; y a pesar de los aplausos que pedían un bis, ni siquiera volvió a decir "gracias".

Yo si voy a agradecerles a todos aquí presentes, sobre todo en un acto tan apabullante como este, realizado con tanta generosidad y afecto de parte de quienes lo han organizado y de quienes han participado en el mismo; y que se desarrolla en paralelo a otros dos eventos globales y virtuales que han organizado en Venezuela la

Fundación de Estudios de Derecho Administrativo, la Fundación Universitas y la Asociación venezolana de Derecho Administrativo.'

Por todo ello, quiero expresar de viva voz mi profundo agradecimiento en particular a León Henrique Cottin, a Luciano Parejo Alfonso y a Sergio Dahbar, los tres grandes conspiradores que hicieron posible esta magnífica Jornada, y de cuya realización lograron que solo me enterara muy recientemente.

Primero a León Henrique Cottín, el querido Manoleón y a su esposa Menena, quienes han sido los conspiradores máximos por que se realizara este evento en la forma como lo hemos presenciado, rodeado de mi familia. Para los que no lo saben, Manoleón Cottín, quien para mí es el más completo y destacado abogado que tiene Venezuela, hace ya muchos años fue mi destacado alumno. Luego, años después, tuve el privilegio de haberlo tenido como compañero litigante en varias de las más grandes batallas profesionales del foro venezolano de las últimas décadas; y todavía, más que eso ha sido mi abogado de lujo, por cierto, quien me defendió y representó –junto con otro destacado abogado Rafael Odreman, aquí también presente–, ante la infame persecución político-judicial de la que fui objeto en Venezuela [*También estuvo presente el profesor Enrique Gimbernat, destacado catedrático español de derecho penal, quién elaboro un importantísimo dictamen en mi defensa, a quien Cottín y yo fuimos a conocer y hablarle del asunto, en Santiago de Chile, donde estaba en una actividad académica*]. Por todo eso tengo mucho que agradecerle, pero, sobre todo, por su amistad personal.

El otro conspirador máximo en la concepción y realización de este evento, es el profesor Luciano Parejo Alfonso, otro amigo entrañable, junto con Cristina –para los amigos venezolanos que no lo saben, destacadísimo académico español–, y quien desde la Cátedra de Estudios Jurídicos Iberoamericanos de la Universidad Carlos III de Madrid, fue el organizador *in situ* de estas Jornada. Luciano, además, es el académico español que más lazos ha establecido desde España con el mundo jurídico latinoamericano, lo que todos le agradecemos tanto.

Y el tercer conspirador, que debo destarar especialmente, es el escritor Sergio Dahbar, quien se embarcó en esta tarea de redactar una obra sobre mi vida –pienso que nada interesante– salvo la de ser un trabajador confeso. Querido amigo Sergio, realmente pensé más de una vez, durante las conversaciones que tuvimos, que en algún momento desistirías de tu empeño, por tener poco que contar. Gracias en todo caso por tu perseverancia e interés, y por tu obra que leeré con interés máximo.[*]

Y las gracias también a todos los participantes quienes han intervenido en este acto, todos entrañables amigos que se prestaron a la conspiración guardando secreto hasta el último momento.

-Eduardo Ferrer Mac Gregor, Presidente de la Corte Interamericana de Derechos Humanos, amigo de amigos mexicanos de tantos años y quien muy honrosamente para mí, estando en Madrid, quiso participar en el Evento en su nombre y del profesor Héctor Fix Zamudio.

- Carlos Ayala Corao, destacado profesor de derecho constitucional, mi alumno hace mucho tiempo y quien se formó profesionalmente en nuestro Despacho de Abogados, Baumeister & Brewer.

-José Araujo Juárez, Víctor Hernández Mendible y José Ignacio Hernández, destacados profesores de Derecho Administrativo, investigadores y trabajadores incansables, y a quienes por la diáspora trabajan ahora en Madrid, Bogotá y los Estados Unidos.

-Francisco González Cruz, el otro morocho de mi gran amigo Fortunato González, y por tanto, amigo de siempre, rector de la Universidad Valle del Momboy en Venezuela, y quien me acompañó como geógrafo y humanista destacado, en la empresa de tratar de sembrar la descentralización política en nuestra democracia que intentamos realizar hace ya cerca de 30 años.

-Además, mis queridos y entrañables amigos de siempre, Sandra Morelli y Jaime Orlando Santofimio, profesores de Derecho Admi-

---

[*]   Sergio Dahbar, *Allan R. Brewer-Carías. Una Vida,* Ediciones Dahbar, Caracas / Madrid 2019, 206 pp.

nistrativo de Colombia, y de cuya mano académica siempre me he sentido en Colombia como si estuviese en mi propio país.

-Lo mismo que con mi querido amigo el Eduardo Jorge Prats, profesor de Derecho Constitucional de la República Dominicana. Nunca olvidaré la desinteresada actitud de protección que tuvo para conmigo junto con el profesor Olivo Rodríguez, ante las amenazas de que fuera detenido, estando en la República Dominicana atendiendo una invitación oficial del Senado –por presión indebida que ejerció el Embajador de mi propio país– , y que enfrentamos. Siempre recuerdo su expresión con un golpe en una mesa: ¡El Dr Brewer se va esta tarde! Y así fue mientras el Presidente de la República hacía esperar al susodicho Embajador durante horas en su antesala.

-Libardo Rodríguez, amigo de hace tantas décadas, profesor de Derecho Administrativo en Colombia, y actualmente Presidente del Instituto Internacional de Derecho Administrativo, heredero de aquellos esfuerzos de vinculación entre los profesores latinoamericanos que inicié hace cincuenta años con los recordados amigos Agustín Gordillo, Eduardo Ortíz Ortíz y Jaime Vidal Perdomo.

-Y Pedro Nikken, mi querido amigo del alma, desde hace tantas décadas, Decano excepcional, antiguo Presidente de la Corte Interamericana de Derechos Humanos y de la Comisión Internacional de Juristas, cómplice en tantas aventuras académicas, socio de Baumeister & Brewer –y con él, aquí están otras dos socias, nuestras hijas Claudia Nikken y Caterina Balasso–, y quien además fue mi abogado internacional en la defensa del caso Brewer-Carías contra el Estado de Venezuela por la violación masiva de todos mis derechos y garantías judiciales en un juicio conducido por miserables.

Si algo queda claro de todo lo que han dicho estos grandes amigos sobre mí, es que la orden vital que siempre tuve y que me impuse desde muy joven, y que se puede expresar en la frase que acuñó Unamuno, la orden de:

"Vivir, ya que hemos de morir."

Pero vivir sin malgastar la vida, pues como dijo Sócrates:

"No tenemos un tiempo escaso, sino que perdemos mucho [tiempo]. La vida es lo bastante larga, y para realizar las cosas muy importantes se nos ha otorgado con generosidad, si se emplea bien toda ella. Pero si la misma se desparrama [...] cuando al fin nos acosa el inevitable trance final nos damos cuenta de que ha pasado una vida que no supimos que estaba pasando."

Es así: no recibimos una vida corta; [pero] no somos menesterosos de ella sino derrochadores."

Desde muy joven tuve una sensación –junto con mi hermano Charles, aquí presente hoy, quien seguramente se recordará porque él tampoco ha derrochado la vida– de que tendríamos una vida breve, y que por tanto, debíamos trabajar en nuestros mutuos proyectos con todo ahínco, para que no quedaran inconclusos. Lo cierto fue que no malgastamos el tiempo, la larga vida que hemos tenido, ha dado sus frutos, y tanto él como yo, seguimos pensando en todo lo que aún tenemos por hacer.

En fin, vivir trabajando [*Para lo cual siempre tuve el privilegio de haber contado con asistentes leales y dedicadas, quienes asumieron siempre mi trabajo como cosa propia. Ha sido el caso, entre muchas otras, en las últimas cuatro décadas de mis secretarias Arelis Torres y Francis Gil, en Baumeister & Brewer, y de Mary Ramos Fernández y Gabriela Oquendo, en la Revista de Derecho Público y en la Editorial Jurídica venezolana, con quienes estoy en deuda de agradecimientos, por toda su ayuda, durante tantos años*], o como una vez lo escribí en una dedicatoria de un libro a mis hijos, vivir siguiendo dos reglas clave:

Estudio, estudio y más estudio;

Trabajo, trabajo y más trabajo.

Y todo ello, sin aburrimiento, sin fastidio. Como lo comentó Eduardo García de Enterría en unas palabras que dio hace muchos años en un acto similar en su honor sobre el trabajo académico, al preguntarse: "¿[*Es que*] hay gente más feliz en este mundo que los científicos? Quizás los ángeles." Respondió.

Y efectivamente, el trabajo intelectual, cuando se lleva con disciplina, produce sus frutos; y allí están, llenándonos de felicidad.

Pero eso sí, se trata de una tarea constante, con metas que uno tiene que definir, recorriendo el camino necesario. Como lo dijo San Agustín, quien nació también un día como hoy, 13 de noviembre, pero hace 1765 años":

"Es mil veces mejor cojear por un trayecto seguro que correr a toda velocidad y alejarse de su meta, pues nunca alcanzará su destino."

Como lo recordó Sandra Morelli de algo que escribí hace años citando a Antonio Machado, quienes dicen "estar siempre de vuelta en todas las cosas, son los que no han ido a ninguna parte. Porque si ya es mucho ir; ¿volver? Nadie ha vuelto."

Pero en el andar de la vida, todo ocurre y transcurre mejor, si uno tiene el convencimiento vital de pensar, cada día y todos los días de la vida, que como no se ha llegado a la meta ni estamos de vuelta, todo está por delante; que todavía no hemos hecho todo lo querido, y que al contrario lo que tenemos es cosas por hacer. En fin, como siempre he dicho, ¡¡ahora es cuando!!

Y así ha sido siempre, con disciplina; lo que por supuesto –lo confieso– viendo retrospectivamente la vida, ello hizo que yo fuera más viejo cuando era joven; pero ahora, me hace sentirme más joven, ¡¡cuando ya voy hacia viejo!!

Lo cierto, en todo caso, es que, con tantos años de trabajo, ello me ha permitido compartir con muchas generaciones. Al principio, cuando más joven, tuve siempre como mis interlocutores a quienes habían sido mis profesores y a profesionales mayores, con quienes tuve una gran amistad; y al ir pasando los años, progresivamente fui trabajando siempre con profesionales más jóvenes, en camada sucesivas, con quienes también he tenido una gran amistad.

Ello me ha producido a veces cierta sensación de imprecisión generacional sobre la cual ya la narraba Unamuno al escribir sobre los avatares de la vida y los cambios generacionales, y contar que alguna vez que Satanás lo había tentado diciéndole:

"No hagas caso, Miguel, eso es que no tienes edad; ni eres de los jóvenes ni de los viejos; ni eres de ayer ni de mañana; eres de siempre."

A pesar de esas dudas, en todo caso, lo cierto es que a lo largo de mi vida siempre me he sentido ubicado, incluso en las proyecciones, lo que me ha permitido, de nuevo, disfrutando cada momento, haberme dedicado a contribuir –entonces y ahora– al desarrollo de las bases del derecho público y de las instituciones del Estado democrático de derecho en Venezuela y en América Latina; que es a lo cual mis amigos que han participado en este acto, se han referido con tan generosas y honrosas palabras.

Y por eso es que decía al inicio, que este acto académico que hemos tenido hoy ha sido más bien y, ante todo, una fiesta de la amistad.

Y es que la amistad, recordémoslo siempre, como lo dijo Aristóteles, "es lo más necesario en la vida, porque sin amigos nadie querría vivir, aun cuando poseyera todos los bienes." Ello mismo lo dijo Cicerón: "sin amistad no hay vida digna de un hombre libre" y agregaba: "suprimir la amistad de la vida es lo mismo que eliminar el sol del mundo."

Y la amistad, queridos amigos, como todos lo sabemos, consiste en querer el bien de los demás, por causa de los demás, sin esperar recibir. [*Por ello, a las dos reglas de la vida que les indicaba a mis hijos, sobre "estudio" y "trabajo," que antes mencioné, debemos agregar una más: "amigos, amigos y más amigos."*]

Como decía San Agustín, la palabra amistad viene de amor, y por eso, la primera regla de la amistad, como es la del amor, es dar. De manera que solo son amigos quienes dan, y por eso damos, pero no porque esperamos recibir.

Por ello, amigo es el que incluso en sueños quiere dar. Como se dice que dijo un supuesto hermano del Quijote: "que estoy soñando y que quiero obrar bien, pues no se pierde el hacer bien ni aún en sueños."

Ustedes queridos amigos han sido generosos conmigo, con nobleza y con agrado. Me han dado su amistad.

Por ello estoy abrumado, de lo tanto que he recibido.

Gracias por darme tanto, y sobre todo porque con ello han dado a mi familia.

Por ello gracias especialmente a mi querido Manoleón, por idear y organizar este evento, y sobre todo por haber hecho posible que hoy esté rodeado de buena parte de mi familia [*porque bien lo sabe que la cuarta regla vital, además de más "estudio," "trabajo," y "amistad," es*: "*familia, familia y más familia.*"]

Aquí está mi querida Beatriz, a quien también quiero agradecer, porque sin su amor y apoyo y permanente comprensión, nada de lo que he hecho hubiese sido posible.

Aquí están también nuestros hijos Allan, Michelle y Eric, de quienes estamos muy orgullosos por sus logros y por las familias que han levantado, y tan bien levantado, junto con sus cónyuges –aquí están hoy nuestros queridos Andrés y Caterina–; y muestra de ello son nuestros queridos nietos, que ya van nueve –más un biznieto, y otro que viene–. Aquí están los nietos: Mark, Andrés Eduardo, Kevin y Mateo, y el biznieto Dylan; y los nietos que no están, que es como si estuvieran, Allan, Nicolás, Federica, Lucas y Alana. Ellos han publicado un bello libro *Catálogo de mi Obra*, que presentarán esta noche.[*]

---

[*] *La Obra de / The Works of Allan R. Brewer-Carías. Catálogo / Catalog 1960-2019, Edición prepara de por sus hijos y nietos con ocasión de celebrar 8 años de vida y 60 años de actividad académica / Edition prepared by his children and granchildren on the occasion of celebrating 80 years of life and 6 years of academic activity*, New York / Madrid 2019, 486 pp.

Y aquí están mis queridos hermanos Charles, el más grande explorador y naturalista del país; Jimmy, de entre todos los hermanos el más parecido a papá; y Lilly, mi querida hermanita, quienes han venido desde Venezuela e Italia para estar con nosotros. Aquí está también mi querido primo Alberto Brewer, quien coincidencialmente estaba en Madrid. Gracias a todos y a sus esposas, por estar aquí.

Y, en fin, gracias querido Luciano, por haber sido parte de esta conspiración para haber tenido esta fiesta académica, de la amistad y familiar; y gracias por supuesto, a todos los que han venido a acompañarnos a Beatriz y a mí en este acto, muestra sin duda también de amistad.

Ha sido una Jornada inolvidable, pues no sólo uno cumple 80 años una sola vez en la vida, sino que cumplirlo así, rodeado de amigos y de familia, es ciertamente un privilegio irrepetible.

www.ingramcontent.com/pod-product-compliance
Lightning Source LLC
Chambersburg PA
CBHW061425150726

47987CB00001B/101